文字烛照未来

TopBook

幻想中国丛书

全手绘

神仙传

〔东晋〕葛洪 撰

曹胜高 主编
宋宁宁 注译

TopBook
饕书客

陕西新华出版传媒集团
陕西人民出版社

图书在版编目（CIP）数据

全手绘《神仙传》 / 宋宁宁注译. --西安：陕西人民出版社，2022.8
（幻想中国 / 曹胜高主编）
ISBN 978-7-224-14416-1

Ⅰ. ①全… Ⅱ. ①宋… Ⅲ. ①神-列传-中国 Ⅳ. ①B933

中国版本图书馆CIP数据核字(2022)第028679号

出 品 人：赵小峰
总 策 划：刘景巍
出版统筹：关 宁
策划编辑：韩 琳
责任编辑：武晓雨
书籍设计：忒色西安·朱天瑞
插 画：忒色西安·李双辰

微信扫一扫
关注饕书客

新浪微博 @ 饕书客topbook

全手绘《神仙传》

作 者 （东晋）葛 洪
注 译 宋宁宁
出版发行 陕西新华出版传媒集团 陕西人民出版社
（西安市北大街147号 邮编：710003）
印 刷 陕西金和印务有限公司
开 本 787mm×1092mm 1/16
印 张 20.25
字 数 367千字
版 次 2022年8月 第1版
印 次 2022年8月 第1次印刷
书 号 ISBN 978-7-224-14416-1
定 价 85.00元

人类的发展由两个动力推动：一是面对现实生活的能力，通过改造自然、征服自然以及调整社会关系来实现自身的生存与发展；二是面对未来的能力，其中既包括在时间流程上对尚未到来时代的想象，也包括在空间方位对未知世界的理解。面对现实的能力让人类一步一个脚印地前行，而面向未来的能力则启发着人类的想象，让我们能够摆脱现实的拘束，去尽情地畅想遥远时空里的种种奇妙。

想象是人类发展的翅膀，没有想象，我们就缺少对未来的憧憬，也缺失了面对困境的信心。中华民族五千年历史中，并不缺少对未来进行想象的桃花源，更不缺失对未知世界的探索。在观看日落月出时形成的羲和、嫦娥的神话，在仰望星空时形成的四象二十八星宿的幻想，在远眺高山俯瞰江河时生发的山妖河怪的想象，追溯历史故事时联想到神仙神人的故事，都流淌着中华民族浪漫不羁的灵性与超凡脱俗的感知。

幻想，没有起点也不需要终点，可以凭空而来，也可以无根据而去，不能用常理去推测它们为何形成，因为到现在也搞不清为什么会有那样看似不靠谱，也不着调，更无法理喻的幻想。就像《博物志》《搜神记》《拾遗记》《神仙传》《异苑》中的远方与异物、诗情与画意、神奇与变化，为文学提供了浪漫恣肆的素材，为艺术滋养着无数的灵感，为精神寻找到一个徜徉的空间，成为中华民族超越现实、面向未知未来的精神生活方式。

科学技术的快速发展，使得我们更乐意去幻想更为遥远的时空里有着怎样的人和事，基于科技认知而形成的科幻文学，寄托着我们对未来的期待；基于神话传说而形成的玄幻文学，同样承载着我们对超现实能力的幻想；特别是在虚拟的游戏世界里，我们找到了复制远方异物、诗情画意、神奇变化的能力，使得中华民族曾经有过的幻想时空得以立体地呈现在可感知的空间里，成为我们释放想象、渴望穿越、寻求实现的一种途径。我们曾经有过的那些神话传说、地理图式、时空建构、神异变化，有着怎样的细节，有着如何的记录，有着何等的神奇，有着多少的玄幻，让我们一同打开“幻想中国丛书”，进入一个个既有玄幻，又有科幻，还有神异的幻想世界，脑补一下什么是想象的疯狂和穿越的快感。

曹胜高

2022年4月15日

“服食求神仙，多为药所误”，东汉的诗人曾发出这样的感慨，但东晋的葛洪却笃信药石神仙之事，专门搜集整理经籍、论、说所提及的神仙之事，编成《神仙传》一书，共十卷，并且说要将这部书传给“知真识远之士”，至于那些“系俗之徒思不经微者”，则不强迫给他们看！

一、葛洪为什么要创作《神仙传》？

“神仙”者，“神”与“仙”有所不同，有人说“神”指先天神，“仙”谓人修仙；也有人说，“神”是有正式职守的神官，“仙”是无固定职守的散仙。但自古神、仙不分家，因此，一贯以来人们常以“神仙”并称之。我国神仙思想产生极早，商朝就有祭祀天神的活动，早在《山海经》中就有关于仙人的记载，屈原和庄子的作品中也驰骋着对于神仙的想象。秦皇汉武因着对神仙的信仰和对长生的渴望，进行了大规模的求仙活动，但因最终的失败，使得人们怀疑神仙的存在。东汉王充曾撰写《论衡》驳斥神仙的说法，认为神仙之说实乃虚妄。但同处东汉时期的《太平经》则肯定神仙的存在，并传播成仙的方法。秦汉时期对神仙的向往和追求在战国的基础上有所延续，但不免有怀疑之论，求仙热的真正大爆发是在魏晋南北朝时期，这正是葛洪所生活的时代。

魏晋南北朝时期药石、求仙之风盛行。鲁迅在《魏晋风度及文章与药及酒之关系》中说何晏是吃药的祖师，他吃的是一种叫“五石散”的药，基本成分有石钟乳、石硫黄、白石英、紫石英、赤石脂。“汉时，大家还不敢吃，何晏或者将药方略加改变，便吃开头了。”“从书上看起来，这种药是很好的，人吃了能转弱为强。因此之故，何晏有钱，他吃起来了；大家也跟着吃。那时五石散的流毒就同清末的鸦片的流毒差不多，看吃药与否以分阔气与否的。”在这种时代风气的熏陶下，葛洪也非常相信药石的功效，并潜心研究药石之理。葛洪（约

281—341），字稚川，自号抱朴子，是东晋道教理论家、著名炼丹术家、医学家，著有《金匮药方》《肘后备急方》，其书最早记载了一些传染病如天花、恙虫病的症候及诊治。葛洪在《抱朴子内篇》中详细论证了神仙之事确实存在，并指明了得道成仙的各种方法，葛洪是道教金丹派的专家，在《抱朴子》中也详细地描写了炼制金银丹药的方法。

魏晋南北朝时期是神仙志怪小说的井喷时期。这一时期人们不仅在现实生活中服药求仙，而且广泛搜求典籍传说中的神仙鬼怪故事，纂辑成书，用以发明神道不巫，如西晋张华（232—300）的《博物志》、东晋干宝（？—336）的《搜神记》、署名东晋陶潜（365—427）的《搜神后记》、东晋王嘉（？—390）的《拾遗记》、南朝宋刘敬叔（？—468）的《异苑》、南朝宋刘义庆（403—444）的《幽明录》、南朝梁吴均（469—520）的《续齐谐记》等等。葛洪既研究药石，又笃信神仙之事，因此花费心血搜集资料撰写《神仙传》一书。

葛洪在《抱朴子内篇·金丹》中说："余少好方术，负步请问，不惮险远。每有异闻，则以为喜。虽见毁笑，不以为戚。焉知来者之不如今，是以著此以示识者。岂苟尚奇怪，而崇饰空言，欲令书行于世，信结流俗哉？"又说："往者上国丧乱，莫不奔播四出。余周旋徐豫荆襄江广数州之间，阅见流移俗道士数百人矣。"从中可以知道葛洪年少的时候就喜好方术，为了研究神仙道教之事，曾经不辞辛劳，四处周游访问，后来遭遇国家丧乱，流寓在徐州、豫州、荆州、广州等地，曾见到数百个道士。此番经历为其创作《抱朴子》和《神仙传》打下了基础。

在论及《神仙传》的创作动因时，葛洪在《神仙传》自序中说，一是为了与《抱朴子内篇》二十卷讨论神仙的内容相照应，以做补充说明；二是为了回答弟子"是不是真的曾有人修炼成仙"的问题，以证神仙真有；三是希望《神仙传》可以补充前代神仙之书如刘向《列仙传》等的不足。

在充足的动机和充分的准备下，葛洪的《神仙传》诞生了。

二、《神仙传》讲了些什么呢？

葛洪《神仙传》一书主要记载了从上古到晋代凡人修炼成仙的故事。这些奇人异士或者通过服药等方式飞升成上仙；或者长生不老、在人间成为地仙；或者通过尸解成为尸解仙。

全书故事的基本结构为首先记载主人公的姓名、籍贯、修仙前的经历和职务，接着记叙主人公的求仙缘起、修仙的途径，修炼成功后获得的种种神奇技能，以及运用神通在人间治病救人、斩妖除魔的事迹，最后交代这些人或者成仙，或者远隐的结局。

书中记载的较著名的人物有广成子、彭祖、皇初平、墨子、张道陵、茅盈、淮南王刘安、李少君、左慈等等，他们的事迹为后人所耳熟能详。其他不知名人物的故事也很生动有趣。

这部书记载的修仙法门多种多样，总括起来有服药、房中、行炁、导引等几种途径。书中提到的药物有：黄土、水桂、云母粉、麋鹿角、雄黄、白石、金丹、九转还丹、太乙金液、水银、松脂、茯苓、朱英丸、云霜丹、玉箱金杖丹、神楼散、黄精、山髓、七里散、菖蒲、胡麻、白术等；提到的仙经有：《九都经》《蹈形记》《隐守记》《节解经》《开明经》《太真玉帝四极明科经》《太素传》《彭祖经》《参同契》《素书》《墨子五行记》《道源》《太清神丹经》《九鼎丹经》《抱犊道经》《太清中经》《神丹方》《三皇文》《五岳真形图》《九丹金液经》《玄灵宝》等；提到的仙方有：灵宝方、赤松散方等。

这部书还记载了凡人通过服药修炼，其身体所获得的种种异能：返老还童、长生不死、治病救人、起死回生、断谷益气、分身变幻、隐身穿壁、腾云驾龙、日行千里、役使鬼神、变化外物、点石成金、兴云布雨、祛除疫气、消灾免难、和谐人际、预知未来、出入水火、不惧寒热等等。

疫气、消灾免难、和谐人际、预知未来、出入水火、不惧寒热等等。

书中也不乏修道之人行走世间、与人交往的故事，这些故事情节跌宕起伏，反映了当时的社会现实、人们的思想观念和人生的哲理。

三、《神仙传》有哪些价值呢？

葛洪《神仙传》中所记载的种种凡人修炼成仙的故事，在当时许多人，尤其是作者本人看来，都是实实在在发生过的事。葛洪写这部书是为了收集、保存这些修仙之人的事，补充前人如刘向等记述的不足，并为后来的“修仙者”提供参考。神仙一事以唯物主义的哲学观点看来实属荒诞不经的事情，现代人普遍已不再相信神仙的存在和修炼成仙的可能，但这并不代表《神仙传》一书失去了它的价值。相反，仔细研究就会发现书中所记载的一些内容，时至今日依然在散发着它的光芒。

首先，《神仙传》一书有养生学方面的价值。古人求仙的一个动因是对长生不老的渴望，长生不老的说法虽然现在看起来有点不切实际，但《神仙传》里记载的养生方法和心得却对人们追求健康长寿有较大的借鉴价值。如《广成子》《彭祖》等篇中所说的养生理念，要想长生久视，人们应该“抱神以静，无劳尔形，无摇尔精”，就是说不可过分贪求外物，不可过度放纵欲望，只有保存好身体本身所有的气血精华，不让身体过分耗损，才能健康和长寿。这种养生理念即使在当今也不过时。再如《彭祖》篇介绍的彭祖的导引闭气法，与现在人们在进行瑜伽练习时常用的腹式呼吸方法有异曲同工之效。又如《王真》篇讲早晨起来叩击牙齿几十下，非常有助于身体健康，现代医学也认为“叩齿”是一种很好的健齿、固齿的方法。

其次，《神仙传》一书有民俗学的价值。《神仙传》中记载了许多奇人异士求仙的故事，其中有一些夹杂着他们和乡里人的交往过程，从这些细节可以窥见当时的风土民情，对于研究古代民俗有一定的价值。

如《王远》篇详细记载了仙人王方平到蔡经家做客的经过，以细致的笔墨描绘了宴会的肴馔陈列、接见方式等，让人见识到古人的待客之道；《茅君》篇记载了茅盈出外做仙官、乡里人送行的经过，以及仙人来迎接他做官的场面，可以了解到古人送行和迎接官员的礼仪与排场。

再次，《神仙传》一书对后世仙侠魔幻等类型的小说有重要的参考价值。《神仙传》中所记载的学道有成之人所使用的种种神通道术、所擅长的种种变化，给后世神幻小说的创作提供了参考资料。如长生久视、返老还童、起死回生、分身隐形、变成他物、遁地穿壁、飞行上下、日行千里、神术治病、坐致行厨、行云布雨、出入水火、召唤鱼鳖、役使鬼神百兽、定物不动、占卜吉凶、消除疫病、消灾挡难等等神奇法术。

最后，《神仙传》一书给后世留下了许多典故和成语俗语。如“麻姑爪搔背”“沧海桑田”“茅山道士”“张天师捉鬼”“杏林春暖”“悬壶济世”等故事或成语就出自《神仙传》，后世多有引用。

四、《神仙传》版本问题

《神仙传》在漫长的流传过程中，多有遗漏、增添和错误之处，据说原本早已失传，现存的本子或为后人所辑。现存《神仙传》有两大版本系统，一个是文渊阁《四库全书》本，即明代毛晋所辑的《神仙传》，另一个是“广汉魏丛书”本，即清代王谟所辑的本子，为《道藏精华录》所收。

《神仙传》前人已有校点注释，如2010年中华书局胡守为的《神仙传校释》，所使用的底本是文渊阁《四库全书》本；2017年中华书局谢青云的《神仙传译注》，使用的是《道藏精华录》本。

此次整理所依据的底本是文渊阁《四库全书》本，原文、注释及解说对胡守为《神仙传校释》和谢青云《神仙传译注》多有参考，在此一并表示诚挚感谢。此次整理，除注释和基本翻译外，还结合其他资料，对《神仙传》做了较为详细通俗的解说，旨在将葛洪的《神仙传》更为通俗、生动地呈现给读者，以期对《神仙传》的传播有所助益，对开卷的读者有所助益。

目录

卷壹

广成子

广成子者，古之仙人也。居崆峒山[1]石室之中。黄帝闻而造焉，曰："敢问至道之要。"广成子曰："尔治天下，云不待簇而飞[2]，草木不待黄而落，奚足以语至道哉？"黄帝退而闲居三月，复往见之。

广成子方北首[3]而卧，黄帝膝行而前，再拜，请问治身之道。

广成子蹶然[4]而起曰："至哉！子之问也。至道之精，窈窈冥冥；至道之极，昏昏默默[5]。无视无听，抱神以静，形将自正。必静必清，无劳尔形，无摇尔精，乃可长生。慎内闭外，多知为败。我守其一[6]，以处其和。故千二百岁而形未尝衰。得吾道者，上为皇；入吾道者，下为王[7]。吾将去汝，适无何之乡[8]，入无穷之门[9]，游无极之野，与日月齐光，与天地为常，人其尽死，而我独存焉。"

‖注释‖ 1崆峒山：所在地有不同的说法。《史记》卷一《五帝本纪》"正义"引《括地志》云："笄头山一名崆峒山，在原州平高县（今宁夏固原）。《庄子》云：'广成子学道崆峒山，黄帝问道于广成子，盖在此。'"《太平寰宇记》卷八《河南道八·汝州》"梁县"云："崆峒山在县西南四十里，有广成子庙，即黄帝问道于广成子之所也。"汝州梁县在今河南汝州市。还有说在今甘肃泾川、今河南虞城的。未知孰是。 2云不待簇而飞：《庄子·在宥》作“云气不待族而雨”，司马彪注曰：“族，聚也。未聚而雨，言泽少。”“云气”与下文“草木”相对，这里缺“气”字。“飞”应作“雨”。 3北首：头朝北。 4蹶（juě）然：亦作“蹷然”，疾起貌。 5至道之精，窈窈冥冥；至道之极，昏昏默默：《庄子·在宥》云，“窈窈冥冥，至道之极；昏昏默默，无视无听。”郭象注曰：“窈冥、昏默，皆了无也。”窈窈冥冥，指宇宙处于原始状态，远而不可穷极。昏昏默默，指微而不可视听。至道，指道的极致。 6守其一：《道德经》所谓“得一”也，王弼注曰，“一，数之始而物之极也。各是一物之生，所以为主也，物皆各得此一以成。” 7得吾道者，上为皇；入吾道者，下为王：“广汉魏丛书”本作“得我道者上为皇，失吾道者下为土”，《庄子·在宥》作“得吾道者，上为皇而下为王；失吾道者，上见光而下为土”。意思是失去我的道的人，处于天地之间，懵懂无知，举头但见日月，低头但见地下而已。《四库全书》本这里的“入”是“失”的讹误，“王”是“土”的讹误。 8无何之乡：指无何有之乡，出自《庄子·逍遥游》。指空无所有的地方；多用以指空洞而虚幻的境界或梦境，也用于指逍遥自得的状态。 9无穷之门：古代道家所称通往至道境界的门径。

<解说> 广成子是远古时期的仙人。他居住在崆峒山的石洞里。黄帝听说了广成子的名声就去拜访他，问他至道的要诀。

不过黄帝第一次拜访就遭到了广成子的嘲笑：“你治理天下，云还未聚集到一起就飞走（下雨）了，草木还未枯黄就衰败凋零了，你哪里配得上谈论至道呢！”黄帝听了这话，羞惭地回去，放下政务，反思了三个月才又去拜会广成子。

黄帝到的时候，见广成子正头朝北躺卧着，便恭敬地跪行向前，向广成子拜了两拜，崇敬至极，请问修身的道法。

这一次广成子没有讥笑黄帝，反而一骨碌爬起来，说：“你这个问题问得真好！至道的精要，幽深玄远、窈冥不可见；至道的极致，静默深沉，幽微不可听。你只有忘掉视力才能看见，忘掉听力才能听见，只要你保持精神的宁静安定，那么你的形体自然就会正直。一定要清静自守，不要过分劳累你的身体，不要过分消耗你的精神，这样才可以长生。谨慎恪守自身，不要被外物侵袭，知道过多不必要的东西反而会败坏你的内部。我就是守住这本一，处于自我和融的状态，所以能活到一千二百多岁而不衰老。得到我的道的人，能上为天皇；进入我的道的人，能下为君王。我将要离开你们这些凡人，去到那空无所有的地方，进入通往至道的门径，悠游于没有尽头的荒野，与日月同光，与天地并存，人人都死了，只有我还独自存在着呐！”

广成子是传说中上古黄帝时候的仙人，活的岁数不详，有的说他活了一千二百岁，有的说他生命长存，永不死亡。广成子的身份十分尊贵，据说他是道教的始祖，位居道教“十二金仙”的首位。他的思想对于道家向道教演变和道教修炼之术的产生有深远影响。明代许仲琳《封神演义》中，广成子被塑造成阐教玉虚宫元始天尊门下的十二弟子（广成子、赤精子、清虚道德真君、太乙真人、玉鼎真人、灵宝大法师、黄龙真人、普贤真人、慈航道人、惧留孙、道行天尊、文殊广法天尊）之一，在武王伐纣战争中立下了汗马功劳，他的根骨、道行、悟性、法力、战斗指数等等都属于顶级。

葛洪《神仙传·广成子》对广成子的记载其实来自《庄子·在宥》里广成子的故事，不过《神仙传》没有《庄子·在宥》记载得详细。据《庄子》和《神仙传》的记载，黄帝曾先后两次西至崆峒山拜访广成子，第一次询问以道治国的方法，碰壁而返；第二次跪地前行，询问以道养生的方法，广成子授之以要诀。

黄帝，是上古五帝（黄帝、颛顼、帝喾、唐尧、虞舜）之一，他本姓公孙，因居住在姬水（今陕西武功），改姓姬；后因居住在轩辕之丘（今河南新郑），取名叫轩辕，又将“轩辕”作为自己的号。黄帝治理百姓，修整甲兵，打败了老牌强族神农氏炎帝部落，以及战斗力超强的叛逆蚩尤，成为当时天下之主。因有土德之瑞，土色为黄，所以号称“黄帝”。黄帝的正妃为西陵嫘祖，嫘祖生了青阳和昌意两个儿子。昌意娶了蜀山昌仆，生下高阳。黄帝驾崩之后，被葬在桥山。他的贤孙高阳继承了天子之位，号为“颛顼”。

关于黄帝的结局，说法不一，有的说黄帝确实死了，死后被葬在桥山。有的说黄帝并不是真的死掉了，他只是假借尸解成仙而去，后来发现桥山墓葬里埋的只是他的剑和鞋子。还有的说黄帝并没有死，也没有被葬在桥山，而是乘着巨龙飞上天成仙了。

持黄帝确然死去观点的有：西晋皇甫谧《帝王代纪》，皇甫谧在此书中还确切记载了黄帝的寿命——黄帝活了一百一十一岁而死。

持黄帝假死被葬桥山观点的有：西汉刘向《列仙传》，刘向认为黄帝是自己选择“死”期的，他“死”的那天还专门跟亲戚大臣告了别。黄帝“死”后被葬在桥山，但有一次遇见山崩，棺材露了出来，大家一看，发现棺材里根本就没有黄帝的尸体，只有他的佩剑和鞋子而已。

持黄帝乘巨龙飞天观点的有：刘向《列仙传》里所引用的“仙书”，“仙书”上记载，黄帝命人采集首山的铜，在荆山下铸造宝鼎。宝鼎铸成的那天，有一条巨龙垂下胡须迎接黄帝上天。当时看见这一幕的群臣都纷纷抢着跟随黄帝一块升天，大家争先恐后地攀扯黄帝的弓和巨龙的胡须。奈何人太多，龙须都被大家拔下来了，弓也被扯了下来。结果大家都掉下来没能上天，只能仰望着天空中远去的黄帝的背影悲号。后来人们把黄帝升天的地方叫“鼎湖”，把黄帝的弓叫“乌号”。

广成子是在崆峒山修炼得道的，而黄帝则被道教奉为远祖，黄帝曾于此问道广成子，因此，崆峒山被誉为“道教第一名山”。

若士

若士者，古之神仙也。莫知其姓名。

燕[1]人卢敖，秦时游于北海[2]，经于太阴[3]，入于玄关[4]，至于蒙谷[5]之山，而见若士焉。其为人也，深目而玄准[6]，鸢肩[7]而修颈，丰上而杀下[8]，欣欣然方迎风轩轾[9]而舞。

顾见卢敖，因遁逃于碑[10]下。卢敖仰而视之，方蹉[11]龟壳而食蟹蛤。

卢敖乃与之语曰："惟以敖为背群离党，穷观六合[12]之外，幼而好游，长而不渝，周行四极。推此阴之未阙[13]，今卒睹夫子于此，殆可与敖为友乎？"

若士俨然[14]而笑，曰："嘻！子中州[15]之民，不宜远而至此。犹光乎日月，而载乎列星，比夫不名之地犹突奥也[16]。我昔南游乎洞浾[17]之野，北息乎沉默之乡，西穷乎窈冥之室，东贯乎澒洞[18]之光。其下无地，其上无天。视焉无见，听焉无闻。其外尤有泼泼之汜[19]，其行一举而千万里，吾尤未之能也。今子游始至于此，乃云穷观，岂不陋哉？然子处矣，吾与汗漫[20]期于九垓[21]之上，不可以久住。"乃举臂竦身，遂入云中。

卢敖仰而视之，弗见，乃止，怆恨若有丧者也，曰："吾比夫子也，尤鸿鹄[22]之与壤虫[23]也。终日而行，不离咫尺[24]，自以为远，不亦谬也？悲哉！”

‖注释‖ 1燕：指今河北。 2北海：指北方之海，不确指。 3太阴：《淮南子·道应训》，“卢敖游乎北海，经乎太阴，入乎玄阙，至于蒙榖之上。”高诱注：“太阴，北方也。” 4玄关：应作“玄阙”。指古代传说中的北方极远之地。 5蒙谷：亦作“蒙榖”，山名，古代传说日入之处。 6玄准：高鼻子。 7鸢肩：两肩上耸，像鸱鸟栖止时的样子。 8丰上而杀下：丰，丰满；上，上部；杀，尖瘦；下，下部。额头宽而脸颊瘦，形容脸形上宽下尖。亦指体型上肥下瘦。 9轩轾：车子前高后低称轩，前低后高称轾。这里指高低上下飞舞。 10碑：同“崥（bǐ）”，山脚。 11踡（quán）：胡守为《神仙传校释》说《淮南子·道应训》里作“倦”，高诱注曰，“楚人谓倨为倦”，胡守为认为盘腿而坐谓之倨。谢青云《神仙传译注》认为倨是两腿分开而坐。 12六合：天地四方；整个宇宙的巨大空间。《庄子·齐物论》：“六合之外，圣人存而不论；六合之内，圣人论而不议。”成玄英疏：“六合者，谓天地四方也。” 13推此阴之未阙：《淮南子·道应训》作“唯北阴之未窥”。“推”是“唯”之讹误，“此”是“北”之讹误，“阙”是“窥”之讹误。北阴，指北极。 14俨然：严肃庄重的样子。 15中州：指中原地区。 16犹光乎日月，而载乎列星，比夫不名之地犹突奥也：“犹光乎日月”，《淮南子·道应训》作“此犹光乎日月”，高诱注曰，“言太阴之地，尚可见日月也。”“突奥”，《淮南子·道应训》作“窔奥”，窔，指屋子的东南角；奥，指屋子的西南角。高诱注曰：“言我所游不可字名之地，以卢敖所行比之，则如窔奥中也。” 17洞泺：《论衡·道虚篇》作“周浪”，指广大。 18澒洞：即鸿洞，虚空混沌；漫无际涯。 19波波之汜：波波，象声词。汜，水边，《楚辞·天问》，“出自汤谷，次于蒙汜。”王逸注：“汜，水涯也。”《淮南子·道应训》作“汰沃之汜”，高诱注曰：“四海与天之际的水流声也。” 20汗漫：渺茫不可知。《淮南子·道应训》：“吾与汗漫期于九垓之外。”高诱注：“汗漫，不可知之也。”后附会为仙人的名字。 21九垓：也作“九阂”“九陔”。九层，指天。《淮南子·道应训》高诱注曰：“九垓，九天之外。” 22鸿鹄：天鹅。 23壤虫：《淮南子·道应训》高诱注曰，“壤虫，虫之幼也。” 24咫尺：《淮南子·道应训》高诱注曰，“八寸为咫，十寸为尺。”

<解说> 若士是古代的神仙，不知道他叫什么名字。

燕地有个人叫卢敖，秦代的时候曾游览北海，途经北方，进入北方极远的地方，最终来到了太阳下落的蒙谷之山，见到了仙人若士。若士这个人，眼眶深陷而鼻子高挺，两肩上耸像栖止时的鸱鸟，脖子修长，额头宽而脸颊瘦，体型上肥下瘦，正快乐地迎风起舞。

若士转头一看见卢敖，便立刻逃到了山脚下。卢敖仰头看见了他，他正两腿直伸着踞坐在龟壳上吃着螃蟹和蛤蜊。

于是卢敖跟他说："想我卢敖背离了人群和家乡，遍历天下四方，年幼时就喜欢游历，长大了也没有改变志向，走遍了四方最远的地方。这样想来只有这个地方没有来过了，现在看到夫子在这个地方，能不能和我卢敖做朋友呢？"

若士微微而笑，说："唉，你这个中原人啊，不应该不远万里来到这里。这里还可以见到日月星辰的光辉，但比起我曾游历过的许多不知名的极远之地，这里就好像屋子的角落一样。我曾经往南游历过幽深的旷野，往北栖息于寂静的乡野，往西穷尽至窈冥的居室，往东直穿过虚空混沌之光。我到过的地方，下面没有地，上面没有天。用眼睛看不到什么东西，用耳朵也听不到任何声音。这种极致的地方之外，还有无边无际的水涯。尽管我一步就能跨越千万里，但我还是不能穷尽那里。现在你才游历到这里，竟称自己已穷尽了观览，岂不是很浅陋吗？那么你就在这里待着吧，我和汗漫相约在九天之外会面，不可以长久地待在这里。"于是若士举起手臂纵身一跃，就跳入云里去了。

卢敖仰头看着若士远去的身影，直到看不见为止，心里悲伤悔恨得好像失去了什么似的，慨叹道："我跟夫子相比，就好像泥土里的虫子与鸿鹄相比。我整日不停地行走，不过是行了咫尺之地，我却自认为已经走了很远，这不是很荒谬吗？悲哀啊！"

若士的身世很神秘，不知他是哪朝哪代、何方人士，关于他的记载少之又少，目前可考的最早记载便出自《淮南子·道应训》的"卢敖见若士"这个故事。卢敖，据《淮南子·道应训》许慎注解，是燕地人，秦始皇曾征召他做博士，让他帮忙求取神仙不死之药，后来卢敖跑掉了，且逃跑之后就再也没有回来。葛洪《抱扑子内篇·极言》讲到秦始皇被卢敖、徐福等人欺骗愚弄。《史记》卷六《秦始皇本纪》也讲到有一个“卢生”，这个“卢生”应该就是卢敖。如此说来，卢敖和若士可能是秦始皇时候的人物。

沈文泰

沈文泰者，九疑[1]人也。得江众神丹，土符还年之道，服之有效，欲于昆仑[2]安息二千余年，以传李文渊曰："土符不法服药，行道无益也。"文渊遂授其秘要，后亦升天。

今以竹根汁煮丹，黄土，去三尸[3]，出此二人也。

‖注释‖ 1 九疑：亦作"九嶷"，山名。九嶷山又名苍梧山。位于湖南宁远县南。《山海经·海内经》："南方苍梧之丘，苍梧之渊，其中有九嶷山，舜之所葬，在长沙零陵界中。"郭璞注："其山九谿皆相似，故云'九疑'。" 2 昆仑：传说中的仙山名。据称昆仑山所在有多种说法：一说在西域；一说在海外；一说在酒泉；一说在吐蕃；还有说在青海日月山。 3 三尸：指道教的三尸神。尸者，神主之意。道教认为人体有上中下三个丹田，各有一神驻跸其内，统称"三尸"，也叫三虫、三尸毒，每于庚申日向天帝呈奏人的过恶。

<解说> 这个版本的《沈文泰》文本错误较多。

另一个版本为："沈文泰者，九嶷人也。得红泉神丹，去土符延年益命之道，服之有效。欲之昆仑，留安息二十余年，以传李文渊曰：'土符却不去，服药行道无益也。'文渊遂授秘要，后亦升仙。今以竹根汁煮丹，及黄白去三尸法，出此二人矣。"

沈文泰是九嶷人没有错，但他得的丹法叫"红泉神丹"法而不是"江众神丹"法。葛洪《抱朴子内篇·金丹》记有："又李文丹法，以白素裹丹，以竹汁煮之，名红泉，乃浮汤上蒸之，合以玄水，服之一合，一年仙矣。”“李文”即“李文渊”，李文渊的丹法叫“红泉”丹法，由此可见“江众”说法有误。

沈文泰得到“红泉神丹”法和去除土符延年益寿之道后，服之很有效果，于是打算前往昆仑山隐居，隐居前暂时留居俗世二十多年，将他的道法传授给了李文渊。原文所谓“安息二千余年”文字有误，《云笈七签》卷八二作“二十”，《太平御览》卷六六二“天仙”引《神仙传》作“留息积年”，积年，是多年的意思，所以沈文泰应是暂时留在世间栖息多年，绝非二千年之久。

联系上下文，上文沈文泰对李文渊说：“土符如果不去掉，服药修道是没有用处的。”下文说“及黄白去三尸法，出此二人矣”，那么我们是否可以合理推想：所谓“土符”其实就是“三尸”呢?

三尸，指道教的三尸神。道教认为人体有上中下三个丹田，各有一个神住在里面，统称“三尸”，也叫三虫、三尸毒。传说三尸神常常在月初、月中、月末上天，向天帝呈奏平日一笔一笔记录下来的人犯的过错。天帝就命令司命根据这些人所犯的过错消减其相应的寿命。

传说人身体中有“神”，也有邪恶的“三尸”，“神”是保护人让人长生的，而三尸则想要人快点死。因为人死之后“神”就会涣散归于无形，而三尸则会变成鬼，享受活着的人给死人祭奠的好东西，所以三尸急着让人死掉。

为了快点达到让人死掉的目的，三尸除了向天帝打小报告之外，还会增加人的嗜欲，变相摧残人的身体。

道教认为去除人体内的三尸，人就会恬淡无欲，神静性明，积众善，去众恶，最后才能成仙。

彭祖

彭祖者，姓篯，名铿，帝颛顼之玄孙。至殷末世，年七百六十岁而不衰老。少好恬静，不恤世务，不营名誉，不饰车服，唯以养生治身为事。

殷王闻之，拜为大夫，常称疾闲居，不与政事。善于补养导引[1]之术，并服水桂[2]、云母粉[3]、麋鹿角[4]，常有少容，然其性沉重，终不自言有道，亦不作诡惑变化鬼怪之事，窈然无为，时乃游行，人莫知所诣。伺候之，竟不见也。有车马而不常乘，或数百日或数十日不持资粮，还家则衣食与人无异。常闭气内息，从平旦至日中，乃危坐拭目，摩搦[5]身体，舔唇咽唾，服气数十，乃起行，言笑如故。其体中或有疲倦不安，便导引闭气，以攻其患。心存其身，头面九窍，五藏四肢，至于毛发，皆令其存。觉其气行体中，起于鼻口中，达十指末，寻即平和也。王自诣问讯，不告之。致遗珍玩，前后数万，彭祖皆受之以恤贫贱，略无所留。

又有采女者，亦少得道，知养形之方，年二百七十岁，视之年如十五六。王奉事之于掖庭[6]，为立华屋紫阁，饰以金玉，乃令采女乘轻軿[7]而往，问道于彭祖。

采女再拜，请问延年益寿之法，彭祖曰："欲举形登天，上补仙宫者，当用金丹，此元君太一所服，白日升天也。然此道至大，非君王所为。其次当爱精养神，服饵至药，可以长生，但不能役使鬼神、乘虚飞行耳。不知交接之道，虽服药无益也。采女能养阴阳者也，阴阳之意可推而得，但不思之耳，何足枉问耶？仆遗腹而生，三岁失母，遇犬戎之乱，流离西域，百有余年，加以少怙，丧四十九妻，失五十四子，数遭忧患，和气折伤，令肌肤不泽，荣卫[8]焦枯，恐不得度世。所闻素又浅薄，不足宣传。今大宛山中，有青精先生者，传言千岁，色如童子，行步一日三百里，能终岁不食，亦能一日九餐，真可问也。"

采女曰："敢问青精先生所谓何仙人也？"

彭祖曰："得道者耳，非仙人也。仙人者，或竦身入云，无翅而飞；或驾龙乘云，上造太阶；或化为鸟兽，浮游青云；或潜行江海，翱翔名山；或食元气；或茹芝草；或出入人间则不可识；或隐其身草野之间。面生异骨，体有奇毛，恋好深僻，不交流俗。然有此等，虽有不亡之寿，皆去人情、离荣乐，有若雀之化蛤，雉[9]之为蜃[10]，失其本真，更守异器。今之愚心未之愿也。人道当食甘旨，服轻丽，通阴阳，处官秩[11]，耳目聪明，骨节坚强，颜色和泽，老而不衰，延年久视，长在世间，寒温风湿不能伤，鬼神众精莫敢犯，五兵百虫不能近，忧喜毁誉不为累，乃可贵耳。人之受气，虽不知方术，但养之得宜，当至百二十岁。不及此者，皆伤之也。小复晓道，可得二百四十岁，能加之，可至四百八十岁。尽其理者，可以不死，但不成仙人耳。养寿之道，但莫伤之而已。夫冬温夏凉，不失四时之和，所以适身也。美色淑姿，幽闲娱乐，不致思欲之惑，所以通神也。车服威仪，知足无求，所以一其志也。八音五色，以玩视听，所以导心也。凡此皆以养寿，而不能斟酌之者，反以速患。古之至人，恐下才之子，未识事宜，流遁不还，故绝其源也。故有上士别床，中士异被。服药千裹，不如独卧。五色令人目盲，五味令人口爽，苟能节宣其宜适，抑扬其通塞，不减年筭[12]，而得其益。凡此之类，譬犹水火，用之过当，反为害耳，人不知其经脉损伤，血气不足，内理空疏，髓脑不实，体已先病，故为外物所犯，因风寒酒色以发之耳。若本充实，岂当病耶？凡远思强记伤人，忧恚悲哀伤人，情乐过差[13]伤人，忿怒不解伤人，汲汲所愿伤人，戚戚所患伤人，寒暖失节伤人，阴阳不交伤人，所伤人者甚众，而独责于房室，不亦惑哉？男女相成，尤天地相生也，所以导养神气，使人不失其和，天地得交接之道，故无终尽之限。人失交接之道，故有残折之期，能避众伤之事，得阴阳之术，则不死之道也。天地昼离而夜合，一岁三百六十交，而精气和合者有四，故能生育万物，不知穷极。人能则之，可以长存。次有服气得其道，则邪气不得入，治身之本要也。其余吐纳导引之术，及念体中万神，有含影守形之事，一千七百余条，及四时首向，责己谢过、卧起早晏之法，皆非真道，可以教初学者，以正其心耳。爱精养体，服气炼形，万神自守。其不然者，则荣卫枯瘁，万神自逝，非思念所留者也。愚人为道，不务其本，而逐其末，告以至言，又不能信。见约要之书，谓之轻浅，而昼夕伏诵。观夫《太清北神中经》之属，以此疲劳，至死无益也，不亦悲哉？又人苦多事，又少能弃世独住，山居穴处者，以顺道教之，终不能行，是非仁人之意也。但知房中之道、闭气之术，节思虑，适饮食，则得道矣。吾先师初著《九都》《节解》《韬形》《隐遁》《无为》《开明》《四极》《九室》诸经[14]，万三千首，为以示始涉门庭者耳。”

采女具受诸要以教王，王试为之，有验，欲秘之，乃令国中有传彭祖道者，诛之，又欲害彭祖以绝之。彭祖知之，乃去，不知所在。其后七十余年，闻人于流沙之西见之。王能常行彭祖之道，得寿三百岁。力转丁壮，如五十时。郑女妖淫，王失其道而殂。俗间相传，言彭祖之道杀人者，由于王禁之故也。彭祖去殷时，年七百八十岁，非寿终也。

‖注释‖ 1 导引：导引是个合成动作，即导形引气。导形就是以特定的目标做规定动作，意为按需要进行动作练习。引气即以动作改变身体内的气血运行方向。导引即按需要练习特定的动作，以改变身体内气血运行的快慢、方向、运滞等，从而达到健身的效果。 2 水桂：即桂枝，性味甘辛温，具有良好的散寒解表、温通经脉、通阳化气之功效。 3 云母粉：一种非金属矿物，含有多种成分，主要成分有二氧化硅、三氧化二铝。 4 麋鹿角：有温肾壮阳、填精补髓、强筋骨、益血脉之效。 5 摩搦（nuò）：摩，抚摸。搦，握、拿、捏。这里指按摩身体。 6 掖庭：宫中房舍，妃嫔居住的地方。 7 軿（píng）：古代一种有帷幔的车，多供妇女乘坐。 8 荣卫：荣指血的循环，卫指气的周流。荣气行于脉中，属阴；卫气行于脉外，属阳。荣卫二气散布全身，内外相贯，运行不已，对人体起着滋养和保卫的作用。 9 雉：鸟，外形像鸡。雄雉尾巴长，羽毛美丽，多为赤铜色或深绿色，有光泽；雌雉尾巴稍短，灰褐色。善走，不能久飞。种类很多，都是珍禽，如血雉、长尾雉等。通称野鸡，有的地区叫山鸡。 10 蜃：大蛤蜊。 11 官秩：指官吏的职位或依品级而定的俸禄。 12 筭：同“算”，计算，算计。这里指年岁。 13 过差：过分，失度。 14 《九都》《节解》《韬形》《隐遁》《无为》《开明》《四极》《九室》诸经：《抱朴子内篇·遐览》有《九都经》《蹈形记》《隐守记》《节解经》，《抱朴子内篇·仙药》曾引用《开明经》，“四极”指《太真玉帝四极明科经》。

<解说> 彭祖原名篯铿，又叫彭铿。他身世显赫，是上古五帝之一颛顼的玄孙，陆终氏的第二个儿子。后来人们叫他“彭祖”，是因为他曾受封于彭城，建立了大彭氏国，这个“彭祖”是大彭氏国始祖的意思，后面彭姓、钱姓、韦姓的族人都把他尊为祖先。传说彭祖从夏代到殷商末年，一共活了七八百岁呢。

彭祖在历史上被视为长寿养生的代表性人物，影响较大，后世许多典籍都有关于他的记述。如《庄子·逍遥游》：“上古有大椿者，以八千岁为春，八千岁为秋。而彭祖乃今以久特闻，众人匹之，不亦悲乎！”《荀子·修身》：“扁善之度：以治气养生，则身后彭祖；以修身自强，则名配尧禹。”屈原《楚辞·天问》，“彭铿斟雉，帝何飨？受寿永多，夫何久长？”刘向《列仙传》中有《彭祖》一则：“彭祖者，殷大夫也。姓篯名铿，帝颛顼之孙，陆终氏之中子，历夏至殷末八百余岁。常食佳芝，善导引行气。历阳有彭祖仙室，前世祷请风雨，莫不辄应。常有两虎在祠左右，祠讫，地即有虎迹，云后升仙而去。遐哉硕仙，时唯彭祖。道与化新，绵绵历古。隐伦玄室，灵著风雨。二虎啸时，莫我猜侮。”

我们来接着说回《神仙传》里关于彭祖的记载，《神仙传》关于彭祖的记载比其他著作详细许多，其中记有彭祖打小修习道术、修炼有成的经历；还记载了他起初不肯教给商王道术，后来在采女的请求下，将修炼法门和盘托出；商王学会道术后，反过来要杀人灭口，彭祖远走高飞等事情。

一、修习道术，修炼有成

话说彭祖打小就喜好恬静，不关心俗世尘务，不追求名声和荣誉，也不装饰车马衣服，所谓“不汲汲于富贵，不戚戚于贫贱”，宠辱不能加身，只以养生治身为务。

彭祖会“胎息”法：他常常闭气，不用口鼻而只在身体内呼吸，从早上坐到中午，时间到了就坐直身体，擦擦眼睛，按摩按摩身体，舔舔嘴唇咽下唾液，在体内行气个几十遍，才站起来行走，说说笑笑的，就像往常一样。

彭祖也经常“导引行炁”：当他感到身体疲倦不安的时候，就导引闭气，以消除疲乏疾患。具体方法是：把注意力集中到身体上，从头面上的九窍，到体内的五脏、体外的四肢，再到体表的毛发，用心感知它们的存在。再深入体会气在体内的行走，从口鼻开始，到达十指末端，这样整个人不久就会归于平和。

彭祖擅长补养身体和导引之术，配合服用水桂、云母粉和麋鹿角，长年保持少年的容颜，但是本人却谦虚低调，寂静无为，从来不自夸有道，也不作神神鬼鬼之类的变化，故弄玄虚，有时候兴起，出外游玩散步什么的，神龙见首不见尾，人们都不知道他去了哪里。就是贴身照顾他生活起居的人，有时都看不见他到哪里去了。彭祖出行有车马却不常乘坐，并且数百天，或者数十天不带钱财和粮食，但是回到家之后，衣服饮食与常人没有什么不一样，可能是修炼到能辟谷不食、掌握了神行术了。

二、商王求道，概不回应

商朝的王听到他的名声，就拜他为大夫，但他常常推说自己病了，身体不适，闲居在家，不参与政事。商王不辞辛劳亲自来拜访，询问他老人家修身养生的方法，彭祖就是不告诉他。商王前前后后赏赐给彭祖的东西，加起来价值数万钱了，彭祖仍然秉持着不主动、不拒绝、不告诉的原则，凡是商王赏赐的钱财，来者不拒，通通收下，然后转头就用来赈济贫苦老百姓了，自己一点儿也没有留下，反正商王钱多么，这也算是损有余而补不足了！但他就是不告诉商王养生长寿的秘诀。

三、采女出马，彭祖屈服

商王从彭祖那里讨不到什么好处，于是就想办法采取迂回战术，找别人去向彭祖请教。你不愿意告诉我，那我就找一个年轻貌美又有道术的“小姑娘”去请教你，我看你说不说。这个时候有个叫采女的人出现了，采女在历史上也是很有名声的，后世谈到房中术、阴阳互补之类的话题时，经常提到采女这个人。

话说采女跟彭祖有点像，也算是同道中人吧。她也是从小就得道，知道一些养生驻颜的方法，年纪有二百七十岁了，但看起来就像十五六岁的美貌少女，明眸善睐，巧笑倩兮！商王把她悉心供奉在掖庭，给她修建了华丽的屋子，用金玉做装饰。于是商王让采女乘着车去拜访彭祖，询问彭祖养生之道。

采女对彭祖再拜稽首，非常恭敬，询问延年益寿的方法。这回彭祖没有推脱，也许是看这“小姑娘”是同道中人无法拒绝，也许是看她美貌可爱不忍心拒绝，于是答道：“想要飞升登天，填补仙宫缺位的，应当服用金丹，这是元君太一所服用的，服下之后可以白日升天。这种方法最高贵，但并不适合君王。次一等的应当养护精神，服食至药，这种方法可以长生，但是还不能够役使鬼神、乘着云气飞行。不知道阴阳交接的方法，只是服药是没有用的，采女你是能够补养阴阳的人，阴阳的意思随便想想就知道了，只是一般人懒得去思考罢了，哪里值得专门问他呢？！我是遗腹而生的，在我没出生的时候我爸爸就死了，当我三岁的时候我妈妈也死了，之后我遭遇犬戎的祸乱，在西域流离了一百多年吧，再加上我无人可依，曾经死了四十九个妻子，失去了五十四个儿子，我多次遭受患难，身体里的和气遭到了损伤，导致肌肤不再润泽，身体内的气血焦枯，恐怕不能度世成仙。其实我平日里所听到的道理太浅薄了，哪里值得人肆宣扬呢？现在大宛山里有个青精先生，相传已经一千多岁了，面容还像小孩子一样，能一天之内行走三百里，能整年不吃东西，也能一天吃九顿饭，这种是真正可以请教的人。”

采女就问彭祖：“请问青精先生是什么样的仙人啊？”

彭祖说：“青精先生只是得道者，并不是仙人。仙人，或者能耸身飞入云里，没有翅膀却能够飞行；或者能乘着云雾驾着飞龙，向上一直飞至天的最高层；或者可以化作飞鸟，在青云之上浮游；或者能在江海里潜行，在名山间翱翔；或者吸天地元气；或者吃灵芝仙草；或者出入人间但不被人认出；或者隐身在草野之间。他们的面上生有异常的骨骼，身体长有奇怪的毛发，喜好深幽僻静的地方，不跟流俗的人交往。然而像这样的仙人，虽然有不会死去的年寿，但都远离了人情、摒弃了荣誉欢乐，就好像鸟雀变成了蛤蜊，雉鸡变成了海鲜，失去了他们的本真，换守别的器皿。现在，以我愚笨的心看来，我是不愿意这样的。为人之道，应该吃甘美的食物，穿轻便美丽的衣服，阴阳交通，处在优裕的地位，耳聪目明，骨节强壮，面色平和润泽，年老却不衰弱，延年久视，长存在人世间，寒冷温暖风霜湿气不能使他损伤，鬼神精灵不敢过犯他，各种兵器虫蛇不能接近他，忧愁喜悦谄毁赞誉等等不能成为他的负累，这才是可贵的，才是应该过的人生。只羡鸳鸯不羡仙，人间这么美好，应该好好享受人生，为什么要成为不近人情的仙人呢？！人秉受自然之气，即使不知道方术，只要能够养之得宜，也应该能活到一百二十岁。之所以很多人活不到这个岁数，那是因为伤害了身体罢了。知晓一点道术，就可以活到二百四十岁了；再进一步，就可以活到四百八十岁了；穷极道理的人，就可以至于不死了，只是还不能成仙罢了。养生长寿的方法，只是在于不要伤害身体罢了。冬天使身体温暖，夏天使它凉快，不失掉四时的和气，便可使身体舒适；美好的姿色，悠闲的娱乐，不导致思想和欲望的惑乱，便可使神思通畅；车马礼服的庄重凛然，知道满足而不过分追求，便可使志向纯一；各种声音和色彩，用来娱乐视听，便可疏导心灵。所有这些都是用来供养身体，使人长寿的，如果不能有所节制，那么反而会加速祸患。古代那些至为通达聪明的人，只是怕愚蠢的人不知道事物的机宜、沉溺其中不知返回，所以才阻绝了这些的源泉，不提倡人们享乐，其实使身体和精神得到好的奉养哪里有错呢，只是不要过分罢了。所以上等的人与异性别床而睡，中等的人与异性别被而睡。即使是服用千服药物，也不如独自歇卧来得养生。各种色彩使人的眼睛几乎瞎掉，各种味道几乎使人失去味觉，假如真能有所节制适当地宣泄欲望，该通的通、该塞的塞，那么就可以不减年岁，而得到养生的好处了。所有这些，就像水火，用得超出了限度，反而成为祸害，人不知道自己的经脉已经损伤了，血气已经不足了，内理已经空虚了，骨髓大脑已经不充实了，身体早就已经生病了，所以一旦被外物所侵犯，受到风寒酒色之类的引发，所有疾病一时都爆发出来了，其实这哪里是外物一时催发的呢，只是身体早就空虚罢了。如果本质是充实的，又怎么会得病呢？想得太多、勉强记忆太多的东西就会伤人，忧伤愤怒悲哀不已也会伤人，感情和喜乐如果过度也会伤人，愤怒不解会伤人，汲汲于所追求的东西会伤人，戚戚于所畏惧的东西也会伤人，阴阳如果不交通也会伤人，能够伤人的东西是很多的，但是世人常常只归咎于房事这一项，不是很愚蠢吗？男女相辅相成，就像天地相生，就是用来导引养护神气，使人不失和气的，天地得到交接之道，所以没有终尽的限度。人如果失去了交合之道，残折之期不远将至。若能够避开众多伤人的事情，得到阴阳互补的道术，便可获得长生不死的方法。天与地白天分开夜晚相合，一年有三百六十次交合，而四季精气相合的次数有四次，所以能够生育万物，没有穷尽。人如果能学习天地相交之道，就可以长存久视。其次是得到服气之道，那么邪气就不会侵入，这是治身的本质要道。其余的还有吐纳呼吸导引等方法，以及存念身体中的神灵、含影守形等方法，共一千七百多条，此外还有四时的朝向讲究，责备自己、为自己的过错道歉、早睡早起等方法，这些都不是真正的要道，只是可以教给初学者，用来正他的心意罢了。爱护身体保养精神，服气炼形，万神就会自守，如果不这样做，就会气血枯竭，万神自会逝去，这不是思念所能留住的。那些愚蠢的人修炼道术，不追求根本，而追逐末流，告诉他们至理名言，又不能使其信服。我看见约要之类的书籍，就说它们是很肤浅的，但是愚人却白天黑夜地伏案背诵。我看到《太清北神中经》之类的书籍，认为这些书劳神伤体，到死也不会有什么用处，而愚人不信，你说可悲不可悲？！而且人们都以多事为苦，但又很少有人能真正抛弃尘世，独自居住在山林岩穴，我如果以顺道教导他们，他们又不能够做到，这就不是仁人的本意了。只要知道房中术、闭气的方法，节制思虑，适当饮食，就是得道了。我的师父早先著有《九都》《节解》《韬形》《隐遁》《无为》《开明》《四极》《九室》等各种经书，有一万三千多条，只是用来展示给刚刚步入门庭的人罢了。”彭祖估计是打开话匣子了，跟采女说了这么多，其实归结起来就是“服药房中，导引行炁，谨慎保身，节宣有度”。

四、商王得到，过河拆桥

采女全盘接受了彭祖的教义，回去把它们教给了商王，商王试着按彭祖说的方法去做，果然有奇效，于是起了歹心，想把这些道术作为机密保存起来，只准自己一人占有，不允许其他人知道，心想如果你们这些凡人都长生不老了，那还不反了天了！于是商王命令全国，胆敢有人擅自传授彭祖的养生之道，就诛杀他。不仅如此，商王还想害死彭祖让彭祖的道术灭绝。彭祖知道了这种事，于是就离开了，神龙见首不见尾的，人们都不知道他去了哪里。后来过了七十年，听说有人在流沙的西边见过彭祖。商王因为常常履行彭祖的养生之道，活到了三百岁。力气有如壮年，模样看起来好像五十多岁一样。后来郑女妖冶淫乱，商王纵欲过度，失掉了养生之道，于是就死了。民间相传，有谈论彭祖养生之道的人就会被杀，这是由于商王禁令的缘故。彭祖离开商国的时候，有七百八十岁，他并不是年老而死，只是离开了商国，不知去了哪里。

番外：相传采女不只是彭祖的弟子，据说采女对彭祖一见倾心，在商王下追杀令的时候跟着彭祖跑了，后来也成了彭祖的妻子，大概是第五十任吧。

白石生

白石生者，中黄丈人[1]弟子也。至彭祖之时，已年二千余岁矣。不肯修升仙之道，但取于不死而已，不失人间之乐。其所据行者，正以交接之道为主，而金液之药为上也。初患家贫身贱，不能得药，乃养猪牧羊十数年，约衣节用，致货万金，乃买药服之。常煮白石[2]为粮，因就白石山居，时人号曰白石生。亦时食脯[3]饮酒，亦时食谷。日能行三四百里，视之色如三十许人。性好朝拜存神[4]，又好读仙经[5]及《太素传》[6]。彭祖问之："何以不服药升天乎？"答曰："天上无复能乐于此间耶，但莫能使老死耳。天上多有至尊相奉事，更苦人间耳。"故时人号白石生为隐遁仙人，以其不汲汲[7]于升天为仙官，而不求闻达[8]故也。

‖注释‖ 1 中黄丈人：黄帝时有中黄丈人，道家传说之仙人。 2 白石：传说中神仙的粮食。 3 脯：肉干，或干制的果仁和果肉。 4 存神：亦名思神，又可称存思、存想、冥想等，意谓存思人体之中、天地之间各种神灵。一说是存养精神，保全精神的意思。 5 仙经：泛指讲仙术、仙人之经。 6《太素传》：《真诰》卷五《甄命授第一》称："《太素传》者，道术也。学此应奉太上老君、上清皇人。" 7 汲汲：心情急切貌，引申为急切追求。 8 闻达：显达，有名望。

＜解说＞ 白石生，刘向《列仙传》记有："白石生，中黄丈人弟子，彭祖时已二千余岁，不爱飞升，但以长生为贵……因就白石山居，号白石生。"

葛洪《抱朴子内篇·地真》："昔黄帝东到青丘，过风山，见紫府先生，受三皇内文，以劾召万神；南到圆陇阴建木，观百灵之所登，采若乾之华，饮丹峦之水；西见中黄子，受九加之方；过崆峒，从广成子受自然之经；北到洪隄，上具茨，见大隗君黄盖童子，受神芝图；还陟王屋，得神丹金诀记；到峨眉山，见天真皇人于玉堂，请问真一之道。"据《抱朴子》的记载，"中黄子"是黄帝时期的仙人，黄帝曾经到西方拜会他，接受了"九加之方"，这里的"中黄子"就是"中黄丈人"。

有关白石生，《神仙传》的记载要比《列仙传》详细得多：据说白石生是中黄丈人的弟子，到彭祖的时候，已经有二千多岁了。世人都想成仙，他偏偏不愿意修炼飞升成仙的道术，想着能够长生不死也就心满意足了，这样既能不丢掉人间的享乐，又能保证长生不老，何乐而不为呢？！白石生的修炼法门，以阴阳交接之道为主，服食金液之药为上。他修炼的宗旨及道法和彭祖有点像。白石生早年家贫，买不起昂贵的药物来修炼，不得已养猪放羊十多年，省吃俭用，好容易才攒了万金财宝，这才能买得起药物服用。他常常煮白石，平日里把它当作粮食来吃，其居所又靠近白石山，所以人们就都叫他白石生。白石生几乎把白石当饭来吃，但他也没有完全地断谷不食，有时候也食用肉脯、喝喝小酒，有时候也吃五谷呢。他一天之内能行三四百里，面色就像三十多岁的人一样。白石生天性喜好朝拜神灵和存思万神，也喜好读修道的仙经和《太素传》。彭祖问他："你为什么不服药升天成仙呢？"他回道："天上又怎么能比得过人间的快乐呢，就只是能让人不老不死罢了。天上有很多地位尊贵的大神，新修成的仙人地位低下，需要侍奉那么多的大神，更加劳苦，这样说来还是在人间待着比较逍遥自在啊，我为什么要追求升天去伺候别人呢？"就因为他不追求升天成为仙官，不追求名声显要、自身显达的缘故，当时的人都称其为隐遁仙人！

黄山君

黄山君者，修彭祖之术，年数百岁，尤有少容，亦治地仙[1]，不取飞升。彭祖既去，乃追论其言，为《彭祖经》，得《彭祖经》者，便为木中之松栢也。

‖注释‖ 1 地仙：道教认为住在人间的仙人。地仙也称为遍知真人。葛洪《抱朴子内篇·论仙》："按仙经云：'上士举形升虚，谓之天仙；中士游于名山，谓之地仙；下士先死后蜕，谓之尸解仙。'"

<解说> 《彭祖经》不是彭祖本人所写的，而是后人"黄山君"编辑整理彭祖的生平、言论和修行法门而作。现在流传下来的《彭祖经》，内容和《神仙传·彭祖》篇基本一样，主要讲了彭祖的生平、修炼法门和养生之道。

《彭祖经》里面记载的彭祖养生之道主要有三个方面：气功术、营养术和房中术。气功术指运用气功养生，闭气内息，端坐按摩眼睛和身体，舔舐嘴唇，吞咽唾沫，运气通经脉，等等。营养术指彭祖善于烹调，以营养美味的食物奉养身体，但不过分贪求口腹之欲。房中术是从延年益寿的角度指导人们进行性生活，主要有四条：交接以时，交接有度，交接戒暴，交接戒温。彭祖不赞成独身禁欲的生活，但也反对过分放纵情欲。他认为极寒极热或者风雨雷电的时候，远途归来过度疲劳的时候，都不应同房，那样既损身减寿，又使后代非痴傻即疾病。彭祖很有现代优生优育的意识。彭祖说："上士别床，中士异被，服药千裹，不如独卧。"认为丈夫不与妻子同寝，避免性交过频，这样做胜过吃补药，这就是后世所谓"独睡丸"的来源。

凤纲

凤纲者，渔阳[1]人也。常采百草花以水渍泥封之，自正月始，尽九月末[2]止，埋之百日，煎丸之。卒死者以此药内口中，皆立生。纲长服此药，得寿数百岁不老。后入地肺山[3]中仙去。

‖注释‖ 1 渔阳：古代地名。燕昭王二十九年（前283），置渔阳郡，治所即今北京市密云区十里堡镇统军庄村东，因其位于渔水（今白河）之阳而得名。秦统一后，复置渔阳县，郡县同治，治所与燕相同。历两汉、三国、两晋、南北朝至北魏，渔阳郡始徙至雍奴（即今天津市武清区泗村店镇旧县村）。 2 九月末：《太平御览》卷七二四《医四》引《神仙传》作“尽五月末”，联系下“埋之百日”，似应为“五月末”。 3 地肺山：葛洪《抱朴子内篇·金丹》中所说的适合修炼的名山之一，在北方中原，具体地点不详。

<解说> 凤纲长年采集各种花草，浸泡在水罐中用泥封口，埋在地下，从正月开始，一直到九月末，埋上百来天，然后再挖出来，用火煎熬，制成丸药服下。据说把这个药放到猝死之人的嘴里，就能使其立刻复生。凤纲长年服用这种药物，所以活到几百岁还像个年轻人。后来他到地肺山里仙去了。

“地肺山”是很有来历的。葛洪所属的道教派别以炼制金丹为主，属于金丹派，所以葛洪对炼制金丹非常重视，也有很多心得。他把炼制金丹的心得体会和注意事项都一一记载在其著作《抱朴子》中。据《抱朴子内篇·金丹》记载，古人炼制金丹往往要避开俗世人群的打扰，去到荒无人迹的山里，才能安心炼丹。但是葛洪认为炼制神丹大药的时候，不能随随便便找一个小

小的山，为什么呢？因为小山里没有正神作主，多是魑妖鬼魅，不但不帮助人制药，反而普遍都是小心眼，见不得人好，在人炼制丹药的时候，喜欢暗中捣乱坏事；所以炼药一定要到名山中或者海中的大岛屿上，次一等的可以去内陆的大沙洲上。最好是到华山、泰山、霍山、恒山、嵩山、少室山、长山、太白山、终南山、女几山、地肺山、王屋山、抱犊山、安丘山、潜山、青城山、峨眉山、绥山、云台山、罗浮山、阳驾山、黄金山、鳖祖山、大小天台山、四望山、盖竹山、括苍山等名山中，这些名山有正神作主，或者有地仙隐居在里面，山里仙芝灵草多多，又可以很好地躲避兵荒祸乱，简直是炼药的圣地，运气好的还能遇见山神帮助炼药呢。但是葛洪也友情提醒，现在我们中国南北分裂，中原的名山是无法进去了，不过道友们不要灰心，去那江东的名山中炼药也是可以的。当时江东的名山据葛洪介绍，有霍山，在晋安；长山、太白，在东阳；四望山、大小天台山、盖竹山、括苍山，都在会稽。

现在已知曾叫地肺山的不止一山，较著名的有陕西终南山以及江苏茅山，此外还有河南灵宝市枯枞山和陕西商洛市商山。

终南山，在今陕西秦岭山脉，《史记·夏本纪》正义引《括地志》:“终南山，一名地肺山。”考虑到葛洪说起适合修炼的名山时将“终南山”和“地肺山”并列，那么地肺山应该不是指终南山。

茅山，在今江苏镇江市句容市，古时候也叫地肺山。唐代杜光庭《洞天福地岳渎名山记》和北宋张君房《云笈七签》都记“七十二福地”第一福地为地肺山，在江苏句容县茅山。但葛洪在提到江东适合修炼的名山时并未提及地肺山，如果地肺山即指江苏句容的茅山，江苏在江东之地，江苏句容即葛洪的老家，葛洪没理由不提及。所以，地肺山很可能在陕西或中原，而不在江东。

卷贰

皇初平

皇初平者，丹谿[1]人也。年十五，而家使牧羊，有道士见其良谨，使将至金华山[2]石室中，四十余年，忽然[3]，不复念家。

其兄初起，入山索初平，历年不能得见。后在市中，有道士善卜，乃问之曰："吾有弟名初平，因令牧羊失之，今四十余年，不知死生所在，愿道君为占之。"

道士曰："金华山中有一牧羊儿，姓皇名初平，是卿弟非耶？"

初起闻之，惊喜，即随道士去寻求，果得相见，兄弟悲喜。

因问弟曰："羊皆何在？"初平曰："羊近在山东[4]。"

初起往视，了不见羊，但见白石无数，还谓初平曰："山东无羊也。"

初平曰："羊在耳，但兄自不见之。"

初平便乃俱往看之，乃叱曰："羊起！"于是白石皆变为羊，数万头。

初起曰："弟独得神通如此，吾可学否？"

初平曰："唯好道，便得耳。"

初起便弃妻子，留就初平。共服松脂[5]茯苓[6]，至五千日，能坐在立亡，行于日中无影，而有童子之色。后乃俱还乡里，诸亲死亡略尽，乃复还去。临去，以方授南伯逢，易姓为赤，初平改字为赤松子，初起改字为鲁班。其后传服此药而得仙者，数十人焉。

‖ 注释 ‖ 1 丹谿：在今浙江金华市兰溪和义乌一带。 2 金华山：在今浙江金华市。一名长山。 3 忽然：俄顷，一会儿。这里指时光流逝飞快。 4 山东：山的东面。 5 松脂：由松类树干分泌出的树脂，在空气中呈黏滞液或块状固体，含松香和松节油。也称松香、松膏、松胶、松液、松肪。《神农本草经》卷一："松脂，味苦温，主疽恶疮，头疡白秃，疥搔风气，安五藏，除热。久服，轻身不老延年。"北齐颜之推《颜氏家训·养生》："近有王爱洲，在邺学服松脂，不得节度，肠塞而死。" 6 茯苓：寄生在松树根上的菌类植物，形状像甘薯，外皮黑褐色，里面白色或粉红色。中医用以入药，有利尿、镇静等作用。《淮南子·说山训》："千年之松，下有茯苓。"高诱注："茯苓，千岁松脂也。"

＜解说＞ 皇初平是丹谿人。十五岁的时候家里人让他出外牧羊，有一个道士见他温良恭谨，就把他带到金华山石室中，待了四十多年，时光匆匆而过，他也不再想念家里了。

他的哥哥叫皇初起，自从弟弟失踪后就进山里找寻，很多年都没有找到，后来在集市里，遇到一个善于占卜的道士，就问道士说："我有个弟弟名叫初平，因为让他出外牧羊走丢了，到现在已经有四十多年了，不知道他是生是死，现在在哪里呢，希望道君您能为我占卜占卜。"

道士说："金华山里曾有一个放牧的孩子，姓皇，名叫初平，不知道是不是你的弟弟？"

皇初起听到这个消息，惊喜万分，立刻跟随道士去找，果然见到了弟弟，兄弟俩又悲又喜。

皇初起问弟弟："当初你放的那些羊现在都到哪里去了？"皇初平说："羊离得很近，就在山东面呢。"

皇初起去看羊，一头也没有见到，只看到无数的白色石头，于是回来对初平答："山的东面没有羊啊。"

皇初平说："羊就在那里，只不过你自己看不见罢了。"

皇初平就跟哥哥一起去看，叱令道："羊儿起来！"于是白色的石头就都变成了羊，有数万头之多。

皇初起感叹："我的弟弟独自得到这样了不起的神通之术啊，我也可以学习吗？"

皇初平说："只要你诚心喜好道术，就可以学到。"

于是皇初起抛弃了妻子和儿女，留在初平那里。两人共同服用松脂和茯苓，到了五千多天的时候已经能坐在某地立刻消失不见，行走在太阳底下却没有影子，面色若孩童。后来两人一起返回老家，诸位亲友早已悉数离世，不剩几人了，于是又返回山中。临走的时候，他们把方子传授给南伯逢，并改"皇"姓为"赤"，初平改字叫赤松子，初起改字叫鲁班。后来辗转传递服用这种药而飞升成仙的，有几十人。

皇初平，又作"黄初平"，号黄大仙、赤松子，东晋金华丹豁（今浙江金华兰溪）人。《金华赤松山志》说他生于328年农历八月二十三日。黄大仙的事迹最早见于《神仙传》，后来在《浙江通志》《金华府志》《金华县志》《兰溪县志》等中都有记载。据《金华府志》，早在唐末、五代十国时期，就有吴越国国君钱镠，谥号武肃王的，建造了赤松庙奉祀黄大仙。此后，历朝历代供奉黄大仙的祠观断断续续。新中国成立后，金华山奉祀黄大仙的庙观屡遭损毁，直至1996年，浙江省人民政府批准重建金华山黄大仙祖宫，黄大仙才正式在老家金华恢复了香火。黄大仙虽然老家在浙江，但他广受欢迎和奉祀的地方却远在香港。香港九龙东有一座著名庙宇，就是黄大仙祠，全称为赤松黄大仙祠或啬色园黄大仙祠。它在香港家喻户晓，香火十分旺盛。每逢农历年底、大年初一至十五以及黄大仙的农历诞辰八月二十三，就有大批信徒前往黄大仙祠祭拜，感谢黄大仙过去一年的庇佑，祈求来年一年的好运。传说黄大仙祠的签文特别灵验，许多人慕名而来求取签文，请求大仙指点迷津。远在浙江的黄大仙为什么会在香港如此受欢迎呢？这要归功于一个叫梁仁庵的道士。传说20世纪初期，在辛亥革命破旧立新、破除封建迷信浪潮的推动下，广州的黄大仙祠被毁，梁仁庵父子于是携带黄大仙画像来到香港继续弘扬大道，于1921年在九龙竹园村创建啬色园，建立了黄大仙祠。自此之后，黄大仙信仰就在香港逐渐传扬开来，影响至今。

吕恭

吕恭，字文敬，少好服食。将一奴一婢于太行山中采药，忽有三人在谷中，因问恭曰："子好长生乎？而乃勤苦艰险如是耶！"

恭曰："实好长生，而不遇良方，故采服此物，冀有微益也。"

一人曰："我姓吕，字文起。"

一人曰："我姓孙，字文阳。"

一人曰："我姓李，字文上。皆太清太和府仙人也，时来采药，当以成授新学者，公既与吾同姓，又字得吾半，是公命当应长生也。若能随我采药，语公不死之方。"

恭即拜曰："有幸得遇神人，但恐暗塞[1]多罪，不足教授。若见采救，是更生之愿也。"即随仙人去。

二日，乃教授秘方一通，因遣恭还曰："可归省乡里。"恭即拜辞，仙人语恭曰："公来虽二日，今人间已二百年。"

恭归到家，但见空野，无复子孙，乃见乡里数世后人赵光辅，遂问吕恭家何在，人转怪之曰："君自何来，乃问此久远之人？吾闻先世传有吕恭，将一奴一婢入山采药，不复归还，以为虎狼所伤耳，经今已二百余年，君何问乎？吕恭有后世孙吕习者，在城东北十里作道士，人多奉事之，推求易得耳。”

恭承辅言，往到习家，叩门而呼之。

奴出问曰：“公何来？”

恭曰：“此是吾家也。我昔采药，随仙人去，至今二百余年，今复归矣。”

习举家惊喜，徒跣[2]而出，拜曰：“仙人来归。”流涕不能自胜。

居久之，乃以神方授习而去。

时习已年八十，服之，转转还少，至二百岁，乃入山去。其子孙世世服此药，无复老死，皆得仙也。

‖注释‖ 1 暗（àn）塞：愚昧糊涂，闭塞不通。 2 徒跣：光着脚。

<解说> 吕恭，字文敬，年轻的时候就喜欢服食延年益寿的药物。有一次他带领一个仆人一个婢女，到太行山里采药，突然遇到了三个仙人。他们问吕恭：“你这么不辞辛苦地翻山越岭采药，是为了寻求长生不老药吗？”吕恭说：“确实是这样，只是我还没有找到长生不老之药，只能先采些草药，希望也能有点帮助。”三位仙人就说，我们一个姓吕，字文起；一个姓孙，字文阳；一个姓李，字文上。我们都是太清太和府里的仙人，既然你和我们的姓字有相同的地方，也算是有缘人了，就把仙方传授给你吧。

于是吕文敬就跟着三位仙人学习了不死药方。临走的时候，仙人对他说：“你虽然只来了这里两天，但人间已经过了二百多年了。”

吕恭回到家之后发现果然物是人非，好不容易才找到一个邻家的后人叫赵光辅的，小赵告诉他现在已经是二百年之后了。吕家有一个后人叫吕习，在城东北十里做道士，吕文敬就去找到吕习告诉了他不死之方。吕习喜出望外，服药之后也返老还童，二百岁的时候进山里去了。吕家的子子孙孙后来服用不死之药，也都不再老死，成了神仙。

沈建

沈建者，丹阳[1]人也。世为长史[2]，而建独好道，不肯仕宦。学导引服食之术，远年却老之法，又能治病，病无轻重，遇建则差[3]，举事之者千余家。

一日，建当远行，留寄一奴一婢，并驴一头，羊十口，各与药一丸，语主人曰："但累舍居，不烦主人饮食也。"便决去，主人怪之曰："此君所寄口有十三，不留寸资，当若之何？"建去之后，主人饮啖[4]奴婢，奴婢闻食皆吐逆；以草与驴羊，驴羊皆避而不食，便欲觝[5]人。主人乃惊。

后百余日，奴婢面体光泽，转胜于初时，驴羊悉肥如饲。

建去三年乃还。又各以一丸药与奴婢驴羊，乃却饮食如故。建遂断谷不食，能轻举，飞行往还，如此三百余年，乃绝迹，不知所之也。

‖注释‖ 1 丹阳：今江苏镇江市丹阳、句容一带。 2 长史："广汉魏丛书"本作"长吏"。长吏，地位较高的官吏的统称，秦、汉一般指秩六百石以上的官吏，县丞、县尉禄秩虽低，亦可称长吏。魏晋以后，多指县令张和郡守。长史，秦代丞相和将军帐下设长史官，魏晋时州郡官员下设长史。据胡守为《神仙传校释》，"长史"为官职专称，沈家不可能世世为之，因此应作"长吏"。 3 差：同"瘥"，指病愈。 4 啖：喂食。 5 觝（dǐ）：同"抵"，用角顶、撞。

<解说>　沈建，丹阳人，家里世代都是做官的。而沈建偏偏喜好长生不死之道，对祖传的做官之路一点兴趣也没有。沈建学会了导引服食的法术，还会治病，各种疑难杂症都能治好，于是大家都搬到了沈建家附近居住，都跟着沈建。

有一天，沈建要出远门，留下一个仆人、一个婢女、一头驴子和十头羊，把他们寄养在一户人家。沈建对主人家说："劳烦您给他们安排一个歇脚睡觉的地方，不用给他们准备饭食。"沈建走了之后主人就很纳闷，这有男有女、有人有畜的，总共十三张口要吃饭呐，可是沈老先生却没有给他们留下半分资财，这叫他们吃什么喝什么呐！虽然主人没什么钱财，但心地善良，到了吃饭的时候，就拿着饭食去给沈建的奴婢们吃，但令人惊讶的是，奴婢们闻到食物就恶心得想吐；把草料喂给驴羊，驴羊们不但不吃，还要抵人呢。主人后来就不敢喂他们了。后来过了一百多天，大家发现奴婢们面色红润有光泽，比刚来的时候还健康，驴和羊也肥壮得像一直有被人好好喂养着。

沈建这一走就是三年，直到三年后才回家。回来后沈建分别喂给奴婢和驴羊们一丸药，他们就都恢复了正常的吃饭喝水。沈建回来后就彻底辟谷不食，修炼得身轻体健，会轻功，能飞行来往各地。这么过了三百年后，沈建就消失了，不知道到哪里去了。

道教辟谷的法术由来已久。早在《庄子·逍遥游》中就记载："藐姑射之山，有神人居焉；肌肤若冰雪，淖约若处子；不食五谷，吸风饮露；乘云气，御飞龙，而游乎四海之外。"战国时期关于神仙的想象就是不食五谷，餐风饮露。《淮南子·人间训》记载春秋时期有一个鲁国人叫单豹，隐居在深山里，不吃五谷，只喝溪水，到了七十，面色还似孩童。这是关于辟谷术实践者的记载。《史记·留侯世家》也记载张良体弱多病，于是就修行导引和辟谷之术。后来道教发展阐释辟谷术，认为人身体中有三虫，也叫三尸或三彭。上尸名叫彭倨，喜好宝物；中尸名叫彭质，喜好五味；下尸名叫彭矫，喜好色欲。上尸居于脑宫，中尸居明堂，下尸居腹胃。三尸是人体欲望产生的根源，是戕害身体的妖魔。三尸的生存依赖于谷气，只要人能不食五谷，断绝谷气，那么三尸就会灭亡。所以道教修炼提倡辟谷。而凡胎肉体要想达到完全辟谷的境界，必须先配合行气或服食其他草木药石才行。所以修道之士常常修行服气、胎息等道法，或者服食茯苓、巨胜、黄精、大枣、蜂蜜等药物，渐渐达到断谷的效果。这里沈建给奴婢和驴羊服食一丸药物就能让他们断谷不食多年，也不用行气和服食其他草药，实属神奇了。

华子期

华子期者，淮南[1]人也。师禄里先生[2]，受《隐仙灵宝方》[3]。一曰《伊洛飞龟秩》，二曰《伯禹正机》，三曰《平衡方》。按合服之，日以还少，一日能行五百里，力举千斤，一岁十二易其形[4]。后乃仙去。

‖注释‖ 1淮南：《江南通志》卷一五七称之为九江人。汉初，淮南国领有九江郡，包括今江西全境。 2禄里先生：禄里，复姓，也作“角里”，南宋郑樵《通志·氏族序》，“隐逸之人高傲林薮，居于‘禄里’者呼之为禄里氏，居于‘绮里’者呼之为绮里氏，所以为美也。”司马迁《史记·留侯世家》有：“此难以口舌争也。顾上有不能致者，天下有四人。”唐司马贞《索隐》：“四人，四皓也，谓东园公、绮里季、夏黄公、角里先生。按：《陈留志》云‘园公姓唐，字宣明，居园中，因以为号。夏黄公姓崔名广，字少通，齐人，隐居夏里修道，故号曰夏黄公。角里先生河内轵人，太伯之后，姓周名术，字元道，京师号曰霸上先生，一曰角里先生。’” 3《隐仙灵宝方》：传说中的仙方。 4形：这里指样貌，一年中多次改变他的形体样貌。据《云笈七签》等书所引之《神仙传》作“一岁十易皮”，“形”也有可能是“皮”的讹误。指华子期每年多次更新他的表皮，以此保持长生不老。

<解说> 华子期，传说是秦末汉初淮南郡人，他师从一个叫禄里先生的人。禄里先生也写作角里先生，是在汉初曾帮助太子刘盈巩固地位的商山

四皓之一，姓周名术，字元道。《史记·留侯世家》：“顾上有不能致者，天下有四人。”唐司马贞《索隐》：“四人，四皓也，谓东园公、绮里季、夏黄公、角里先生。按：《陈留志》云‘角里先生河内轵人，太伯之后，姓周名术，字元道，京师号曰霸上先生，一曰角里先生。’又孔安国《秘记》作‘禄里’。”

华子期在禄里先生这里被授以《隐仙灵宝方》，包括三篇内容，第一篇叫《伊洛飞龟秩》，第二篇叫《伯禹正机》，第三篇叫《平衡方》。葛洪《抱朴子内篇·辨问》曾介绍《隐仙灵宝方》的来历，说是：“《灵宝经》有《正机》《平衡》《飞龟授袟》凡三篇，皆仙术也。吴王伐石以治宫室，而于合石之中，得紫文金简之书，不能读之，使使者持以问仲尼，而欺仲尼曰：‘吴王闲居，有赤雀衔书以置殿上，不知其义，故远谘呈。’仲尼以视之，曰：‘此乃灵宝之方，长生之法，禹之所服，隐在水邦，年齐天地，朝于紫庭者也。禹将仙化，封之名山石函之中，乃今赤雀衔之，殆天授也。’”照这么看来，《隐仙灵宝方》是上古传下来的修习长生的法门。

华子期按照上面的指示合药服下，慢慢地就返老还少了，一天之内能行五百里，力气大得能够举起千斤重的东西。他还会变幻自己的外貌，据说一年之内十二次改变自己的模样。后来他就仙去了。

据说直到现在安徽凤台双峰山还有一个山洞叫“茅仙洞”，因汉代茅盈、茅固、茅衷三兄弟在这里隐居修道而得名。而在叫“茅仙洞”之前，这个山洞曾经叫“子期洞”，就是因为华子期曾经在这里修炼道术。

乐子长

乐子长者，齐人也。少好道，因到霍林山[1]，遇仙人，授以服《巨胜赤松散方》[2]，仙人告之曰："蛇服此药，化为龙；人服此药，老成童。又能升云上下，改人形容，崇气益精，起死养生。子能行之，可以度世[3]。"子长服之，年一百八十岁，色如少女，妻子九人，皆服其药，老者返少，小者不老。乃入海，登劳盛山[4]而仙去也。

‖注释‖ 1 霍林山：霍林山或指霍童山，唐代杜光庭《洞天福地岳渎名山记》，"霍童山霍林洞天三千里在福州长溪县。" 2《巨胜赤松散方》：《抱朴子内篇·金丹》云，"乐子长丹法，以曾青铅丹合汞及丹砂，著铜筒中，干瓦白滑石封之，于白砂中蒸之，八十日，服如小豆，三年仙矣。"《巨胜赤松散方》或即此方。巨胜：黑胡麻的别名。《神农本草经》卷一："胡麻……一名巨胜。"葛洪《抱朴子内篇·仙药》："巨胜一名胡麻，饵服之不老，耐风湿，补衰老也。" 赤松：即赤松子，汉代王充《论衡·无形》："赤松、王乔，好道为仙，度世不死。" 散方：散，中医称药末。方，为了治疗某种疾病而组合起来的若干种药物的名称、剂量和用法。这里指仙方。 3 度世：犹出世。谓超脱尘世为仙。 4 劳盛山：劳盛山当指崂山。崂山在历史上曾有劳山、牢山、不其山、劳盛山、大劳山和小劳山、辅唐山、鳌山、崂山等名称，在今山东省青岛市东部。此处说乐子长"乃入海，登劳盛山而仙去也"，或许劳盛山指位于海上的仙山。

<解说> 乐子长，齐地人，自小就喜好道术，有一次到霍林山，遇见了一个仙人，授给他《巨胜赤松散方》。元代赵道一《历世真仙体道通鉴》卷三四“乐子长”篇所记载的乐子长的故事比《神仙传》多了一些细节，说是乐子长到霍林遇到的仙人是韩众，乐子长得到了灵宝符、巨胜和赤松散。

接着说回《神仙传》，霍林山的这位仙人告诉乐子长说：“我这药功效十分神奇，蛇吃了这药，就能变成龙；人吃了这药，年老的能返成少童，又能够乘云驾雾上下飞舞，分分钟改变容貌形态，增加精气，还能让死人复生，令活人长生。你要是能按方修炼，就可以度世成为神仙。”后来乐子长常年服用这药，年纪到了一百八十岁，面容仍然如同美丽的少女一般！乐子长不仅自己服，还赶紧让几个妻妾儿女一共九人，通通都服用了仙人赐给的药。奇迹再次发生。服了这药之后，家人中年老的重回少年，年纪小的就不会再变老。后来乐子长去了海上，登上劳盛山仙去了。

《神仙传》记载到这里就结束了，但乐子长的故事还没有完。据元代赵道一《历世真仙体道通鉴》记载，乐子长到了劳盛山成仙之后，住在“方丈之室”，大概是一个仙家宝地吧，在神州又被授以《太玄生录》，把“五芝”作为粮食天天吃，“五芝”大概是什么灵芝仙草之类的东西。太上老君给乐子长补了官，让他做了修门郎，地位在“仙”的下面。传说唐玄宗有一天晚上做梦，梦见有二十八个神仙下凡，说他们是二十八星宿。乐子长也是其中之一，因为他在潜山得道，所以就叫他“潜山真君”。

卫叔卿

卫叔卿者，中山[1]人也。服云母得仙。

汉元凤二年[2]八月壬辰，武帝闲居殿上，忽有一人，乘浮云驾白鹿集于殿前，武帝惊问之为谁。曰："我中山卫叔卿也。"

帝曰："中山非我臣乎？"叔卿不应，即失所在。

帝甚悔恨，即使使者梁伯之往中山推求，遂得叔卿子，名度世，即将还见。

帝问焉，度世答曰："臣父少好仙道，服药治身八十余年，体转少壮，一旦委臣去，言当入华山耳。今四十余年，未尝还也。"

帝即遣梁伯之与度世往华山觅之。

度世与梁伯之俱上山，辄雨积数日。度世乃曰："吾父岂不欲吾与人俱往乎？"更斋戒独上，望见其父与数人于石上嬉戏，度世既到，见父上有紫云覆荫[3]郁郁，白玉为床，有数仙童执幢节[4]立其后。

度世望而再拜。叔卿问曰："汝来何为？"度世具说天子悔恨，不得与父共语，故遣使者与度世共来。

叔卿曰："吾前为太上所遣，欲戒帝以灾厄之期，及救危厄之法，国祚可延，而帝强梁[5]自贵，不识道真，反欲臣我，不足告语，是以弃去。今当与中黄太一共定天元[6]九五[7]之纪，吾不得复往也。”

度世因曰：“向与父博者为谁？”

叔卿曰：“洪崖先生、许由、巢父、王子晋、薛容也。今世向大乱，天下无聊，后数百年间，土灭金亡，天君来出，乃在壬辰耳。我有仙方，在家西北柱下，归取，按之合药服饵，令人长生不死，能乘云而行，道成来就吾于此，不须复为汉臣也。”

度世拜辞而归，掘得玉函，封以飞仙之香，取而按之饵服[8]，乃五色云母，并以教梁伯之，遂俱仙去，不以告武帝也。

‖注释‖ 1 中山：郡、国名。汉高帝置郡，景帝改为国，治卢奴（今河北定县）。辖境相当今河北狼牙山以南，保定市安国以西，唐县新乐以东和滹沱河以北地区。十六国后燕慕容垂都于此。隋开皇初废。 2 汉元凤二年：元凤（前 80—前 74）是汉昭帝的第二个年号，并不是汉武帝的年号。“广汉魏丛书”本作“元封”，元封（前 110—前 105）是汉武帝的第六个年号。“凤”“封”同音，或者“凤”为“封”之讹误。 3 覆荫：庇护的意思。 4 幢（zhuàng）节：旗帜仪仗。 5 强梁：凶暴，强横。 6 天元：岁时运行之理。 7 九五：指帝王尊位。 8 饵服：又名服饵，即服食，指服食药物以养生。道教认为，世间和非世间有某些药物，人食之可以祛病延年，乃至长生不死。葛洪《抱朴子内篇·仙药》引《神农四经》说：“上药令人身安命延，升为天神。中药养性，下药除病。”

<解说> 卫叔卿是汉代中山人，即现在的河北人。他是服食云母成了仙人的。所谓云母，其实是一种造岩矿物，俗称千层纸，晶体常成假六方片状，集合体为鳞片状。玻璃光泽，半透明，有白色、黑色、青色、黄褐色、红色等颜色。葛洪认为服食云母有神奇的功效，甚至可以使人成仙。

葛洪在《抱朴子内篇·仙药》中详细解释了云母是什么，以及服食云母的方法和功效，并且举卫叔卿的例子，说他就是服食云母而成仙的。

葛洪认为云母有五种，一般人分辨不出来，只有举起云母向着太阳，仔细观察其颜色，才能分辨。五种颜色都具备但青色比较多的叫云英，适合在春天服用；五种颜色都具备但红色比较多的叫云珠，适合在夏天服用；五种颜色具备但白色比较多的叫云液，适合在秋天服用；五种颜色都具备但黑色比较多的叫云母，适合在冬天服用；只有青黄两种颜色的叫云沙，适合在夏天快结束的时候服用。晶体呈现纯白颜色的叫磷石，可以四季长服。服用云母的方法非常复杂，有的要熬制，有的要埋在地下较长时间，有的要腌渍，等等，还要配合其他药物一起制作。不过服用之后的功效显著，葛洪认为服用云母一年，就可以消除百病；服用三年，就能使老公公变成少年孩童；服用五年，就可以驱使鬼神，出入水火毫发无伤，还能见着仙人；服用十年，就可以看到云气常常萦绕在你的头顶了！葛洪提醒，举起云母对着太阳看的时候，如果晶体呈现纯黑色，不能服，否则可能会让人发淋病疮病。如果非要服用，也需要经过复杂的处理，去除毒素才可以。关于服用云母为什么能让人长生，葛洪解释：一般物品埋到地下时间不长就腐朽了，但云母不一样，把云母投到猛火里面烧，过多长的时间也不会烧毁，把云母埋在地下也永远不会腐烂，所以吃了云母的人也会不腐不朽，永远长生。葛洪怀着朴素的“唯物主义观点”，认为人吃什么像什么，按照葛洪的逻辑，人吃了黄金、矿石等难以腐烂的东西，也会变得像黄金、矿石一样难以腐烂，这样就能长生不老，万年常在了。葛洪还举了个实例，说是中山有个叫卫叔卿的人，他就是服用了云母之后成仙的！

汉武帝时期，有一次汉武帝在大殿上闲坐，忽然有一个人骑着白鹿乘云驾雾降落在大殿前。汉武帝问他是谁，那人回答说是中山的卫叔卿。汉武帝说：“中山的人？中山的人不也是我的臣子吗？”这一问，就把降落的神仙气走了。武帝过后很后悔，就派使者梁伯之往中山去寻找神仙，结果没有找到，只找到了神仙的儿子，名叫卫度世，便把他带回来见武帝。卫度世拜见武帝，说父亲从小喜好仙道，服药修身八十多年，慢慢地就返老还少了，有一天离开了家说是要到华山去，现在已经过了四十多年都不见回来。汉武帝于是派遣梁伯之和卫度世一起到华山去寻找卫叔卿。每次梁伯之和卫度世一起爬山去找卫叔卿，华山上就不停下雨。卫度世猜想应该是父亲不愿他带着外人去见他，因此便自己一个人爬山去找，果然见到了父亲。卫度世远远看见卫叔卿跟好几个人一起在石头上玩耍，等走近看时发现父亲头顶有紫色的云彩郁郁葱葱缭绕着，父亲坐着的床是白玉做的，还有好几个仙童手持旗帜和仪仗在身后伺候。

卫度世说明来意，卫叔卿说：“我先前去找皇帝是为了告诉他灾难到来的日期，指点他解救灾难的方法，没想到他竟然傲慢地把我当作他的臣子，我便不想告诉他，就转身走了。现在我要跟中黄太一制定新的朝代运转秩序，我不会再去见皇帝了。”“中黄太一”是道教太平道里的至尊天神。

卫度世就问他父亲先前在石头上是和谁一起玩耍，卫叔卿说有洪崖先生、许由、巢父、王子晋、薛容等人。

洪崖先生，《吕氏春秋·古乐》记载他曾为黄帝作律，从大夏之西走到昆仑山脚下，根据凤凰的鸣叫区别了十二律，后来又铸十二钟，以和五音，制作了精美的音乐。明代王世贞《列仙全传》称他修道成仙，被尊称为“洪崖先生”。

许由是帝尧时代的贤人。传说帝尧曾想把帝位禅让给他，许由听说后觉得受到世俗污染，便前往颍水洗耳朵。许由死后葬在箕山之巅，帝尧封他为“箕山公神”。

巢父是传说中的高士，因筑巢而居，人称巢父。晋代皇甫谧《高士传·许由》记载，许由在颍水上游洗耳朵，巢父牵着牛想要饮牛，看见许由在洗耳朵，就对许由说：“你要是好好地待在深山老林里，不跟外面的人接触，谁能看见你、知道你呢？你这个人故意去外面浪游，搞得名声很大，连帝尧也知道了你，要把帝位禅让给你，现在你又假惺惺地在上游洗耳朵，我还怕你洗耳朵的水污染了我的牛的嘴巴呢。”于是牵着牛到更上游饮水去了。

王子晋，即姬晋，字子乔。汉代刘向《列仙传·王子乔》记载，王子乔是周灵王的太子，名叫姬晋，喜欢吹笙，其声如凤凰鸣叫。有一次他在伊水和洛水一带游历，有一个叫浮丘公的道士把他接到嵩山上。三十年后，家里人派人去山上找他，他告诉来找的人说：“你回去告诉我家人，七月七日那一天，在缑氏山头等我。”等到了七月七日，果然看见王子乔乘骑白鹤停在山头，举手拜别家人，停了几天才离开。后来人们为了纪念王子乔，还在缑氏山和嵩山建立了祠庙。

薛容也是传说中的仙人，身世经历不详。

卫叔卿说：“现今时代就要大乱了，天下人都将失去依靠。往后百年间，土德的汉朝将倾覆，金德的晋朝也要灭亡，将有天君在壬辰年出现。我有个仙方，藏在咱们家西北方的柱子下面，你回去取了仙方，按方合药服食，能让你长生不老，乘云飞行。你的道术成功之后就来这里找我，不必再做汉朝的臣子了。”

卫度世拜别父亲回家，在柱子下面挖到了玉，用“飞仙之香”密封着，里面装着五色云母，于是取出来按方法服食。卫度世也把服食之法教给了梁伯之，两人就一起乐乐呵呵地仙去了，没有告诉汉武帝。

后来，人们把卫叔卿做过博棋游戏的地方叫博台，再后来因为陈抟老祖和赵匡胤曾在博台上下过棋，以后又筑了亭子，所以人们就把博台叫作“下棋亭”，下棋亭就在华山东峰侧面的一座小山头上。

魏伯阳

魏伯阳者，吴人也。本高门之子，而性好道术，不肯仕宦，闲居养性，时人莫知之。

后与弟子三人入山作神丹，丹成，弟子心不尽[1]，乃试之曰："此丹今虽成，当先试之。今试饴[2]犬，犬即飞者，可服之，若犬死者，则不可服也。"伯阳入山，特将一白犬自随。又有毒丹，转数未足，合和[3]未至，服之暂死。故伯阳便以毒丹与白犬，食之即死。

伯阳乃问弟子曰："作丹惟恐不成，丹即成，而犬食之即死，恐未合神明之意，服之恐复如犬，为之奈何？"

弟子曰："先生当服之否？"

伯阳曰："吾背违世俗，委家入山，不得仙道，亦不复归，死之与生，吾当服之耳。"

伯阳乃服丹，丹入口即死。弟子顾相谓曰："作丹欲长生，而服之即死，当奈何？"

独有一弟子曰："吾师非凡人也，服丹而死，将无有意耶？"亦乃服丹，即复死。

余二弟子乃相谓曰："所以作丹者，欲求长生，今服即死，焉用此为？若不服此，自可数十年在世间活也。"遂不服，乃共出山，欲为伯阳及死弟子求市棺木。

二人去后，伯阳即起，将所服丹内[4]死弟子及白犬口中，皆起。

弟子姓虞。遂皆仙去。因逢人入山伐木，乃作书与乡里，寄谢二弟子。弟子方乃懊恨。

伯阳作《参同契》[5]、《五行相类》[6]，凡三卷，其说似解《周易》，其实假借爻象，以论作丹之意，而儒者不知神仙之事，反作阴阳注之，殊失大旨也。

‖注释‖ 1 心不尽：心不诚，心里有其他盘算。 2 饴：喂给的意思。 3 合和：掺和，调制。 4 内：即“纳”，放入。 5《参同契》：即《周易参同契》，是东汉魏伯阳所著，简称《参同契》，道教早期经典。 6《五行相类》：《云笈七签》卷一〇九引《神仙传》作“《五相类》”，《旧唐书》卷四七《经籍志下》著录魏伯阳撰《周易五相类》一卷。《五行相类》有可能是《五相类》之误。

<解说> 魏伯阳，名翱，字伯阳，道号云牙子，吴地（今浙江省绍兴市）人。魏伯阳出身高门望族，但却对做官没有兴趣，喜欢闲居在家修身养性，十分低调，当时的人都不知道他的名声。

魏伯阳后来带着三个弟子进上虞凤鸣山凤鸣洞炼制丹药，据说这三个弟子分别叫周燮、冯良、虞巡。

神丹炼成之后，弟子中有人疑心神丹的功效。魏伯阳看出弟子的心不诚，就想办法试探他们。他说：“虽然现在神丹炼成了，但我们并不知道神丹的功效怎么样，这样吧，我带一只狗来，让狗先吃药试试，要是狗没事，我们再服药。”弟子们纷纷赞成。于是魏伯阳下一次进山的时候就带了一只白狗，并故意给这只白狗服下预先准备好的毒丹。白狗吃后立马死去，吓得弟子们也不敢服药了。魏伯阳说：“我抛弃世俗，把身家性命都压在炼丹上了，不管服了药之后是生是死，我都得服药，你们看着办吧。”说完便服药死了。其中有两个弟子认为服药之后立刻就死，不服药还能有几十年可活，于是没有服药。只有虞巡实心，说：“师父不是一般人，他既然服了药，肯定有他的深意，我也跟着师父服下吧。”于是也服了药。两位没有服药的弟子便下了山，想要为死去的师父和同门买棺材。

两个弟子走后，魏伯阳便醒过来，把服药的虞巡和白狗救了起来，就此成仙去了。成仙前遇见有人进山里砍树，便写了一封信托那人寄给两个没有服药的弟子。那两个弟子看了信之后羞愧万分，后悔没有随师父一起服药。

魏伯阳留有著作《周易参同契》和《五相类》，共有三卷。据说《五相类》为魏伯阳在《参同契》的基础上进行的“补塞遗脱”之作。有人指出现今《参同契》中五言句为《参同契》、四言句为《五相类》。魏伯阳的《周易参同契》在道教历史上有很高的地位，是道教主要经典著作之一。它假托易学谈论炼丹术，参同“大易”“黄老”“炉火”三家的理论而会同于一，以乾坤为鼎器，以阴阳为堤防，以水火为化机，以五行为辅助，以玄精为丹基，阐明炼丹的原理和方法，是道教最早的系统论述炼丹法门的著作。这部书对后世炼丹影响很大，被奉为“万古丹经王”。

卷叁

沈羲

沈羲者，吴郡人也。学道于蜀中，但能消灾治病，救济百姓，而不知服食药物。功德感于天，天神识之。

羲与妻贾氏共载，诣子妇卓孔宁家，道次忽逢白鹿车一乘、青龙车一乘、白虎车一乘，从数十骑，皆是朱衣仗节，方饰带剑，辉赫满道。

问羲曰："君见沈道士乎？"

羲愕然曰："不知何人耶？"

又曰："沈羲。"

答曰："是某也，何为问之？"

骑吏曰："羲有功于民，心不忘道，从少已来，履行无过，寿命不长，算禄将尽，黄老愍之。今遣仙官来下迎之，侍郎薄延者，白鹿车是也，度世君司马生者，青龙车是也，送迎使者徐福者，白虎车是也。"

须臾，忽有三仙人在前，羽衣持节，以白玉版青玉介丹玉字[1]授与羲，羲跪受，未能读。

云拜羲为碧落侍郎，主吴越生死之籍，遂载羲升天。时道间锄耘人皆共见之，不知何等。

须臾，大雾，雾解失其所在，但见羲所乘车牛入田食苗，或有识是羲牛者，以语其家。弟子数百人恐是邪魅将羲藏于山谷间，乃分布于百里之内求之，不得。

而后四百余年，忽来还乡，推求得其数世孙，名怀喜。怀喜告曰："闻先人相传说，家祖有仙人，今仙人果归也。"

留数十日，羲因话初上天时，不得见天尊，但见老君东向坐，有左右勅[2]，羲不得谢，但默坐而已。见宫殿郁郁，有如云气，五色玄黄，不可名字。侍者数百人，多女子及少男，庭中有珠玉之树，蒙茸丛生，龙虎辟邪，游戏其间，但闻琅琅有如铜铁之声，不知何物。四壁熠熠，有符书著之。

老君形体略高一丈，披发垂衣，顶项有光。须臾数发，有玉女持金盘玉杯，盛药赐羲曰："此是神丹，服之者不死矣。"妻各得一刀圭[3]，告言饮毕而谢之。

服药后，赐枣二枚，大如鸡子，脯五寸，遣羲去曰："汝还人间，救治百姓之疾病者。君欲来上天，书此符，悬于竿杪[4]，吾当迎汝。"乃以一符及仙方一首赐羲，羲奄忽如睡，已在地上。

后人多得其方术者也。

‖注释‖ 1白玉版青玉介丹玉字："玉版"，"广汉魏丛书"本作"玉简"。《吴郡志》卷四〇《仙事》引《神仙传》作："有三仙人羽衣持节，以白玉简、青玉册、丹玉字授羲。"玉简、玉册、玉字，古代常用以形容神书。"玉介"可能是"玉册"之讹误。 2勅：同"敕"，告诫，命令。 3刀圭：中药的器量名。晋代葛洪《抱朴子内篇·金丹》："服之三刀圭，三尸九虫皆即消坏，百病皆愈也。"王明校释："刀圭，量药具。武威汉墓出土医药木简中有刀圭之称。" 4杪（miǎo）：树梢；末尾，末端。

<解说> 这篇讲的是一个人因积德行善，感动了上天，得到仙人赐仙药的俗套故事，新颖之处在于详细描绘了这个人上天时所见的太上老君宫殿中的景象，以及太上老君光辉伟岸的形象。所以除了惯例的劝善和阐述神道真有的道理之外，此篇还满足了世人对天宫和太上老君的想象。

沈羲，吴郡人，也就是现在的江苏人，他是在蜀中也就是现在的四川学习的道术。但他学习的道术只会给人消灾治病，他自己却并不懂得服食长生之药成仙之类的法门。他救济的人多了，功德感动了上天。

有一次，沈羲和他的妻子一起乘着车到儿媳妇的娘家走亲戚，路上忽然遇到了三辆仙车，后面还跟着几十个骑马的侍从。这三辆仙车分别由白鹿、青龙和白虎拉着。

车上的人问沈羲见过沈道士没有。沈羲问是哪个沈道士，那人说是沈羲沈道士。沈羲这才反应过来："啊，就是我啊，不知道你们找我干什么呢？"

骑马的侍从说："沈道士对人民有功，心心念念都是道术，从小到现在，都没有犯过什么过恶，可惜寿命不长，算着就快死了。黄帝和老子等仙人怜悯您，特派我等仙官下界来迎接您。我等分别是乘着白鹿车的侍郎薄延，乘坐青龙车的度世君司马生，以及乘坐白虎车的送迎使者徐福。"这里说的徐福就是秦始皇时期，带着三千童男童女乘船到东海求取不死仙药的徐福。

于是三个仙人传授给沈羲白玉版、青玉介、丹玉字，并拜沈羲为碧落侍郎，掌管吴越地区的生死簿，然后就带着沈羲飞升上天了。

沈羲上天的时候，道路两旁锄地的农民隐约看见了，但也不清楚到底发生了什么事情。沈羲走的时候突然起了一阵迷雾，雾散后人就不见了，只见沈羲来时拉车的牛跑到别人家地里偷吃庄稼苗。有人认得是沈羲家的牛，于是赶紧回去告诉沈羲家里人沈羲走丢了。于是家人弟子们都赶忙寻找，生怕沈羲是被什么山精妖怪给抓走了，可是找遍了方圆几百里的山间，都没有找到沈羲的人影，大家也就放弃了。

结果过了四百多年，有一天沈羲突然又回到了家乡，算算自己有个后代叫怀喜，于是就去找。怀喜也很惊喜："听大家说我的祖上有人成了仙，现在仙人果然回来了！"

沈羲在家里住了十多天，闲着没事就跟大家讲自己在天上的经历。说自己刚上天的时候，天宫规矩森严，根本见不到天尊，只看见老君面向东面坐着，有左右侍从围着，他也不敢向前跟老君说话，只能默默坐着等待传话。沈羲还看见宫殿里郁郁葱葱地飘着五彩的云气，天宫里侍奉的仙女仙童大约有几百人。庭院里长满了宝珠碧玉树，还有老虎和蟠龙在树林里玩耍，只听见好像铜铁相击的琅琅声响，也不知道是什么东西在响。四面墙壁上发着光，上面有符字。

老君大约高一丈，一丈等于十尺，而古代一尺二十多厘米到三十多厘米不等，也就是说老君高二至三米。老君披散着头发，衣服宽大，垂在地上，头上隐隐发着光。没过多长时间，就有玉女拿着金盘玉杯，里面装着仙药来赐给沈羲，说这是神丹，吃了能长生不老。沈羲和妻子两人各自吃了点。

吃完之后，神仙又赐给他们两个鸡蛋大小的枣子和五寸长的肉脯，便打发沈羲走："你回到人间之后，要继续治病救人，造福人间，要是想来天宫，就在这个符上写字，然后把符挂在竹竿顶上，我们就来迎接你了。"于是把一张符和一副仙方给了沈羲。沈羲昏昏欲睡，等睁开眼时已经在地面上了。后来有很多人都学习了沈羲的方术。

在道教看来，要想得道成仙，必须积德行善，救死扶伤，广积善缘，才能感动上天降下福祉，成为神仙。

陈安世

陈安世者，京兆[1]人也。为灌叔平[2]客，禀性慈仁。行见鸟兽，下道避之，不欲惊动；不践生虫，未尝杀物。年三十[3]，而叔平好道思神。

忽有二仙人托为书生，从叔平行游以观试之，叔平不觉其是仙人也，久而转懈怠。

叔平在内方作美食，二仙人复来诣门，问安世曰："叔平在否？"

答曰："在。"

因入白叔平，叔平即欲出，其妻止之曰："饿书生辈，复欲求腹饱耳，勿与食。"

于是叔平使安世出，告言不在。

二人曰："汝向言在，今言不在，何也？"

"大家勑我去耳[4]！"

二人益善之以实对，乃相谓曰："叔平勤苦有年，今日值吾二人而反懈怠，是其不遇我，几成而败之。"

乃问安世曰："汝好遨戏耶？"

答曰："不好也。"

又曰："汝好道希仙耶？"

答曰："好道，然无缘知耳。"

二人曰："汝审[5]好道，明日早会道北大树下。"

安世早往期处，到日西而不见二人，乃起将去，曰："书生定欺我耳！"

二人已在其耳边呼之曰："安世，汝来何晚耶？"

答曰："早旦来，但不见君耳。"

二人曰："我端坐在汝边耳。"频三期之，而安世辄早至，知其可教，乃以药两丸与之，诫曰："汝归家，勿复饮食，别止一处。"安世依诫，二人常往其处。

叔平怪之，曰："安世处空室，何得有人语？往辄不见，何也？"

答曰："我独语耳。"叔平见安世不服食[6]，但饮水，止息别位，疑非常人，自知失贤，乃叹曰："夫道尊德贵，不在乎年齿[7]，父母生我，然非师则莫能使我长生也。先闻道者则为师矣。"乃自执弟子之礼，朝夕拜事安世，为之洒扫。

安世道成，白日升天，临去，遂以要道传叔平，叔平后亦得仙也。

‖注释‖ 1 京兆：在今陕西西安。 2 灌叔平："广汉魏丛书"本作"权叔本"。《太平御览》卷六六二《天仙》引《神仙传》作"灌叔本"，《抱朴子内篇·勤求》亦作"灌叔本"。因此，"灌叔平"当为"灌叔本"之讹误。 3 年三十："广汉魏丛书"本作"年十三四"。《抱朴子内篇·勤求》云："陈安世者，年十三岁，盖灌叔本之客子耳。"这里的"年三十"应作"年十三"。 4 大家勑我去耳："广汉魏丛书"本作"大家君教我云耳"。"大家"是古代下人对主人的尊称。"去"字是"云"字的讹误。意思是"主人教我这么说的"。 5 审：文言副词，的确，果然。 6 不服食：据胡守为《神仙传校释》应作"不复食"，"服"音近"复"而误。 7 不在乎年齿：《抱朴子内篇·勤求》云，"叔本年七十皓首，朝夕拜安世。"灌叔本七十多岁，而陈安世只有十三岁，所以这里说"不在乎年齿"。

<解说> 葛洪《抱朴子内篇·勤求》有：“陈安世者，年十三岁，盖灌叔本之客子耳，先得仙道。叔本年七十皓首，朝夕拜安世曰，道尊德贵，先得道者则为师矣，吾不敢倦执弟子之礼也。由是安世告之要方，遂复仙去矣。”据《抱朴子》的记载，陈安世得道的时候只有十三岁，而灌叔本已是七十多岁白发苍苍的老头。灌叔本因一时怠慢仙人，错失成仙机缘，不得不转而虚心向十三岁的陈安世请教，最后才得道成仙。本篇意在说明求仙需要勤劳不懈、虚心向别人请教。

据《神仙传》记载，陈安世是京兆人，大致相当于现在的陕西西安人。他是灌叔平（应作灌叔本）的门客，本性十分善良，从不杀生害物，走在路上看见鸟兽都要远远避开，以免惊扰了它们。故事发生在陈安世三十岁（应作十三岁）的时候。

据说灌叔平十分喜好道术，每天钻研成仙的方法，终于感动了天上的两个神仙，他们专程下凡打算度化灌叔平。他们摇身变成两个书生的模样，打算试探灌叔平修道成仙的诚心。如果灌叔平能顺利通过考验的话，他们就会点化他成仙了。两位神仙每天跟在灌叔平身后，暗中观察他的言行举动，灌叔平不知道他们是真的仙人，时间长了，就稍微有些懈怠。

有一天灌叔平正在家里烹饪美食，这两个书生忽然找上门来，询问守门的陈安世，灌叔平在不在家。陈安世回答在家，于是赶忙进门去告诉灌叔平称有好朋友来找他。本来灌叔平是打算出门来迎接两位书生的，但这个时候灌叔平的妻子说：“不就是两个穷书生嘛，肚子饿了又来我们家蹭吃蹭喝，不要给他们，打发他们走吧。”于是陈安世出来告诉两位书生：“灌叔平不在。”两位仙人纳闷了：“刚才你说在，现在怎么又说不在家了？”陈安世说：“是主人让我这么说的。”两位仙人吃了闭门羹十分生气，琢磨着对灌叔平的考验本来就快结束了，结果出了这档子事，真是功亏一篑，看来灌叔平与他们无缘，但这个陈安世不错，禀性纯良，人也老实，不如就把仙法传给他。于是两人就和陈安世约定了第二天在路北边的大树下见面。

到了第二天，陈安世早早就到了约会的地点，等着两位书生的现身，可是一直等到日落西山还不见人来。陈安世嘀咕：“这两个书生肯定是在耍我。”话音刚落，两个书生已经在陈安世的耳朵边对他说话了：“安世，你为什么来得这么晚？”陈安世答：“我早早就来等着你们了，只是你们一直不来罢了。”两人说：“我俩也一直坐在你旁边啊，只是你看不见我们罢了。”后来两位仙人又再三约陈安世在大清早见面，陈安世每次都早早就来了。于是仙人把仙药赐给了陈安世，叮嘱他回家后找个隐蔽的地方辟谷不食。

陈安世谨遵两位仙人的教诲，两位仙人也常去拜访陈安世。这个时候灌叔平就很纳闷：怎么陈安世这段时间这么反常呢，每天窝在房间，也不吃饭，只喝点水，房间里明明只有他一个人，却经常能听到他房里传出说话的声音，这肯定是他有了特殊的机缘。灌叔平在心里琢磨来琢磨去，最后仰天长叹：“先得道的人尊贵，哪里关乎年岁大小呢。父母虽然给了我生命，但如果没有老师指引，我就不能得到长生呐。先听闻道理的人就是我的老师！”于是诚心拜陈安世为老师，每天给陈安世端茶送水，打扫屋子，终于感动了陈安世。陈安世在临近飞天成仙的时候，把要道法门传给了灌叔平，灌叔平学习之后也成了神仙。

李八伯

李八伯者，蜀人也，莫知其名。历世见之，时人计之，已年八百岁，因以号之。或隐山林，或在廛市[1]。

知汉中唐公昉[2]求道而不遇明师，欲教以至道，乃先往试之，为作佣客[3]，公昉不知也。八伯驱使用意过于他人，公昉甚爱待之。

后八伯乃伪作病，危困欲死，公昉为迎医合药，费数十万，不以为损，忧念之意形于颜色。八伯又转作恶疮，周身匝[4]体，脓血臭恶，不可近视，人皆不忍近之。

公昉为之流涕曰："卿为吾家，勤苦累年，而得笃病，吾趣[5]欲令卿得愈，无所吝惜，而犹不愈，当如卿何？"

八伯曰："吾疮可愈，然须得人舐[6]之。"

公昉乃使三婢为舐之。

八伯曰："婢舐不能使愈，若得君舐之，乃当愈耳。"

公昉即为舐之。八伯又言："君舐之复不能使吾愈，得君妇为舐之，当愈也。"

公昉乃使妇舐之。八伯曰："疮乃愈差，然须得三十斛[7]美酒以浴之，乃都愈耳。"

公昉即为具酒三十斛，著大器中，八伯乃起入酒中洗浴，疮则尽愈，体如凝脂，亦无余痕，乃告公昉曰："吾是仙人，君有至心，故来相试，子定可教，今当相授度世之诀矣。"

乃使公昉夫妻及舐疮三婢，以浴余酒自洗，即皆更少，颜色悦美。

以丹经一卷授公昉，公昉入云台山中合丹，丹成便登仙去，今拔宅[8]之处，在汉中也。

‖注释‖ 1廛（chán）市：指店铺集中的市区。 2唐公昉："昉"当为"房"，盖传写过程中发生了错误。《云笈七签》《太平寰宇记》等书引《神仙传》均作"唐公房"。 3傭客：即佣客，佣人。 4匝：环绕；遍及，布满。 5趣：古同"促"，急促，催促。这里指急切。 6舐：舔的意思。 7斛：旧量器，方形，口小，底大，容量本为十斗，南宋末年改为五斗。 8拔宅：古代传说修道的人全家、房子同升仙界。

<解说> 李八伯，又作"李八百"，是四川人，大家都不知道他的真实名字叫什么，但是相传世世代代都有人见过他，当时有人算了一下，发现他已经有八百岁了，于是大家就都叫他"八百"。他有时候在山林隐居，有时候在闹市居住。

李八伯知道汉中有一个叫唐公昉的人热衷道术，但一直没有遇到名师，于是就想教给唐公昉成仙的道法。李八伯先打扮成一个普通人，以试探他是否诚心。唐公昉看李八伯做事比其他人认真尽责，于是非常喜欢他。

后来李八伯开始装病，假装病得快要死了，唐公昉赶紧为他请医生买药，花费了几十万钱也不心疼。李八伯又故意装作染上恶疮，恶疮长得满身都是，脓血臭不可闻，恶心得不能离近了看，大家都不愿意靠近他。

唐公昉担心得眼泪直流："你为了我家辛辛苦苦干了这么多年，到头来却落了这么个重病。我想快点治好你的病，只要能治好你，无论花费多少，我都在所不惜。可是已经花了这么多钱了，怎么就一点也不见好转，我该拿你怎么办呐？"

李八伯说："我的疮其实是有办法治好的，但是需要有人给我舐疮。"

于是唐公昉让三个奴婢为他舐疮。

李八伯又说：“光是奴婢舐疮还不能痊愈，如果能请您老来舐，或许就可以痊愈。”

唐公昉立刻给他舐了疮。李八伯又说话了：“现在您给我舐疮也不能让我痊愈，如果能请您的夫人为我舐疮，那么一定能够痊愈。”

唐公昉于是就让自己的妻子为他舐疮。李八伯说：“疮差不多要痊愈了，但还需要三十斛美酒沐浴，才能完全愈合。”

唐公昉立马为李八伯准备了三十斛美酒，倒在一个大桶里。李八伯起身进入酒里沐浴，疮口于是都痊愈了。大家看到李八伯的肌肤如同凝脂，一点疤痕也没有留下。李八伯终于现出真身，告诉唐公昉说：“我是仙人，看你有至诚的心，所以来试探你，现在看来你是真正可以传授道法的人，是时候把度世的要诀传给你了。”李八伯让唐公昉夫妻以及曾经舐疮的三个奴婢，用他的洗澡酒沐浴身体，洗完之后，他们都变年轻了，皮肤变得非常好，面色红润有光泽。

临走的时候，李八伯把一卷丹经传授给唐公昉，唐公昉于是进入云台山里炼丹，丹药炼成后就升仙而去了。据说唐公昉一家飞走的地方就在陕西汉中。现在全国有好几处山都叫云台山，距离汉中最近的是四川省广元市苍溪县的云台山。

《庄子·列御寇》里记载了一个故事：“秦王有病召医，破痈溃痤者得车一乘；舐痔者得车五乘。所治愈下，得车愈多。”说是秦王生病了诏求医生给他治病，下令破出脓胞溃散痤疮的人赏一辆车子，舔舐痔疮的人则赏五辆车子，治疗的部位越是卑下，得到的车子越多。庄子在书里引用这个故事是为了嘲讽那些争名逐利，被外物所驱使，失去自我本真的人。《神仙传》的这篇也讲了给别人舔舐脓疮的故事，但却不是嘲讽，而是为了说明求道求仙一定要真诚不移，哪怕是卑污恶心的事情也要去做，以诚心换取得道成仙的机会。

李阿

李阿者，蜀人也。蜀人传世见之，不老如故。常乞于成都市，而所得随复以拯贫穷者。夜去朝还，市人莫知其所宿也。或问往事，阿无所言。但占阿颜色，若颜色欣然，则事皆吉；若容貌惨戚，则事皆凶；若阿含笑者，则有大庆；微叹者，则有深忧。如此之候[1]，未曾不审[2]也。

有古强者，疑阿是异人，常亲事之，试随阿还所宿，乃在青城山中。强后复欲随阿去，然身未知道，恐有虎狼，故持其父长刀以自卫。

阿见之，怒曰："汝随我行，何畏虎耶？"取强刀击石折败，强窃忧刀败。

至旦复出随之，阿问曰："汝愁刀败耶？"

强言："实恐父怒。"阿即取刀，以左右手击地，刀复如故，以还强。

强逐阿还成都，未至，道次逢奔车，阿以脚置车下，轹[3]其脚，胫皆折，阿即死。

强惊视之，须臾阿起，以手抑按，脚复如故。

强年十八，见阿色如五十许人，至强八十余，而阿犹如故。

后语人云："被昆仑山名，当去。"遂不复还耳。

‖注释‖ 1 候：征候，情况。 2 审：的确，果然。 3 轹（lì）：车轮碾轧。

<解说> 李阿是四川人。四川的乡亲们祖祖辈辈都有见过李阿的，每次见到李阿的时候，他都是那个样貌，永远也不老。李阿常常在成都市集上乞讨，但他乞讨不是为了自己，每次讨到钱立马就给需要帮助的人。李阿每次都是白天来乞讨，到了傍晚就走了，大家都不知道他住在哪里。有一个叫古强的后生，怀疑李阿是有道法的高人，于是就跟着李阿伺候他，李阿回家时也跟着，这才知道原来李阿住在青城山里。

后来有一次古强又想跟着李阿回家，但担心自己道术不精，路上万一遇见虎狼会伤害自己，于是就随身带着父亲的长刀自卫。李阿看见就气不打一处来，说："你跟着我难道还担心遇到危险吗？！"于是一把夺过古强的刀，咔嚓一声把刀打在石头上折成了两段。古强虽然心疼刀，但也不敢说什么。第二天出门的时候，李阿看出古强脸上有忧愁的神情，于是问他："你是在心疼你的刀坏了么？"古强说："我其实也不是在心疼刀，只是这把刀是我父亲的，我担心他责备我。"于是李阿拿过断刀，用双手在地上一拍，刀就恢复了原样。

古强跟着李阿继续往成都市集上走，突然路上窜出来一辆飞奔的马车，李阿故意把自己的脚放在马车轮子下，车轮轧过，李阿的脚掌顿时骨折，人倒地而死。古强吓得不知道该怎么办，突然看见李阿又坐了起来，用手按压脚掌，脚就又恢复了原样。

古强十八岁跟着李阿的时候，看李阿像五十多岁的人，等自己老到八十多岁的时候，李阿还是原来五十多岁的模样。后来李阿跟别人说自己在昆仑山名册上，应该去那里。于是就再也没有回来。

元代赵道一《历世真仙体道通鉴》里，对李阿和古强的故事评价道："李阿得道已深，历年已久，观其汲汲以济孤贫为念，且屑身乞食以行其教，其意亦深矣。观其语古强曰：'尔随吾行，那畏虎也。'此正《道德经》所谓'陆行不遇兕虎'之意。彼古强者，虽能具眼力，识阿是异人，又岂能知兕无所投其角，虎无所措其爪哉。"意思是李阿已经是道行高深的道士了，哪能害怕区区一只老虎？！古强单知道李阿厉害，想跟他学习道术，却不知道跟着李阿根本不用怕什么老虎，古强还是有眼不识泰山啊！

《道德经》所谓“陆行不遇兕虎”，指的是老子《道德经》里曾说：“出生入死。生之徒，十有三；死之徒，十有三；人之生，动之十死地，亦十有三。夫何故？以其生生之厚。盖闻善摄生者，陆行不遇兕虎，入军不被甲兵；兕无所投其角，虎无所用其爪，兵无所容其刃。夫何故？以其无死地。”意思是，人一出生就一步步地迈向死亡的境地。世间长寿的人大约占到十分之三；短命的人也占十分之三；而本来可以长寿，但因为奉养过度，纵欲无制，戕害生命导致进入死地的也占到十分之三；最后，又有十分之一的人，是真正善于治生的人！他们借外物奉养身体，但又不沉溺拘制于外物，致虚极，守静笃，与外物和谐地融为一体。这种人在陆地上行走不会遇到猛兽的攻击，进入战斗的军阵不会受到武器的伤害，这才是真正的善于治生，进入了无生无死的境地。李阿修炼到一定的境界，根本不怕走路的时候突然遇到老虎，于是责怪古强思想浅薄，不懂得有道者的真正境界。

王远

王远，字方平，东海人也。举孝廉，除郎中，稍加至中散大夫，博学五经，尤明天文图谶河洛之要，逆知天下盛衰之期，九州吉凶，观诸掌握。后弃官入山修道，道成，汉孝桓帝闻之，连征不出，使郡牧逼载，以诣京师，远低头闭口，不肯答诏。乃题宫门扇板四百余字，皆说方来之事，帝恶之，使人削之，外字始去，内字复见，字墨皆彻[1]入板里。方平无复子孙，乡里人累世相传共事之。

同郡故太尉公陈耽，为方平架道室，旦夕朝拜之，但乞福消灾，不从学道。方平在耽家四十余年，耽家无疾病死丧，奴婢皆然，六畜繁息，田蚕万倍，仕宦高迁。后语耽云："吾期运将尽，当去，不得复停，明日日中，当发也。"

至时，方平死，耽知其化去，不敢下著地，但悲涕叹息曰："先生舍我去耶，我将何如？"具棺器，烧香，就床上衣装之，至三日三夜，忽失其尸，衣带不解，如蛇蜕耳。

方平去后百余日，耽亦死。或谓耽得方平之道化去，或谓方平知耽将终，委之而去也。

其后，方平欲东之括苍山[2]，过吴，往胥门[3]蔡经家。经者，小民也，骨相当仙，方平知之，故往其家。遂语经曰："汝生命应得度世，故欲取汝以补仙官，然汝少不知道，今气少肉多，不得上升，当为尸解耳。尸解一剧须臾，如从狗窦[4]中过耳。”告以要言，乃委经去。后经忽身体发热如火，欲得水灌，举家汲水以灌之，如沃焦石，似此三日中，消耗骨立，乃入室以被自覆，忽然失其所在。视其被中，惟有皮头足具，如今蝉蜕也。

去十余年，忽然还家，去时已老，还更少壮，头发还黑。语其家云：“七月七日，王君当来过，到其日，可多作数百斛饮食，以供从官。”乃去。到期日，其家假借盆甕[5]作饮食数百斛，罗列覆置庭中，其日方平果来，未至经家，则闻金鼓箫管人马之声，比近，皆惊，不知何所在。及至经家，举家皆见方平，著远游冠，朱服虎头鞶裳，五色绶带剑，少须黄色，长短中形人也。乘羽车，驾五龙，龙各异色，麾节幡旗[6]，前后导从，威仪奕奕如大将军也。有十二玉壶，皆以腊蜜封其口，鼓吹皆乘麟，从天上下，悬集，不从道行也。

既至，从官皆隐，不知所在，惟见方平坐耳。须臾，引见经父母兄弟，因遣人召麻姑相问，亦莫知麻姑是何神也。言：“王方平敬报，久不在民间，今集在此，想姑能暂来语否？”有顷，信还，但闻其语，不见所使人也。答言：“麻姑再拜，比不相见。忽已五百余年，尊卑有序，修敬无阶思念，烦信承来，在彼登当倾倒，而先被记当案行蓬莱，今便暂往，如是当还，还便亲觐。愿未即去。”如此两时间，麻姑来，来时亦先闻人马之声，既至，从官当半于方平也。麻姑至，蔡经亦举家见之。

是好女子，年十八九许，于顶中作髻，余发散垂至腰，其衣有文章而非锦绮，光彩耀日，不可名字，皆世所无有也。入拜方平，方平为之起立。坐定，召进行厨，皆金玉杯盘无限也，肴膳多是诸花果，而香气达于内外，擘[7]脯而行之，如松柏炙，云是麟脯也。麻姑自说："接待以来，已见东海三为桑田，向到蓬莱，水又浅于往昔，会时略半也，岂将复还为陵陆乎？"方平笑曰："圣人皆言，海中行复扬尘也。"麻姑欲见蔡经母及妇侄，时经弟妇新产数十日，麻姑望见，乃知之曰："噫，且止，勿前。"即求少许米至，得米，便以撒地，谓以米祛其秽也，视米皆成真珠。方平笑曰："姑故少年也，吾老矣，不喜复作此曹辈狡狯变化也。"

方平语经家人曰："吾欲赐汝辈酒，此酒乃出天厨，其味醇醲，非俗人所宜饮，饮之或能烂肠，今当以水和之，汝辈勿怪也。"乃以一升[8]酒合水一斗，搅之，以赐经家人，人饮一升许，皆醉。良久，酒尽，方平语左右曰："不足复还取也。"以千钱与余杭姥，相闻求其酤酒。须臾信还，得一油囊酒，五斗许，信传余杭姥答言："恐地上酒不中尊者饮耳。"又麻姑手爪不如人爪，形皆似鸟爪，蔡经中心私言："若背大痒时，得此爪以爬背，当佳也。"方平已知经心中所言，即使人牵经鞭之，曰："麻姑，神人也，汝何忽谓其爪可以爬背耶？"便见鞭著经背，亦不见有人持鞭者。方平告经曰："吾鞭不可妄得也。"

经比舍有姓陈，失其名字，尝罢尉。闻经家有神人，乃诣门叩头，求乞拜见，于是方平引前与语，此人便乞得驱使，比于蔡经。方平曰："君且起，可向日立。"方平从后视之曰："噫，君心不正，影不端，终不可教以仙道，当授君地上主者之职。"临去以一符并一传著小箱中，以与陈尉，告言："此不能令君度世，止能令君竟本寿，寿自出百岁也，可以消灾治病，病者命未终，及无罪犯者，以符到其家，便愈矣。若有邪鬼血食作祸者，带此传以敕社吏，当收送其鬼。君心中亦当知其轻重，临时以意治之。"陈尉以此符治病，有效，事之者数百家。陈尉寿一百一十一岁而死，死后，其子孙行其符，不复效矣。

方平去后，经家所作饮食数百斛，在庭中者悉尽，亦不见人饮食之也。经父母私问经曰："王君是何神人？复居何处？"经答曰："常治昆仑山，往来罗浮山[9]括苍山，此三山上，皆有宫殿，宫殿一如王宫。王君常任天曹事，一日之中，与天上相反覆者数遍，地上五岳，生死之事，悉关王君。王君出时，或不尽将百官，惟乘一黄麟，将士数十人侍，每行，常见山林在下，去地常数百丈，所到，山海之神皆来奉迎拜谒，或有千道者。"

后数年，经复暂归家，方平有书与陈尉，真书廓落，大而不工。先是无人知方平名远者，起此，乃因陈尉书知之。其家于今，世世存录王君手书及其符传于小箱中，秘之也。

‖注释‖ 1 彻：通，透。 2 括苍山：地处浙江丽水东南。 3 胥门：城门名。即今江苏省苏州市城西门。 4 狗窦（dòu）：狗洞。 5 甕（wèng）：同"瓮"，一种盛水或酒等的陶器。 6 麾（huī）节幡旗：指挥用的幡旗和符节。 7 擘（bò）：分开，剖裂。 8 升：容量单位，容量为斗的十分之一，十升等于一斗。 9 罗浮山：位于广东东江之滨。

＜解说＞ 王方平是东汉时的仙人，比较著名的是他和麻姑见面的故事，"沧海桑田"的成语就出自这里。《神仙传》记载了王方平几件主要的事迹，分别是"桓帝召见，写书宫门""寄居陈耽，无病无灾""点化蔡经，接见麻姑""教授陈尉，除魔治病"。

一、桓帝召见，写书宫门

王方平在汉桓帝时做过官，精通天文、河图、谶纬学，后来辞官隐去，在重庆丰都县平都山升天成仙。修道成功后，汉桓帝听说了他的事迹，多次派人征召，他都不肯出来，桓帝就让郡守强逼着把他带到了京师，来了之后，王方平低着头闭着口，桓帝问什么都不回答。他在宫门扇板上写了四百多个字，内容说的都是将来的事情，桓帝很恼怒，让人将字削去，可是外面的字刚刚削去，里面就又出现了字，墨迹已经渗透进门板里了。方平没有子孙，乡里的人累世一起侍奉他。

二、寄居陈耽，无病无灾

同郡原来的太尉陈耽，为方平建了一座道室，早晚朝拜他，但只是祈福消灾，不师从他学道。方平在陈耽家里待了四十多年，陈耽家里没有发生过疾病死丧之类的事情，连奴婢们都是如此，六畜繁殖兴旺，田地蚕桑的收获万倍于前，家里做官的人步步高升。后来有一天王方平告诉陈耽说："老弟啊，我大限将至，应该离去了，不能再停留，明天中午就要出发。"

到了第二天中午，方平果然死了，陈耽知道他是化去了，不敢把他埋葬，只是哭着叹息："先生您怎么能狠心撇下我走了啊，没有您我该怎么办呢？！"于是为方平准备棺材，烧上香，在床上给他穿上衣服。三天三夜后，方平的尸体忽然不见了，衣带都没有解开，就好像蛇蜕皮一样。

方平离开之后一百多天，陈耽也死了。有人说陈耽得到了方平的道术，也化去了；也有人说是方平知道陈耽快要死了，就先抛弃他走了。

三、点化蔡经，接见麻姑

后来，方平想要往东去括苍山，路过吴地，前往胥门蔡经家里。蔡经只是一介小民，没什么背景，但从骨相看来应该得仙，方平知道后就去他家。方平告诉蔡经："你命里应得度世，所以我想要带你去赴仙官之任，但你从小就不知道道术，现在气少肉多，不能上升，只能尸解。尸解是非常快速的，那感觉就好像从狗洞里钻过一样。"于是告诉蔡经尸解要诀。方平走后，蔡经忽然身体发热，像火烧一样，想要取水浇灌，于是全家打水浇灌他，就像浇灌一块烧焦的石头。就这样过了三天，蔡经已经形销骨立了，于是进到屋子里用被子蒙住自己，忽然就不知道去哪里了。再掀开他的被子一看，只剩下人皮、头和脚，就像蝉蜕一样。

蔡经走了十多年，有一天忽然回了家，他离家的时候已经年老，回来时反而变得少壮，头发转黑。他告诉家里人："七月七日的时候，王君要来，到了那一天，先准备几百斛饮食，用来供给随从官员。"于是就离开了。到了约定的日期，他家借了锅碗瓢盆，做了几百斛食物，摆放在庭院里。到了那一天方平果然来到，还没到蔡经家，就听见金鼓箫管人马的声音，等到走近的时候，人们都惊呆了，只闻其声不见其人。到了蔡经家里，全家人都来看王方平，只见他戴着远游冠，身穿朱红色衣服，佩戴五彩绶带，腰间挂着宝剑，只是胡须有点稀疏，是黄颜色的，整体一看，个子和体型中等。他乘坐着羽毛车，驾着五条龙，龙的颜色各不相同，麾节幡旗，前后导从，威仪赫赫好像大将军。他随行带着十二个用腊蜜封着口的玉壶，不知道里面装着什么。鼓吹手们都乘着麒麟从天上下来，悬在空中集合，不从地面道路行走。

到了之后，随从的官员都隐身了，只看见王方平坐在那儿。王方平一一见过蔡经的父母兄弟，之后就派人去召唤麻姑来助兴，也不知道麻姑是什么神仙。过了一会儿，信使回来了，只听见人说话，看不见人在哪里。信使向王方平转达麻姑的话："麻姑再拜，很久没有见面了。匆匆五百多年过去了，我非常想念您，尊卑有序，还劳烦您送信来叫我，实在愧不敢当。如果可以的话我肯定立马飞去见您老人家，但无奈得很，我被派到蓬莱这边查案，不能马上过去。劳烦您先等我一会儿，我很快回来，一回来就去见您。希望那时您还没有离开。"不大一会儿，麻姑就来了。麻姑来的时候，也是先听到人马的声音，到了之后，随从的官员是王方平的一半。麻姑到了蔡经家，全家人都来拜见麻姑。

麻姑是一个非常漂亮的女子，大约十八九岁年纪，头顶梳着发髻，其余头发披散到腰间，她的衣服上有纹理但不是锦绣绮罗制作的，光彩目耀，不知道是什么材料，反正是人间所没有的。麻姑进去之后先拜见王方平，王方平起立迎接她。坐定之后，两位仙人挥挥手，使了一个小法术，各种美食立马就飞来了，只见数不清的金玉做的杯盘，里面摆放着各种花果，香飘内外，肉脯分开来用松柏烤，说是麒麟的肉脯。麻姑说："自从我做接待以来，已经三次看见东海变成桑田，刚才到蓬莱，水又比先前浅了，时间大约过了一半了，这难道又要变成陆地了么？"方平笑着说："怪不得圣人都说，在海里面行走也会扬起沙尘呢，原来海就是陆地变来的！"麻姑想见蔡经的母亲和各位姑侄女眷，当时蔡经的弟媳刚刚生了孩子几十天，麻姑远远望见就知道了，说道："哎呀，快快停下，暂时不要上前。"于是就要了一点米来，撒在地上，说米能去除污秽，大家再看，米已经成了珍珠。方平笑着说："麻姑还是年轻啊，我现在老了，已经没心劲再玩这种年轻人喜欢的狡狯变化了。"

方平和蔡经家里人说：“我想赐给你们一些酒，这酒出自天厨，味道醇香，不适合凡人喝，喝了它说不定能让人烂肠，因此要先用水勾兑，请你们不要见怪。”于是一升酒掺合水一斗，搅拌了，赐给蔡经家里人。蔡经一家每人喝了一升多，都醉了。过了很长时间，酒喝完了，方平告诉左右的人说：“不够的话再回去拿吧。”于是把一千钱捎给余杭姥，让信使去她那里买酒。不一会儿信使回来了，买来一油囊，大约五斗酒。信使传达余杭姥的话：“恐怕我这地上的酒配不上你们这尊贵的人饮用啊，喝好喝好啊！”蔡经见麻姑的手长得不像人手，状似鸟爪，就在心里偷偷地想，要是我的背非常痒的时候，能够用这个爪来扒背，那可真是好啊！蔡经一转念，王方平就已经知道了他的心思，立马叫人鞭打蔡经，说：“人家麻姑是神仙，你怎么敢妄想让她的手给你扒背呢？真是不知天高地厚！”大家都看见鞭子打在蔡经背上，但是看不见拿着鞭子的人。王方平告诉蔡经：“我这个鞭打不是随便什么人都能得到的，也算便宜你了。”

麻姑是道教神话人物，因为有“已见东海三次变为桑田”之言，所以古时候以麻姑比喻高寿。“沧海桑田”的成语也出自这里。民间还流传着三月三日西王母寿辰，麻姑在绛珠河边用灵芝酿酒祝寿的故事。所以过去民间为女性祝寿多赠送麻姑像，取名“麻姑献寿”。“麻姑爪”的典故也出自这里，宋代苏辙有《赠吴子野道人》诗：“道成若见王方平，背痒莫念麻姑爪。”

四、教授陈尉，除魔治病

蔡经有一个邻居姓陈，不知道叫什么名字，曾经做过廷尉，但被罢免了。此人听到蔡经家里有神仙，于是登门叩头求见，方平把他引到前面和他说话，他磕头乞求能像蔡经一样供神仙驱使。方平说：“你先起来，可以先面向太阳站着。”方平从后面看他，说：“噫，你的心不正，影子不端，不可以传授仙道，应该传授给你地上主的职位。”临走的时候把一个符和一个符信放在小箱子里，交给陈尉，告诉他说：“这不能让你度世，只能让你活完你本有的寿命。你的寿命有百岁，这个东西可以消灾治病，有得了病但还没有一命呜呼，而且身家清白没犯过罪的，你拿着符到他家，他就痊愈了。如果有妖邪鬼魅祸害人间的，你拿着这个符信可以传来社吏，社吏会收送鬼。你心里也要知道轻重，随机应变，看该怎么处理。”陈尉于是用这个符治病，侍奉他的有数百家人。陈尉活了一百一十一岁才死，死后，他的子孙用这个符就没有效果了。

方平离开之后，蔡经家里摆放在庭院里的几百斛饮食，都被吃完了，也没看见有人吃它们，盘子就光光的了。看来神仙们的光盘行动也做得很好，没有浪费粮食。蔡经父母问蔡经说："王君是什么样的神仙啊？住在哪里？"蔡经说："王君常治理昆仑山，往来于罗浮山、括苍山，在这三座山上都有他的宫殿，他那宫殿好像王宫一样。王君常担任天曹事务，一天之内要往来天上好多次，地上五岳掌管的人间生死之事，也都要来告知王君。王君出行的时候，有时只骑一只黄色麒麟，带几十个侍从，每次外出，常飞越山林，离地面数百丈。他走到哪里，哪里的山神海仙都要来迎接拜谒，甚至有不远千里飞奔而来的呢。"

后来几年，蔡经暂时又回到家里，方平写信让他捎给陈尉。大家都来瞻仰王君的书法，发现他的字写得潇洒阔落不大工整。先前没有人知道方平的名字叫"远"，直到看了他写给陈尉的这封信才知道。陈尉家世世代代直到现在都保存着王远的手写书信，和符信放在一个小箱子里，秘密收藏着。

伯山甫

伯山甫者，雍州[1]人也。在华山中精思服饵，时时归乡里省亲，如此二百余年不老。每入人家，即知人家先世已来善恶功过，有如临见。又知未来吉凶，言无不效。见其外生女年老多病，将药与之。女服药时年七十，稍稍还少，色如桃花。

汉遣使者经见西河城东有一女子笞一老翁，其老翁头发皓白，长跪而受杖。使者怪而问之。女子曰："此是妾儿，昔妾舅氏伯山甫，以神方教妾，妾教使服之，不肯，而至今日衰老，不及于妾，妾恚怒，故与之杖耳。"

使者问女及儿今各年几，女子答云："妾年二百三十岁，儿今年七十。"

此女后入华山，得仙而去。

‖注释‖ 1 雍州：位置相当于现在陕西省关中地区、宁夏部分、甘肃部分以及青海东北部。

<解说> 伯山甫是雍州人。他在华山修道，有时候会回乡探亲，就这么过了二百多年还不见老。伯山甫有通晓人过去未来的本领，他每进到一户人家，就能知晓这家先辈以来的善恶功过，好像自己亲眼见过一样。他还能预知未来的吉凶祸福，所言没有不灵验的。

有一次伯山甫回来探亲，正好遇上自己的外甥女，见她年老又多病，于是

就把灵药给了她。外甥女吃药的时候是七十岁，服药之后渐渐返老还少，恢复了青春年少时候的容颜，面色如桃花般美丽。

当时正值汉朝，朝廷派一个使者去西河一带办事，西河大致在今山西省和陕西省交界的黄河一带。使者路过西河城东的时候，看见一个女子拿着竹杖在打一个白发苍苍的老翁，使者感到非常奇怪，就问这是怎么回事。原来，这个女子就是服了仙药的伯山甫的外甥女，跪着挨打的是她的儿子。女子责怪儿子不听她的话，不肯服食药物，导致日渐衰老，所以要打他。使者问女子和她儿子分别多少岁了。女子说自己已二百三十岁了，儿子今年七十岁。后来这个女子也到华山成仙而去。

此后西河少女的故事流传开来。唐代高骈《女仙传》就记载了西河少女的故事，与《神仙传》伯山甫故事中关于西河少女的记述基本相同，只是故事的主角由伯山甫变成了西河少女。唐五代杜光庭《墉城集仙录》卷六也记载有西河少女的故事，与《神仙传》和《女仙传》大同小异。可见，西河少女的故事比伯山甫的故事更深入人心，西河少女比舅舅伯山甫更出名！

卷肆

墨子

墨子者，名翟，宋人也。仕宋为大夫，外治经典，内修道术，著书十篇，号为《墨子》，世多学之者。与儒家分涂，务尚俭约，颇毁孔子，尤善战守之功。

公输班为楚将，作云梯之械，将以攻宋。墨子闻之，徒行诣楚，足乃坏，裂裳以裹之。七日七夜到楚，见公输班，说之曰："子为云梯，将以攻宋，宋何罪之有耶？楚余于地而不足于民，杀所不足而争所有余，不可谓智；宋无罪而攻之，不可谓仁；知而不争，不可谓忠；争而不得，不可谓强。"

公输班曰："吾不可以，言于王矣！"

墨子曰："子令见我于王。"

公输班曰："诺。"

墨子见王曰："今有人舍其文轩[1]，邻有弊舆[2]，而欲窃之；舍其锦绣，邻有短褐，而欲窃之；舍其粱肉，邻有糟糠，而欲窃之。此谓何若人也？"

楚王曰："若然者，必有狂疾。"

翟曰："楚有云梦，麋鹿满之，江汉鱼鳖，为天下富。宋无雉兔井鲋[3]，此犹粱肉之与糟糠也；楚有柟[4]梓松橡，宋无数尺之木，此犹锦绣之与短褐也。臣闻大王吏议攻宋，与此同也。”王曰：“善哉。然公输班已为云梯，谓必取宋。”

于是见公输班攻宋。墨子解带为城，以幞[5]为械，公输班乃设攻城之机，九变。而墨子九拒之。公输班之攻城械尽，而墨子之守有余。

公输班屈曰：“吾知所以攻子矣，吾不言。”

墨子曰：“吾知子所以攻我，吾不言矣。”

楚王问其故，墨子曰：“公输班之意，不过欲杀臣，谓宋莫能守耳！然臣之弟子禽滑釐[6]等三百人，早已操臣守御之器，在宋城之上，而待楚寇至矣！虽杀臣不能绝也。”

楚乃止，不复攻宋焉。

墨子年八十有二，乃叹曰：“世事已可知矣，荣位非可长保，将委流俗以从赤松[7]游矣。”乃谢遣门人，入山精思至道，想像神仙。

于是，夜常闻左右山间有诵书声者。墨子卧后，又有人来，以衣覆之，墨子乃伺之。

忽有一人，乃起问之曰：“君岂山岳之灵气乎？将度世之神仙乎？愿且少留。诲以道教。”

神人曰：“子有至德好道。故来相候，子欲何求？”

墨子曰：“愿得长生，与天地同毕耳。”

于是神人授以素书[8]、朱英丸方[9]、道灵教戒、五行变化，凡二十五卷，告墨子曰：“子既有仙分缘，又聪明，得此便成，不必须[10]师也。”墨子拜受。合作，遂得其效，乃撰集其要，以为《五行记》五卷，乃得地仙，隐居以避战国。

至汉武帝时，遂遣使者杨辽，束帛加璧，以聘墨子，墨子不出。视其颜色，常如五六十岁人，周游五岳，不止一处也。

‖注释‖ 1文轩：华美的车子。 2弊舆：破旧的车子。 3井鲋：生活在井中的鲋鱼。 4枏（nán）：同“楠”。常绿大乔木。叶椭圆形或长披针形，革质，下面有毛。花小，绿色。结浆果，蓝黑色。木材坚密芳香，为贵重的建筑材料，也可供造船用。产于云南、四川、贵州、湖南等地。 5幞（fú）：古代男子束发用的头巾。或巾帕，布袱。 6禽（qín）滑（gǔ）釐（lí）：战国初宋国人，传说是墨子的首席弟子，字慎子。亦曾就学于儒家的子夏。 7赤松：指赤松子。据刘向《列仙传》，“赤松子者，神农时雨师也。”能入火自焚，随风雨而上下。是古代中国神话传说中的上古仙人。 8素书：用朱墨写在白绢上的道书。 9朱英丸方：道家视朱英为瑞草，能延年益寿。朱英丸方当为记载如何炼制朱英丸的方子。 10须：等待，等到。

＜解说＞ 墨子是战国时期墨家的代表人物，留有著作《墨子》一书，主张兼爱、非攻、尚贤、尚同、节用、节葬。《墨子》一书除墨家的哲学思想外，还涉及军事学、工程学、力学、几何学、光学等科技方面的知识。墨子除了是哲学家外，还是著名的军事家、木工大师。《神仙传》这篇讲的是墨子止楚攻宋的故事，这个故事出自《墨子·公输》，讲的是公输班做了楚国的将领，为楚王制造云梯之类的器械，打算攻打墨子的母国宋国，墨子听到这个消息之后，不辞辛劳，徒步走到楚国找公输班理论，公输班说他做不了主，于是两人面见楚王。墨子以楚国富足而宋国贫弱，以富足的楚国攻打贫弱的宋国是不明智的行为为由劝说楚王。二人在楚王面前模拟楚国攻打宋国的场景，公输班设置的攻城机关，一共有九种变化，墨子每次都把公输班拒之城外，最后公输班的手段用尽了，墨子的防御还绰绰有余。公输班说：“我知道怎么打败你，但是我不说。”墨子说：“我知道你打算怎么打败我，我也不说。”楚王听他们俩的对话听得云里雾里。墨子解释道：“公输班是想要杀掉我。但是只杀掉我一个人是没有用的，我来楚国之前，已经把抗拒敌人的方法教给了我的弟子们，只杀掉我一个人有什么用呢？”于是楚王打消了攻打宋国的念头。

历史上公输班也是一位很出名的机关术家，是建筑和木工的鼻祖。公输班也叫“公输盘”“班输”“鲁班”“鲁般”，木工师傅们用的钻、刨子、铲子、曲尺等据说都是他发明的，儿童玩具“鲁班锁”相传也是由他发明。公输班在机关界已经是出神入化的人物，但遇上墨子还是败下阵来。可见墨子是比他更加神通的人物，后世道教就把墨子附会成修炼成仙的人物。

《神仙传》这里说，墨子八十二岁的时候，厌弃尘俗，隐居在大山里精思长生不老的大道，想要成为神仙。常常在夜间听到山间好像有人诵读诗书，睡下之后，又经常感觉到有人来给他盖被子。于是墨子有一天晚上假装睡着，等着神秘人物的到来。

那人来到之后，墨子立马起来问他是什么人。那人说：“你德行高尚，又喜好道术，所以我特地来找你，你想要得到什么呢？”墨子说：“我想要长生不老，与天地同寿。”于是仙人就传授给墨子一卷素书和朱英丸方，以及五行变化之类的东西。墨子按照方子炼药，果然有效果，于是纂辑其中的要点，编成《五行记》一书，这就是《墨子五行记》的由来。后来墨子成为地仙，长生不老，隐居起来躲避战国的祸乱。传说到了汉武帝的时候，武帝曾派遣一个叫杨辽的使者去拜见墨子，那时的墨子看起来仍然像一个五六十岁的人。后来墨子到处游览，周游五岳，神龙见首不见尾。

《神仙传》这一卷以墨子开篇，其后刘政、孙博等人都宗法墨子，修习仙术，如刘政治《墨子五行记》、孙博治“墨子之术”。

刘政

刘政者，沛国[1]人也。高才博物，学无不览，深维[2]居世荣贵须臾，不如学道，可得长生，乃绝进取之路，求养性之术。勤寻异闻，不远千里。苟有胜己，虽奴客，必师事之。后治《墨子五行记》，兼服朱英丸，年百八十余岁也，如童子。好为变化隐形，又能以一人作百人，百人作千人，千人作万人，又能隐三军之众，使人化成一丛林木，亦能使成鸟兽。试取他人器物，以置其众处，人不觉之。又能种五果之木，便华实可食，生致行厨[3]，供数百人。又能吹气为风，飞沙扬石。以手指屋宇、山林、壶器，便欲倾坏，更指之，则还如故。又能化作美女之形，及作木人。能一日之中，行数千里。嘘[4]水兴云，奋手起雾，聚壤成山，刺地成渊。能忽老忽少，乍大乍小。入水不湿，步行水上。召江海中鱼鳖蛟龙鼋[5]鼍[6]，即皆登岸。又口吐五色之气，方广十里，气上连天。又能腾跃上下，去地数百丈。后不知所在。

‖ 注释 ‖ 1 沛国：东汉建武二十年（44），汉光武帝封其子刘辅为沛王，建立沛王国。治相县，今安徽淮北市相山区。 2 维：思考，想。 3 生致行厨：即坐致行厨，使酒食饭茶凭空而致，是古代传说中的一种变化术。 4 嘘：慢慢地吐气。 5 鼋（yuán）：是鳖科，鼋属动物。淡水鱼类别中体形最大的一种。 6 鼍（tuó）：扬子鳄。也称鼍龙、猪婆龙。爬行动物。体长丈余。背部与尾部有角质鳞甲。穴居于江河岸边和湖沼底部。

<解说> 刘政是沛国人，博学多才，博览群书，很有学问。他觉得世间的荣华富贵转瞬即逝，不如学道成仙，能够长生不死，于是就专心钻研道术，不再追求世俗的做官进取之路。他学道十分刻苦，不远千里广泛地寻找能够修道的法门。只要是有东西能够教给自己的，即使是奴仆、门客，刘政也恭敬地尊奉他为老师。功夫不负有心人，刘政终于找到了《墨子五行记》和朱英丸方，他按方修习和服药之后，不仅长生不老，年纪有一百八十多岁了，面貌还像孩童一样；而且学会了种种法术，会使用种种神通。如：

一、易形变化术。刘政能使别人变成一丛林木，也能让他们变成鸟兽。他自己能变成美女的样子，或者变成木头人，能忽而变老忽而变少，突然变大突然变小。

二、分身术。刘政能够把一个人变成一百人，把一百人变成一千人，把一千人变成一万人。

三、隐形术。刘政能让三军人马都隐形不见。

四、搬运术。刘政能拿取别人的器物，把它放在人多的地方，而让人们毫无察觉。

五、种物速成术。刘政能种植可以结各种果实的树，并且立刻就可以结果食用。

六、坐致行厨术。刘政能凭空招来食物，供给数百人饮食。

七、神行术。刘政能一天之内行走数千里。

八、腾云术。刘政能腾跃上下，距离地面有数百丈。

九、履水辟水术。刘政能在水上走路，走入水里也不会湿了身上。

十、召唤鱼鳖术。刘政能召唤江海里面的鱼鳖蛟龙鼋鼍，使它们上岸。

十一、兴云起雾术。刘政能吹气成风，吹水成云，举手就兴起雾气；还能口吐五色云气，使之扩散方圆十多里，与天相连。

十二、聚土成山术。刘政能聚集土壤成山丘，刺地成深渊。

刘政还会一种不知道叫什么名字的法术：用手指着屋宇、山林、壶器，那些东西就好像要倾颓毁坏，再一次指着它们，那些东西就又安好如初。

葛洪在《抱朴子内篇·遐览》中提到刘政的事情，可与《神仙传》的记载互为印证：“其变化之术，大者唯有《墨子五行记》，本有五卷。昔刘君安未仙去时，钞取其要，以为一卷。其法用药用符，乃能令人飞行上下，隐沦无方，含笑即为妇人，蹙面即为老翁，踞地即为小儿，执杖即成林木，种物即生瓜果可食，画地为河，撮壤成山，坐致行厨，兴云起火，无所不作也。”意思是《墨子五行记》记载有用药和使用符箓的方法，可以让人飞行上下，隐形无方，变化为妇人、老翁、小儿、树木，种物立刻得瓜果，画地成河，撮土成山，坐致行厨，兴云起火。刘政就是修习了《墨子五行记》，所以获得了诸多异能。

后来，刘政就不知所踪了。

孙博

孙博者，河东人也。有清才，能属文，著书百许篇，诵经数十万言。晚乃学道，治墨子之术，能使草木金石皆为火，光照耀数十里。亦能使身中成炎，口中吐火，指大树生草即焦枯，若更指之，则复如故。亦能三军之众，各成一丛火。又有藏人亡[1]奴在军中者，自捕之不得，因就博请，博语奴主曰："吾为卿烧其营舍，奴必走出，卿但谛伺捉取之。"

于是，博以一赤丸掷于军中，须臾火起涨天，奴果走出而得之。博乃更以一青丸掷之火中，火势即灭，屋舍百物，向已焦燃者，皆悉如故不损。

博每作火，有所烧，他人虽以水灌之，终不可灭，须博自止之，乃止耳。行火水中，不但己身不沾，乃能兼使从者数百人皆不沾。

又能将人于水上，敷席而坐，饮食作乐，使众人舞于其上，不没不濡[2]，终日尽欢。其疾病者，就博自治，亦无所云，为博直指之，言愈即愈。

又山间石壁及地上盘石，博便入其中，初尚见背及两耳出石间，良久都没。又能吞刀剑数十枚，乃从壁中出入，如有孔穴也。

又能引镜为刀，屈刀为镜，可积时不改，须博指之，刀复如故。后入林虑山[3]中，合神丹而仙矣。

‖注释‖ 1 亡：逃跑。 2 濡：沾湿。 3 林虑山：位于河南省林州市。

＜解说＞ 孙博是河东人，也就是现在的山西人。他很有才华，能著书作文，还能背诵经文数十万字。他到了晚年才开始学道，主修的也是墨子的法术，修习之后也精通种种神通变化。

他最拿手的是“驭火术”，就是能自由操控火，想让它燃就燃，想让它灭就灭。他能让草木金石都起火，火光照耀数十里远；也能让自己身体内燃烧起火，口中吐出火焰。用手指一指大树野草，大树野草就会烧焦，再一指，这些东西就恢复如初。他能让三军人马各自烧成一丛火，当然也能让他们熄灭。有一次有人将逃跑的奴隶藏在军营里边，搜捕找不到，于是就请孙博来帮忙。孙博就跟奴隶主人说：“我给你烧军中营舍，那个奴隶肯定会逃出来，到时候你就趁机捉拿他。”于是，孙博把一个红色的小球丢到军营里，马上火势就直冲上天，那个奴隶果然从军营里逃出来，被捉到了。孙博又把一个青色的小球丢到火里，火立刻就熄灭了，屋里的各种东西，之前已经被烧焦了的都恢复了原状，好像没有被烧过一样。孙博的火有点像红孩儿的三昧真火，孙博每次起火，烧到什么东西，别人用水是浇不灭的，必须由孙博本人来灭火才行。孙博不仅能起火，而且还能在水火中来去自如。他行走在水火中，不但能让自己不被水火沾到，也能让跟着他一起的几百人不沾水火。

孙博有“履水术”。他能让人行走在水面上，在水面铺上席子，大家坐在上面野营聚餐，说不定还会让孙博起火来烧烤呢。玩得高兴了大家就在上面跳舞，既不会沉没也不会沾到水，一群人快快乐乐地玩上一整天才回家。

孙博还会治病救人。患病的人去请孙博医治，病人不用说自己的病情，孙博只要指一指，说让病人痊愈他就会痊愈了。

孙博会“穿墙术”。他能走进山间石壁或地上的磐石里，刚开始还能看见他的后背和两只耳朵，时间长了就都看不见了。孙博从石壁进进出出，就好像壁中有什么孔穴供他出入一样。

孙博有“吞刀术”。他能吞下几十枚刀剑。

孙博还能“刀镜互变”。就是能把镜子变成刀剑，又能把刀剑变回镜子，还能保持一段时间不变，必须由孙博再来指一指，东西才变回原来的样子。

孙博后来进到林虑山里，服用神丹成仙而去了。

班孟

班孟者，不知何许人，或云女子也。能飞行终日，又能坐空虚之中与人言语。又能入地中，初时没足，至腰及胸，渐渐但余冠帻[1]，良久尽没不见。

又以指刻地，即成泉井，而可汲引。又吸人屋上瓦，瓦即飞入人家。人家有桑果数十株，皆聚之成积如山，如此十余日，吹之各还其本处如常。又能含墨，舒纸著前，嚼墨一喷之，皆成文字满纸，各有意义。后服酒饵丹，年四百余岁，更少容。

后入大治山[2]中仙去也。

‖ 注释 ‖ 1 帻（zé）：古代包扎发髻的头巾。 2 大治山："广汉魏丛书"本作"大冶山"，俱不知在何处。

<解说> 班孟，不知道他是哪里人，也不清楚他是男是女，有人说她是女人。班孟会种种神通变化。

一、腾云飞行术。他能在天上飞来飞去，还能坐在空中，在空中跟人说话聊天。

二、遁地术。他能进到土里，刚开始的时候，土壤淹没了双脚，后来渐渐没到腰，又到胸，慢慢只剩下帽子和头巾，最后就什么都看不见了。

三、画地成井术。他用手指画一圈土地，那一圈立刻就变成了泉眼或水井，可以从里面打水了。

四、隔空取物术。他能吸走别人屋顶上的瓦片，使瓦飞到别人的家里；看见人家有几十株桑树果树，班孟就把它们聚集起来堆积成一个小山丘，就这样过个十多天，又吹口气把它们送回原处。

五、喷墨成文术。他能口含墨水，把纸张舒展开，把墨嚼一嚼，喷在纸上，就喷出了满纸的文字，文字都是有意义的。

班孟还有“长生不老术”和“驻颜术”。他喝了仙酒，服了丹药，活到四百多岁的时候还保持着年少时的容颜。

班孟后来进到大治山里成仙而去了。

玉子

玉子者，姓张震[1]，南郡[2]人也。少学众经，周幽王征之不起，乃叹曰："人居世间，日失一日，去生转远，去死转近，而贪富贵，不知养性。命尽气绝即死，位为王侯，金玉如山，何益于是为灰土乎？独有神仙度世可以无穷耳。"

乃师长桑子[3]，受其众术，乃造一家之法，著道书百余篇，其术以务魁[4]为主，而精于五行之意，演其微妙以养性治病，消灾散祸。能起飘风[5]发木折屋，作云雷雨雾，以草芥瓦石为六畜龙虎，立便能行，分形为数百千人。又能涉行江汉，含水喷之，立成珠玉，遂不复变也。或时闭气不息，举之不起，推之不动，屈之不曲，伸之不直，如此数十日，乃复起如故。每与诸弟子行，各丸泥为马与之，皆令闭目，须臾，皆乘大马，乘之一日千里。又能吐五色气，起数丈，见飞鸟过，指之堕地。又临渊投符，召鱼鳖，鱼鳖皆走上岸。又能使诸弟子举眼即见千里外物，亦不能久也。其务魁时，以器盛水，著两魁[6]之间，吹而嘘之，水上立有赤光，绕之晔晔[7]而起，又以此水治百病，在内者饮之，在外者浴之[8]，皆使立愈。后入崆峒山[9]合丹，丹成，白日升天也。

‖注释‖ 1 姓张震：有错漏。《云笈七签》《仙苑编珠》《太平御览》等书均作“章震”，“广汉魏丛书”本作“姓韦名震”，形近而误。应作“姓章名震”。 2南郡：在今湖北荆州、江陵一带。 3长桑子：或作长桑公子，长桑君。《史记》卷一〇五《扁鹊列传》“索隐”云：“（长桑君）隐者，盖神人。” 4务魁：据胡守为《神仙传校释》，魁乃北斗首星，务魁是以北斗星象占人事之吉凶。《真仙通鉴》卷四二《任可居》云：“每占先令人斋戒，向壁列灯为斗魁之像，坐其前，祸福吉凶历历如见。” 5飘风：旋风，暴风。 6两魁：“广汉魏丛书”本作“两肘”。 7晔晔：光明灿烂，闪光的样子。 8在内者饮之，在外者浴之；《云笈七签》卷一〇九引《神仙传》“玉子”条作“病在内者饮之，病在外者澡之”。 9崆峒山：崆峒山的所在地有甘肃平凉市、河南汝州市等多种说法。这里具体所指不详。

<解说> 玉子，原名叫章震，是南郡人。他年少时就读了很多书，很有才华。周幽王曾经征召他做官，但他没有答应。他说：“人居住在世间，活一天少一天，离死亡越来越近，离生机越来越远，但是俗人们却只知道贪图富贵，不知道保养年命。到了命尽气绝而死的那一天，纵然位为王侯，积累的金玉像山一样，又有什么用呢？最后自己还不是化成了灰土，这些东西一样也带不走。只有学习神仙道术才能延年益寿，永葆无穷啊。”

于是玉子就拜长桑子为师，学习老师的各种法术，融会贯通，创造出属于自己的一套独特的法门，他还写作了上百篇道书流传后世。他的法术以“务魁”为主，所谓“务魁”，是一种特殊的治病方法，原理在于运用阴阳五行的道理巧妙地治疗疾病，消灾免祸。他“务魁”的时候，用器皿盛着水，放在两个胳膊肘之间，对着水面吹口气，水面上立刻泛起耀眼闪亮的红光，绕着水升起，用这个水能治百病，或者内服，或者用来沐浴，都能使疾病立刻痊愈。除此之外，玉子还会许多其他的法术，比如能兴起大风拔起树木、断折屋宇，把茅草、石头、瓦片之类的东西变成各种牲畜，立起来就能走路。

他会分身术，能分身为成百上千人；会履水术，能徒步走过长江、汉水，能喷水成珠；还会气禁术，有时候他闭气屏息，别人举他举不动，推他也推不动，弯他也不弯曲，拉他也不伸直，就这样过个几十天，起来还像从前一样；能吐出五彩的云气，飞起数丈；看到有飞鸟经过，用手一指，鸟就会掉到地上。

此外玉子还会召唤鱼鳖术，在水渊旁写符书，召唤鱼鳖，鱼鳖便会自动走上岸；会神行术，每次与弟子一起出行，给他们每人用泥团捏一个马，让他们都闭上眼睛，等睁开眼的时候就发现自己骑在高头大马上了，这匹马一天能行千里；会“千里眼”术，能让弟子们看见千里之外的事物，只不过不能维持很长时间罢了。

玉子后来进入崆峒山里炼制丹药，丹药炼成服用之后，他就白日飞升成仙了。

玉子在此卷中和墨子地位相似，也属于核心人物，后面的太阳子、太阳女、太阴女、太玄女等人都和玉子有师徒或宗法关系。

天门子

天门子者，姓王，名纲。尤明补养之要，故其经曰："阳生立于寅[1]，纯木之精；阴生立于申[2]，纯金之精。夫以木投金，无往不伤，故阴能溲[3]阳也。阴人著脂粉者，法金之白也。是以真人道士莫不留心驻意，精其微妙，审其盛衰。我行青龙，彼行白虎；彼前朱雀，我后玄武，不死之道也。又阴人之情也，有急于阳，然能外自戕抑，不肯请阳者，明金不为木屈也。阳性气刚躁，志节疏略[4]，至于游晏[5]，则声气和柔，言辞卑下，明木之畏金也。"

天门子既行此道，年二百八十岁，色如童子，乃服珠醴得仙，入玄洲去也。

‖注释‖ 1寅：夏历正月为建寅之月。以纪日则甲寅为日干之始。又为十二时辰之一，指一日中的三时至五时。 2申：地支的第九位。十二时辰之一。指一日中的十五时至十七时。 3溲：浸沃。 4疏略：疏，疏忽，不细密。疏略，指粗疏简略，粗心大意。 5游晏：亦作"游燕"，游乐宴饮。

＜解说＞ 天门子，名叫王纲。天门子尤其擅长以房中术阴阳之道补养身体，他写了一本经书，上面解释房中术阴阳互补的要诀说："阳代表着男子，生于寅，是纯粹的木的精华；阴代表着女子，生于申，是纯粹的金的精华。把木投到金里面去，就像把木头投到刀剑丛里面，没有不受伤的。所以说阴能损伤阳。阴属性的人往脸上敷脂粉，其实是在效法金的白色。所以真人道士们都留心注意，精通这种微妙的变化，仔细审察他们的盛衰转换。男子行的是青龙之道，女子行的是白虎之道；女子在前，行朱雀之道，男子在后，行玄武之道。阴阳相互补充、相互制衡，这就是不死之道。属阴的人的性情，本来是急于求取阳气的，但她又能压抑自己，不肯去求取阳，这表明金不为木所屈服。属阳的人气性刚强急躁，心志粗疏简略，但当他们和属阴的人一起玩乐的时候，就说话语气温柔，言辞卑下，这表明木是畏惧金的。也就是说，女子本属柔弱，但为了某些原因，能变得很刚强；男子本来刚强，但为了某些原因，能暂时自甘柔弱低下。”

男女双方要按照各自的阴阳属性去行事，但同时又不能故步自封，要学会从对立属性身上获取自己所缺乏、所需要的东西，由对立到互补，同时又不丧失自身原本的属性。就像太极阴阳图所表示的那样，阴中有阳，阳中有阴，阴阳双方有相互转变和围绕对方运转的趋势，但又能各自保持自身。懂得阴阳相辅相成的道理，取彼之长补己之短，才能使自身圆满完备，才能心志舒畅、身体健康。

天门子就是依靠这种阴阳互补之术，活到二百八十岁了，面色还像孩童一样年轻。后来他服用珠醴成了仙，到玄洲去了。所谓“玄洲”，乃是题名东方朔所撰的《海内十洲记》中所讲的十洲祖洲、瀛洲、玄洲、炎洲、长洲、元洲、流洲、生洲、凤麟洲、聚窟洲之一，其中玄洲在北海，上面有神仙居住，金芝玉草非常丰饶。

九灵子

九灵子者，姓皇名化。得还年却老、胎息[1]内视[2]之要，五行之道。

其经曰：“此术可以辟五兵，却虎狼，安全己身，营护家门，保子宜孙，内外和睦，人见则喜，不见则思。既宜从军，又利远客。他人谋己，消灭不成，千殃万祸，伏而不起。杜奸邪之路，塞妖怪之门。呪咀[3]之者，其灾不成，厌蛊之者，其祸不行。天下之贤，皆来宗己。倾神灵之心，得百姓之意。田蚕大行，六畜繁孳。奴婢安家，疾病得愈。县官逆解[4]，忿争得胜。百事皆利，世有专世。行此道者，大得其妙。”

在人间五百余年，颜容益少。后服炼丹[5]而乃登仙去矣。

‖注释‖ 1胎息：《抱朴子·释滞》，“得胎息者，能不以口鼻嘘吸，如在胞胎之中。”通过意念诱导的一种高度柔和的腹式呼吸方法。 2内视：又称内观。闭目不视外物，专心一意，气沉丹田。古代养生术之一。亦为道家修炼内丹功夫之一。《列子·仲尼》：“务外游者不知务内观，外游者求备于物，内观者取足于身。”指内观体道，观心照己，静养元气。 3呪（zhòu）咀：呪，同“咒”，说希望别人不得好结果的话。咀，同“诅”，诅咒。 4逆解：据胡守为《神仙传校释》，“逆解”当为“道解”，意为以理释讼，“逆”形近“道”而讹。 5炼丹：道家仙丹的一种。《云笈七签》卷六七《九转丹名》称：“第六丹名炼丹，服之十日仙也。”

<解说> 九灵子，名叫皇化。他修炼的是胎息、内视，五行之类的道法。他把他修炼的心得总结下来，写成经书。

他的经书里面把修炼道法所获得的功效夸得天上有地上无，几乎是无所不能！说是修炼这种道术可以避开各种武器的伤害，退却虎狼，不仅能使自身安全，还能保卫家门，保佑子孙后代；能使得内外人际关系和睦，人见人爱，花见花开，人们见不着他还会拼命想他；既宜从军，又利远行，那些别有用心想要谋害自己的，最后都害不成；各种灾祸都伏地不起，各种妖邪通通被拒之门外；那些诅咒自己的人，怎么诅咒也不会成功，使用厌胜巫蛊等邪术害自己的，他的厌蛊也不能成功；天下的贤人都来归附自己，自己能够得到神灵和百姓的心意；种田田丰，养蚕蚕收，各种牲畜都繁衍孳息；奴婢们在家安宁不生事端，得了疾病能够立刻痊愈；有官司的能顺利解决，有纷争的能获得胜利。总之是百事顺利，这一生都会顺遂度过。

九灵子在人间待了五百多年，容貌越发年轻，后来服用炼丹成仙而去了。

北极子

北极子者，姓阴名恒。其经曰："治身之道，爱神为宝。养性之术，死入生出。常能行之，与天相毕。因生求生真生矣，以铁治铁之谓真，以人治人之谓神。"后服神丹而仙焉。

<解说> 北极子，名叫阴恒，不知道他修炼的是什么道法。他的经书上说："修炼治身的要道，在于爱养精神，保养性灵，如果能够常常施行，那么就会与天地共长存。凭借生命本身来求得长生，才是真正的长生；用铁本身来打造铁器，才能炼就真正的铁器；用人本身具有的东西来修炼自身才是真正的修炼。"后来北极子服用神丹仙去了。

署名唐代王松年的《仙苑编珠·九灵却祸北极贵精》篇引《神仙传》说："北极子姓阴名恒，得保神养性、贵精之道，其要曰：'以金治金谓之真，以人治人谓之神。'"这里说的是"以金治金"而不是"以铁治铁"。

绝洞子

绝洞子者，姓李名修。其经曰："弱能制强，阴能弊阳。常若临深[1]履危[2]，御奔[3]乘驾[4]，长生之道也。"年四百余岁，颜色不衰。著书四十篇，名曰《道源》。服丹升天也。

‖注释‖ 1 临深：指如临深渊，临是靠近的意思，渊，深水坑。如同处于深渊边缘一般。比喻存有戒心，行事极为谨慎。出自《诗经·小雅·小旻》："战战兢兢，如临深渊，如履薄冰。" 2 履危：指如履薄冰，履，践、踩在上面。像走在薄冰上面一样，比喻行事极为谨慎，存有戒心。 3 御奔：乘骑奔马。《邓析子》："明君之御民，若乘奔而无辔，履冰而负重也。"比喻需小心谨慎。 4 乘驾：乘车。

＜解说＞ 绝洞子，名叫李修，修炼的是房中术阴阳采补的道术。他在经书中说："弱能制服强，阴能损伤阳。人修炼房中术，要好像面临着深渊、行走在危险的薄冰之上、驾驭着脱缰的飞奔骏马一样，需要戒慎警惕，小心翼翼，这才是长生的要诀。"绝洞子活到四百多岁，面色仍然不显衰老。他著有书籍四十篇，名叫《道源》，后来服用丹药升天了。

绝洞子担心修炼房中术时稍有不慎，不仅道术不成，还会遭到反噬，所以一再强调要小心谨慎，戒慎警惕，战战兢兢，如临深渊，如履薄冰。炼术讲究清静自守，万不可放纵贪欲，戕害身体。绝洞子和后面讲到的太阳女是夫妻。

太阳子

太阳子者，姓离名明。本玉子[1]同年之亲友也，玉子学道已成，太阳子乃事玉子，尽弟子之礼，不敢懈怠，然玉子特亲爱之。

有门人三十余人，莫与其比也。而好酒恒醉，颇以此见责。然善为五行之道，虽鬓发班白，而肌肤丰盛，面目光华，三百余岁犹自不改。

玉子谓之曰："汝当理身养性，而为众贤法司[2]，而低迷[3]大醉，功业不修，大药不合，虽得千岁，犹未足以免死，况数百岁者乎？此凡庸所不为，况于达者乎？"

对曰："晚学性刚，俗态未除，故以酒自驱。"其骄慢如此。

著七宝树之术，深得道要。服丹得仙，时时在世间，五百岁中面如少童。多酒，其鬓须皓白也。

‖注释‖ 1 玉子：见前文所述，名章震，行务魁之术，精通五行之道，能起飘风发木折屋、以草芥为龙虎、闭气不息推举不动、丸泥为马行千里、使人千里视物、炼水治病。 2 法司：本义为掌司法刑狱的官署，或司法官吏，这里指所行所为可为众贤效法。 3 低迷：神志模糊，昏昏沉沉。

<解说> 太阳子，名叫离明。本来和玉子是年龄相当的好朋友，但后来玉子学道成功，太阳子就跟着玉子学习道术，拜玉子做老师。玉子对太阳子非常关照，他有三十多个徒弟，但还是太阳子的地位最高。太阳子有一个毛病，那就是嗜酒如命，经常喝得烂醉如泥，为此常常受到玉子的责备。玉子苦口婆心地劝他："太阳子啊，你应该正正经经地修身养性，给咱们师门那么多弟子做个榜样嘛，但是你这天天醉酒，既不修功业，也不合大药，你就是能活到一千岁，最终还是免不了要死掉，更何况像你这样，能活到几百岁呢？！这种愚蠢的事情，凡间的庸人都不愿意去做，更何况咱们这些得道的人呢？！"

太阳子辩解道："老师您也知道，我是很晚才开始学习道术的啊，我为人性情刚烈，我身上属于俗人的东西还没有完全去除呐，我喝酒就是为了去除身上的俗态啊！"

后来太阳子创造了一种叫"七宝树之术"的道术，深刻地掌握了道术的要诀。太阳子最后服用神丹成了神仙，但仍时不时地在人间行走散心，五百多岁了面容还像个孩童，就因为他喜好喝酒，所以头发和胡须都是皓白的颜色。

太阳女

太阳女者，姓朱名翼。敷演[1]五行之道，加思增益，致为微妙，行用其道，甚验甚速。

年二百八十岁，色如桃花，口如含丹，肌肤充泽，眉鬓如画，有如十七八者也。

奉事绝洞子[2]。丹成以赐之，亦得仙升天也。

‖注释‖ 1 敷演：陈述而加以发挥。 2 绝洞子：姓李名修，古代房中养生家。见《神仙传·绝洞子》。

＜解说＞ 太阳女，名叫朱翼。她修炼的也是讲究阴阳五行的房中术，但太阳女并不是完全按照前人留下来的道术修行，她还会钻研发挥，增加一些内容以更好地发挥房中术的功效，所以太阳女的道术施行起来精微奥妙，效果很好。她已经二百八十岁了，但还是面如桃花，口若朱丹，眉目如画，肌肤光泽，活脱脱似一个十七八岁的妙龄女子。太阳女侍奉绝洞子李修。绝洞子炼成丹药之后，把丹药分给了太阳女一些，太阳女就跟着绝洞子登天成仙了。

唐五代杜光庭《墉城集仙录》卷六记载有太阳女奉事绝洞子的故事，故事源于《神仙传》，但又和《神仙传》的记载有些不一样的地方。比如，《神仙传·绝洞子》篇讲到绝洞子的经书上说："弱能制强，阴能弊阳。常若临深履危，御奔乘驾，长生之道也。"但《墉城集仙录》里面把这段经文记为太阳女对绝洞子说的话。说太阳女侍奉绝洞子十分勤谨，人也聪明，不久就完全学到了绝洞子道术的要诀，还反过来叮嘱老师绝洞子说："师父啊，我所修行的道术正是以柔胜刚，以弱制强。您修习这种道术要谨慎啊，一旦有丝毫的差错，就会损害您自身了！谨慎再谨慎，才能长生啊！"

太阴女

太阴女者，姓卢名全。为人聪达，知[1]慧过人，好玉子之道，颇得其法，未能精妙。时无明师，乃当道沽酒，密欲求贤，积年累久，未得胜己者。

会太阳子过之，饮酒，见女礼节恭修，言词闲雅[2]。太阳子喟然[3]叹曰："彼行白虎螣蛇，我行青龙玄武[4]，天下悠悠，知者为谁。"

女闻之大喜，使妹问客："土数[5]为几？"

对曰："不知也，但南三北五，东七西七，中一耳。"

妹还报曰："客大贤者，至德道人也，我始问一，已知五矣！"

遂请入道室，改进妙馔，盛设嘉珍而享之以自陈。讫，太阳子曰："共事天帝之朝，俱饮神光[6]之水，身登玉子之魁，体有五行之宝，唯贤是亲，岂有所怪。"

遂授补道之要，授以蒸丹之方。合服得仙，仙时年已二百岁，而有少童之色也。

‖注释‖ 1 知：同"智"。 2 闲雅：同"娴雅"，文雅。 3 喟然：形容叹气的样子。 4 彼行白虎螣蛇，我行青龙玄武：可与前《天门子》篇"我行青龙，彼行白虎；彼前朱雀，我后玄武"相互参看。 5 土数：古代阴阳五行和术数的概念，具体不详。 6神光：日、月、星三光。

＜解说＞ 太阳女之后又有个太阴女，名叫卢全。她为人聪明，智慧过人，喜好玉子的道术，学到了很多道法，但还没有达到精微奥妙的境界。因为没有名师指点，自己的道术遇到了瓶颈无法进一步突破，于是就在路边卖酒，暗中观察过往的客人，想要求得明师。但是过了很多年，也没有见到什么能胜过自己的人。

有一天，太阳子正好经过，坐在这里喝酒，见这太阴女很有礼貌，举止恭敬有度，言辞文雅大方，太阳子就叹息说："有人行白虎腾蛇之道，我行青龙玄武之道，天下悠悠众人啊，能够通晓道的人是谁呢？"

太阴女听到这话，心里一喜，心想这个人的话大有深意，想必是位得道高人，于是就让妹妹去试探这个酒客："土数是几？"

太阳子回道："不知道啊，我只知道南三北五，东七西七，中央为一罢了。"

妹妹回来告诉太阴女："这位客人真真是一位得道高人，我才问了他'一'，他已经知道'五'了。"

于是太阴女请太阳子进入道室，又赶紧准备了很多精美的小菜款待他。她先自我介绍了一番，然后又为自己的唐突道歉。太阳子说："不要客气，大家都是修仙的人，将来成仙之后又都是一起侍奉天帝的同事，更何况咱俩修习的都是玉子的道术，都算是玉子一派的顶尖人物了。贤人就应该和贤人亲近，我怎么会怪你呢？！"

于是太阳子教授给太阴女要道，补充她道术的不足，又传授给她蒸丹的方法。太阴女炼药成功后服药成了神仙，她成仙的时候已经二百多岁了，但面容仍似少女。

太玄女

太玄女者，姓颛名和[1]。少丧夫主[2]，有术人相其母子曰：“皆不寿也。”乃行道学，治玉子之术，遂能入水不濡，盛寒之时，单衣行水上，而颜色不变，身体温暖，可至积日。能徙官府、宫殿、城市及世人屋舍于他处，视之无异，指之则失其所在。又门户椟[3]柜有关钥者，指之即开。指山山崩，指树树死，更指之，皆复如故。将弟子行，所到山间，日暮，以杖扣山石，皆有门户开，入其中，有屋室、床几、帷帐，厨廪[4]酒食如常，虽行万里，所在常耳。能令小物忽大如屋，大物忽小于毫芒。野火涨天，嘘之即灭。又能生灾火之中，衣裳不燃。须臾之间，化为老翁、小儿、车马，无所不为。行三十六术，甚有神效，起死无数。不知其何所服食，颜色益少，鬓发如鸦，忽白日升天而去。

‖注释‖ 1姓颛名和：据胡守为《神仙传校释》，当为“姓颛项名和”。 2少丧夫主：“广汉魏丛书”本《神仙传》作“少丧父”，联系后文有术人相其母子，这里应指太玄女年少丧父。 3椟：木柜，木匣。 4廪：粮仓。

＜解说＞ 有一个太玄女，原名叫颛和。在她很小的时候爸爸就去世了，有算命的给她们母女俩相面，说她们都不长寿。于是太玄女就学习道术，修行的也是玉子的道术，修炼成功后掌握了多种法术。

比如学会了“操纵水火术”，她能进到水里而衣裳不被沾湿，进到火里面而衣服不被烧着。野火火势冲天，太玄女吹一口气就熄灭了。

会“搬运术”。她能把官府、宫殿、城市和人们居住的房屋等转移到别的地方，看起来和原来一模一样，手再一指就不知道到哪里去了。

会“变幻术”。她用手一指山，山就崩塌了，用手一指树，树就死掉了，再一指，又都恢复了原状。她能让小东西忽然变得像房屋那么大，大的东西忽然变得像毫毛麦芒那么小。

会“变身术”。她能立刻变成老年人、少年儿童或者车马，总之没有什么不能变的。

会“恒温术”。她在天气非常寒冷的时候，她能穿着单薄的衣服走在水面上而面色不变，身体保持温暖，能保持好几天。

会“开锁术”。门户上衣柜上有锁锁着的，太玄女用手一指就都开了。

会“穿墙术”。她带着弟子们进山，太阳落山了，就用手杖敲敲山里的石头，石头里突然打开了一个门户。走进里面，有屋室、床几、帷帐、厨房、仓库、酒食等，就跟平常他们用的一样。即使到万里之外，这些东西也会出现。

总之，太玄女会施二十六种法术，这些法术很有神效，能治病救人，曾起死回生无数人。也不知道她吃了什么药，面色渐渐变得年少，头发变得像乌鸦那般黑亮，忽然有一天便白日升天了。

南极子

南极子者，姓柳名融。能合粉[1]成鸡子，吐之数十枚，煮之而啖[2]。出鸡子中黄，皆余有少许粉如指端者。取粉涂杯，呪[3]之即成龟，煮之可食，腹藏[4]皆具。而粉杯成龟壳者，取肉，则壳还成粉杯矣。又取水呪之，即成美酒，饮之醉人。又能举手即成大树，人或折其细枝，以刺屋间，连日犹在，以渐萎黄，与真木无异也。服云霜丹，而得仙去矣。

‖注释‖ 1合粉：胡守为《神仙传校释》认为当作“含粉”，“合”是“含”的讹误。 2啖：吃。 3呪：同“咒”，祝祷，施行法术念口诀。 4腹藏：胡守为《神仙传校释》认为当作“肠脏”。“腹”形近“肠”而讹误。

<解说> 南极子，名叫柳融。他会一种非常特殊的法术，就是能把一件小东西变成别的更有用的物品，而且保证变成之后的东西，就像真的一样能用。

比如，他能把粉变成鸡蛋，煮熟了之后可以吃；把鸡蛋黄挑出，鸡蛋里还剩下一点粉，把这些粉涂抹在杯子上，祝祷后就变成了乌龟，煮熟了之后也可以食用，腹部里边五脏都齐全。沾粉的杯子变成龟壳，把里面的肉取出之后，龟壳又变回了粉杯。

他能取水祝祷，水就变成了美酒，喝了之后很是醉人。

他还能挥挥手变出大树，有人攀折大树的枝条，插在自家房屋里，一连几天枝条都在，后面才慢慢地枯萎，跟真的树木枝条没有什么不同。

南极子后来服用了一种叫云霜丹的药，成仙去了。

黄卢子

黄卢子者，姓葛名起，甚能理病，若千里，只寄姓名，与治之，皆得痊愈，不必见病人身也。善气禁之道[1]，禁虎狼百虫皆不得动，飞马不得去，水为逆流一里。年二百八十岁，力举千钧，行及奔马。头上常有五色气，高丈余。天大旱时，能至渊中召龙出，催促便升天，即使降雨，数数如此。一旦，乘龙而去，与诸亲故辞别，遂不复还矣。

‖注释‖1 气禁之道：指使人或物气息停滞、不得动作之法。

<解说> 黄卢子，名叫葛起，他会一种特殊的治病方法，能千里治病，比现代的远程会诊还要神奇。远程会诊需要医生和病人视频通话，详细诊断病人的病情，才能对症下药。但黄卢子治病根本不需要这些。他只需要住得远的病人写个小纸条，把自己的姓名记在上面，然后寄过来，他收到一看，就把这个病人治好了。

黄卢子还非常擅长“气禁术”，比武侠小说里描写的点穴术还要神奇。点穴术需要近身接触别人，把手点在对方身上才行。而黄卢子能隔空施法，使个符念个咒就能禁止各种毒虫猛兽，让它们一动不动，还能让天上的飞鸟、地上的奔马都停住无法离开，能让水为他逆流一里。黄卢子年纪有二百八十岁了，还力举千钧，行如奔马，他的头顶有五彩的云气飘着，高达一丈多。他还能唤龙布雨，天大旱的时候，能到深渊中把龙召唤出来，让龙行云布雨。

有一天，他乘着龙飞去，和诸位亲友告了别之后，就再也没有回来。

卷伍

马鸣生

马鸣生者，齐国临淄[1]人也，本姓和，字君贤。少为县吏，因逐捕而为贼所伤，当时暂死，得道士神药救之，遂活，便弃职随师。初但欲求受治疮病耳，知其有长生之道，遂久事之，随师负笈。西之女几山[2]，北到玄丘山[3]，南凑[4]泸江[5]，周游天下，勤苦备尝。乃受《太清神丹经》三卷，归，入山合药，服之，不乐升天，但服半剂，为地仙矣。常居所在，不过三年，辄便易处，人或不知其是仙人也。架屋舍，畜仆从，乘车马，与俗人无异。如此展转游九州五百余年，人多识之，怪其不老。后乃修大丹，白日升天而去也。

‖注释‖ 1 临淄：齐国故城，在今山东省淄博市。 2 女几山：女几山又名花果山，在河南省，距宜阳县城五十公里，距洛阳九十公里。一说女几山在甘肃。 3 玄丘山：传说中的地名，泛指神仙居处。 4 凑（còu）：接近。 5 泸江：越南红河左岸最大支流。发源于中国云南省石屏县，流经开远市称泸江，属南盘江支流，中国境内称盘龙江，入越境称明江，汇合锦江后称泸江，在越池附近注入红河。一说泸江在安徽潜山。

<解说> 马鸣生，是齐国临淄人。他原本姓和，字君贤。马鸣生年轻的时候做县里的小吏，有一次在追捕盗贼时被盗贼所伤，当时已经死了，但有一个道士用神药救活了他。从此以后，他就放弃本职工作，跟着道士学习道术。他原本只想学会治疗疮病的办法，但自从知道真的存在长生不死的方法后，就

一直跟着师父，想要学习长生不死之道。

马鸣生跟着师父云游四方，西到女几山，北到玄丘山，南到泸江，几乎走遍了天下，也吃遍了各种苦。终于，师父将《太清神丹经》三卷传授给了他。他带着经书回来，进到大山里炼制药物，炼成之后，因为不想立刻升天成仙，所以只服用了一半，成了地仙。

他每次在一个地方不超过三年，就会换一个地方住。所以大家都不知道他是仙人。就这样过了五百多年，终于有一些人认得他了，大家都很奇怪为什么任何时候见到他都是年轻的模样。他知道瞒不住了，于是就炼制了神丹，吃了后便白日飞升了。

阴长生

阴长生者，新野[1]人也。汉阴皇后[2]之属，少生富贵之门，而不好荣位，专务道术。

闻有马鸣生得度世之道，乃寻求，遂与相见，执奴仆之役，亲运履[3]之劳。

鸣生不教其度世之道，但日夕与之高谈当世之事、治生佃农之业，如此二十余年，长生不懈怠。同时共事鸣生者十二人，皆悉归去，独有长生不去，敬礼弥肃。

鸣生乃告之曰："子真是能得道者。"乃将长生入青城山[4]中，煮黄土而为金以示之，立坛四面，以《太清神丹经》受[5]之，乃别去。

长生归，合丹但服其半，即不升天，乃大作黄金数十万斤，布施天下穷乏，不问识与不识者。周行天下，与妻子相随，举门而皆不老。

后于平都山[6]白日升天，临去时，著书九篇，云："上古得仙者多矣，不可尽论，但汉兴以来，得仙者四十五人，连余为六矣。二十人尸解，余者白日升天焉。"

抱朴子曰："洪闻谚书[7]有之曰：'子不夜行，不知道上有夜行人。'故不得仙者，亦安知天下山林间有学道得仙者耶？阴君已服神丹，虽未升天，然方以类聚，同声相应，便自与仙人相寻索闻见，故知此近世诸仙人之数尔，而俗民谓为不然，以己所不闻，则谓无有，不亦悲哉！夫草泽间士，以隐逸得志，以经籍自娱，不耀文彩，不扬声名，不循求进，不营闻达，人尤不识之，岂况仙人。亦何急急，令闻达朝阙[8]之徒，知其所云为哉？

“阴君自序云：‘维汉延光元年[9]，新野山[10]北，予受和君神丹要诀，道成去世，副之名山，如有得者，列为真人，行乎去来，何为俗间。不死之道，要在神丹。行气导引，俯仰屈伸，服食草木，可得少延，不能度世，以至天仙。子欲闻道，此是要言。积学所致，无为为神。上士闻之，勉力加勤，下士大笑，以为不然。能知神丹，久视长存。’

“于是阴君裂黄素[11]写丹经一通，封以文石之函，著嵩山；一通黄柜简[12]，漆书之，封以青玉之函，置大华山[13]；一通黄金之简，刻而书之，封以白银之函，著蜀经山[14]；一通白缣[15]书之，合为一卷，付弟子，使世世当有所传付。

“又著书三篇，以示将来，其一曰：‘唯余之先，佐命唐虞，爰逮汉世，紫艾重纡[16]。余独好道，而为匹夫，高尚素志，不事王侯。贪生得生，亦又何求。超迹苍霄，乘虚驾浮，青腰承翼[17]，与我为仇[18]。入火不灼，蹈水不濡，逍遥太极，何虑何忧。遨戏仙都，顾愍群愚。年命之逝，如彼川流，奄忽未儿，泥土为俦[19]。奔驰索死，不肯暂休。’

“其二曰：‘余之圣师，体道如贞，升降变化，松乔为邻。惟余同学，十有二人，寒苦求道，历二十春，中多怠慢，志行不勤，痛乎诸子，命也自天。天不妄授，道必归贤，身授幽壤[20]，何时可还？嗟尔将来，勤加精研，勿为俗流，富贵所牵。神道一成，升彼九天，寿同三光，何但亿年。’

"其三曰：'惟余垂发，少好道德，弃家随师，东西南北。委于五浊，避世自匿，二十余年，名山之侧。寒不遑衣，饥不暇食，思不敢归，劳不敢息。奉事圣师，承颜悦色，面垢足胝，乃见哀识。遂授要诀，恩深不测，妻子延年，咸享无极。黄金已成，货财十亿，役使鬼神，玉女侍侧。余得度世，神丹之力。'阴君留人间一百七十年，色如童子，白日升天也。"

‖注释‖ 1 新野：在今河南省西南部。汉置新野县。据传远古时南阳盆地是个湖泊，新野处在湖底，战国时湖底形成了新的平原。新野，意为新形成的田野。 2 阴皇后：这里的阴皇后可能是指阴丽华，南阳郡新野人，光武帝刘秀原配，东汉第二任皇后。也可能指东汉和帝刘肇的第一任皇后阴氏。 3 运履：提鞋，泛指伺候。 4 青城山：在今四川省都江堰市西南。 5 受：当为"授"，传授。 6 平都山：道教名山。位于重庆市丰都县城东北隅。亦称丰都名山，又作仙都山。 7 谚书：泛指讲谚语的一类书。 8 朝阙：宫阙，借指朝廷。 9 汉延光元年：延光，汉安帝刘祜的第五个年号，延光元年是公元 122 年。 10 新野山：在今河南省南阳市。但据胡守为《神仙传校释》，这里的"新野山北予"当作"新野山之子"，因为前文说阴长生接受神丹在青城山而不是新野山，阴长生是新野人，所以称"新野山之子"较为合适。 11 黄素：素，洁白的生绢。黄素指黄颜色的生绢。 12 黄柜简：据胡守为《神仙传校释》，"柜"当为"栌"，黄栌简指用黄栌木做的简。 13 大华山：大华山又名华盖山，位于今江西省乐安县境内，江南十大道教名山之一。或这里的"大华山"应作"太华山"，指今陕西省华阴县的华山。 14 蜀经山："广汉魏丛书"本作"蜀绥山"，蜀绥山在今四川省峨眉山市。 15 白缣：缣，细密的绢。 16 紫艾重纡：紫艾，指紫艾绶。纡，结。指出身富贵之家。 17 青腰承翼：青腰，同"青要"，道教紫清帝君的别号。《云笈七签》卷九："青要者，紫清帝君之别号也。"承翼，鬼神护佑，帮助。 18 仇：同"雠"，二人相当相对之意。 19 俦：伴侣。 20 身授幽壤：幽壤，指九泉之下。身授幽壤指死去。

<解说> 阴长生，新野人，是汉代阴皇后的亲戚。他出生在东汉皇帝的外戚世家，家族显赫，但他本人却不爱荣华富贵，只钻研道术。

阴长生听说马鸣生学会了道术，于是就去拜他为师，殷勤侍奉他。但是马鸣生并不教弟子们长生之道，只是天天与弟子们谈论一些政治事务、社会新闻或者种田挣钱的方法，就这么过了二十多年。马鸣生门下当时共有十二个徒弟，其他十一个人熬不住，一个个都走了，只有阴长生越发恭敬地侍奉老师。

马鸣生受到感动，终于打算教授阴长生道术。他把阴长生带到青城山里，给阴长生演示了将黄土煮成黄金的方法，又修建了一个道坛，把《太清神丹经》传授给阴长生就离开了。

阴长生回家之后，炼制成丹药，只服下一半，成了地仙，没有立即飞升。于是他又炼制成数十万斤黄金，用来救济天下穷苦百姓。阴长生带着妻子儿女周游天下，一家人都吃了丹药，不老不死，后来进入平都山白日升天。临走时，阴长生写了一部书，共有九篇，书上说："上古成仙的人太多了，难以一一计数，但是从汉朝开国以来，成为神仙的有四十五人，加上我四十六个。其中有二十人是尸解仙，其余二十六人是白日飞升成了神仙。"

抱朴子说："我听谚书上说：'你不在夜里走路，自然不知道夜间道路上也有行人。'照这样说来，那些不能成仙的人，又怎么能知道天下山林间有学习道术而成为神仙的呢？阴长生已经服用神丹，虽然没有升天，但物以类聚，人以群分，同声相应，同气相求，自然能够和仙人见面，所以他知道近代诸位仙人的数目。但俗人们却说不是这样，因为自己不曾听过，就认为这个世界上没有，不是很悲哀吗？那些隐居在草泽间的士人，以隐逸为志向，以经籍自娱自乐，不炫耀文采，不宣扬名声，不求进取，不追求闻达，人们尚且不知道他们，至于得道成仙的人，就更不必急于让闻达在朝廷的人知道他们是谁了。

"阴长生自序说：'汉延光元年（122），在新野山北面，我接受了和君的神丹要诀。道术修成，马上要离开世间，我将把这要诀留在名山，如果有能得到的人，会成为真人，快快行动吧，为什么要留在俗世呢？不死的要诀在于服用神丹。行气导引，俯仰屈伸，服食草木，只能够使寿命得到少许延长罢了，而不能够度世成为神仙。你想要学习要道，最要紧的是，要勤学积累，通过修无为法而达到神妙境界。上等的士人听说，就会勉力勤加修炼，下等的士

人听说，则会大笑，不以为然。只有知道神丹之法，才能久视长存。'

"于是阴长生将其炼丹之法写成丹经。一份是撕开黄绢写作而成，封在文石盒子里，放在嵩山；一份用黄栌简制作，用油漆写字，封藏在青玉做的盒子里，放置在大华山；一份用黄金作简，在上面刻字，封藏在白银做的盒子里，放在蜀经山；一通用白缣写作，制成一卷，传给弟子，世世代代传授了下去。

"阴长生又著书三篇，传给将来的人。其中一篇说：'我的先祖，曾辅佐唐尧虞舜，到了汉朝，我的家族地位显赫。但我却独自好道，而成为平民百姓，怀抱高尚朴素的志向，不侍奉王侯。贪求长生而得到长生，又有什么可求的呢？我遨游九霄云外，驾浮云乘虚空，青腰等神仙成为我的同伴。我入火不烧，蹈水不濡湿，逍遥太极，又有什么忧虑的呢？只是我遨游仙都的时候，怜悯那些愚人。他们生命的逝去，就像那川流时刻不停；时光匆匆而过，很快泥土就成为他们的伴侣。他们奔驰着追求死亡，一刻也不肯停下休息。'

"第二篇说：'我尊敬的师父，道法精一，他神通广大，能够上下飞行、变化万物，像松乔般长寿。我有十二个同学，刻苦求学二十年，但中途有很多人懈怠懒惰，志向不坚定。所以老师没有把道法传授给他们，这是老天所规定的命啊。老天不会随随便便传授道法给人，必须得是真正的贤人才行。凡人一朝殒命，身堕九泉之下，哪里还能再复返？希望你们将来勤奋体道，精研道法，不要被俗世富贵所牵绊。道法一旦有成，那么你们将升上九天，与日、月、星同寿，寿命何止亿万年。'

"其三曰：'我从小就喜好道德之说，抛弃了家人跟随师父，东西南北四方奔走，自绝于尘俗浊世。我避世藏匿二十多年，栖息在名山之旁，寒冷的时候顾不上穿暖衣，饥饿的时候顾不上吃东西，想家的时候不敢回，劳累的时候不敢休息。我殷勤地侍奉自己的师父，时时观察师父的脸色做事，自己保持和颜悦色，脸脏了顾不上清洗，脚底长起了茧子，终于得到师父的哀怜，将要诀传授给我。师父的恩德深不可测，使我的妻子孩子一起延年益寿，尽享无极。我制成黄金，坐拥财富亿万，能够驱使鬼神，有玉女在旁边侍候。我能够度世成仙，全是神丹的功劳啊。'阴长生在人间待了一百七十年，面色像孩童一样，后来白日升天成为神仙。"

这则故事作者葛洪直接现身说法，认为神仙实有，不能因为自己没有见到，就认为其不存在。只有勉力勤修，才能久视长存。葛洪在其所著《抱朴子内篇·金丹》中曾提到阴长生："近代汉末新野阴君，合此太清丹得仙。其人本儒生，有才思，善著诗及丹经赞并序，述初学道随师本末，列已知识之得仙者四十余人，甚分明也。"据《道学传》《云笈七签》等书记载，葛洪的岳父鲍靓从阴长生处得道诀。阴长生的活动远及巴蜀，对当地道教的兴盛影响甚深。

茅君

茅君者，名盈，字叔申，咸阳[1]人也。高祖父濛，字初成，学道于华山[2]，丹成，乘赤龙而升天，即秦始皇[3]时也。有童谣曰："神仙得者茅初成，驾龙上天升太清[4]。时下玄洲[5]戏赤城[6]，继世而往在我盈。帝若学之腊嘉平[7]。"其事载史纪[8]详矣。秦始王方求神仙长生之道，闻谣言，以为己姓符合谣谶，当得升天，遂诏改腊为嘉平，节以应之。望祀蓬莱，使徐福将童男童女，入海求神仙之药。

茅君十八岁入恒山[9]学道，积二十年，道成而归，父母尚存，见之怒曰："为子不孝，不亲供养，而寻逐妖妄，流走四方。"举杖欲击之。

君跪谢曰："某受天命，应当得道，事不两济[10]，违远供养，虽无旦夕之益，而使父母寿老，家门平安。某道已成，不可鞭辱，恐非小故。"

父怒不已，操杖击之，杖即摧折而成数十段，皆飞扬如弓激矢，中壁穿柱，壁柱俱陷。父惊，即止。

君曰："向所启者，实虑如斯，邂逅中人[11]，即有伤损。"

父曰："汝言得道，能起死人否？"

君曰："死人罪重恶积，不可复生者，即不可起也；若横受短折者，即可令起也。”

父因问乡里死者若干人，谁当可起之。君乃遂召社公[12]问之，父闻中庭有人应对，不之见也。问社公：“此村中诸已死者，谁可起之？”

众人皆闻社公对曰：“某甲可起。”

君乃曰：“促约敕所关由[13]，使发遣[14]之事须了，可掘。”

于是日入之后，社公来曰：“事已决了，便可发出。”

于是君语死者家人，掘之，发棺，出死人，死人开目动摇，但未能语，举而出之，三日后能坐，言语了了。如此发数十人，皆复生，活十岁方复死尔。

时君之弟名固，字季伟，次弟名衷，字思和，仕汉位至二千石[15]，将之官，乡里亲友会送者数百人。亲属荣晏[16]，时茅君亦在座，乃曰：“吾虽不作二千石，亦当有神灵之职，克三月十八日[17]之官，颇能见送乎？”

在座中众宾皆相然曰：“此君得道当出，众皆复来送也。”

君曰：“若见顾者，诚荷君之厚意也。但空来，勿有损费，吾当自有供给。”

至期日，君门前数顷之地忽自平治，无复寸草，忽见有青缣帐幄[18]，下敷数重白毡，容数千人，远近皆神异之。

翕然相语，来者塞道，数倍于前送弟之时也。宾客既集，君言笑延接，一如常礼。不见指使之人，但见金盘玉杯，自到人前。奇肴异果，不可名字，美酒珍馔，宾客皆不能识也。妓乐丝竹，声动天地。随食随益，人人醉饱。明日迎官来至，文官则朱衣紫带[19]，数百人；武官则甲兵旌旗，器仗耀日，千余人。

茅君乃与父母宗亲辞别，乃登羽盖车而去，麾幢幡盖[20]，旌节旄钺[21]，如帝王也。骖驾龙虎麒麟白鹤狮子，奇兽异禽，不可名识。飞鸟数万，翔覆其上。流云彩霞霏霏[22]，绕其左右。去家十余里，忽然不见，观者莫不叹息。

君遂径之江南，治于句曲山[23]。山有洞室，神仙所居，君治之焉。山下之人，为立庙而奉事之。君尝在帐中与人言语。其出入，或导引人马，或化为白鹄。人有疾病祈之者，煮鸡子十枚以内帐中。须臾，一一掷还，鸡子如旧。归家剖而视之，内无黄者，病人当愈，中有土者，不愈，以此为候焉[24]，鸡子本无开处也。

庙中常有天乐异香奇云瑞气。君或来时，音乐导从，自天而下，或终日乃去。远近居人，赖君之德，无水旱疾疠，螟[25]蝗之灾，山无刺草毒木及虎狼之厉。时人因呼此山为茅山焉。

后二弟年衰，各七八十岁，弃官委家，过江寻兄。君使服四扇散[26]，却老还婴，于山下洞中修炼四十余年，亦得成真。太上老君命五帝使者持节，以白玉版黄金刻书，加九锡之命[27]，拜君为太元真人、东岳上卿、司命真君，主吴越生死之籍，方却升天，或治下于潜山[28]。

又使使者以紫素策文[29]，拜固为定录君，衷为保命君，皆例上真[30]，故号“三茅君”焉。其九锡文、紫素策，文多不具载，自有别传。其后每十二月二日、三月十八日，三君各乘一白鹤，集于峰顶也[31]。

‖注释‖ 1 咸阳：在今陕西咸阳。 2 高祖父濛……学道于华山：《李传》记载茅盈的高祖父濛，字初成，师鬼谷先生，遂隐遁华山。《史记》卷六《秦始皇本纪》“集解”引《太原（元）真人茅盈内纪》称“盈曾祖父濛”。 3 秦始皇：秦始皇（前 259—前 210），嬴姓，赵氏，名政。公元前 247 年，秦庄襄王驾崩，被立为秦王。秦王政二十六年（前 221）灭六国后，称皇帝，是为秦始皇。 4 太清：道家三清境之一，又称太清天、大赤天。为道德天尊太上老君所居。这里泛指天界。 5 玄洲：中国神话中的地名，是虚构的仙境之地。出自西汉东方朔撰的《海内十洲记》。 6 赤城：传说中的仙境。 7腊嘉平：嘉平是腊月的别称。 8史纪：指《史记·秦始皇本纪》，“三十一年十二月，更名腊曰嘉平。”唐司马贞《索引》：“殷曰嘉平，周曰大腊，亦曰腊。”秦改从殷之旧称。 9恒山：山名，五岳中的北岳。主峰在今河北省曲阳县西北，历代王朝皆祀北岳于曲阳。明代定山西浑源之玄岳为恒山。 10两济：“广汉魏丛书”本作“两遂”。 11邂逅中人：邂逅，不经意。中人，伤人。 12社公：土地神。 13关由：通过，经由。 14发遣：打发，使离去。 15二千石：本指汉代官员俸禄，又借指受此俸禄的官员。《李传》云：“衷为五官大夫、西河太守，固为执金吾。”汉代太守官俸为二千石，即月俸百二十斛，一岁实得一千四百四十石。执金吾官俸为中二千石，即月俸一百八十斛，一岁凡得二千一百六十石。 16荣晏：设宴欢送。 17三月十八日：“广汉魏丛书”本作“某月日”，《李传》作“来年四月三日”。 18青缣帐幄：缣，细绢。这里指青色细绢做的帐幕。 19朱衣紫带：据胡守为《神仙传校释》，古代低级官员以紫带为装束，“广汉魏丛书”本作“素带”，素带为古代大夫以上的装束，这里的“紫带”或为“素带”之误。 20麾幢幡盖：麾，古代指挥用的旌旗。幢，古称旗子一类的东西。幡，一种用竹竿等挑起来垂直挂着的长条形旗子。盖，有遮蔽作用的东西，伞。 21旌节旄钺：旌，古代一种旗杆顶上用彩色羽毛装饰的旗子。节，古代出使外国所持的凭证。旄，古代用旄牛尾装饰的旗子。钺，古代兵器，更多作为仪卫使用。 22霏霏：雨雪烟云盛密貌，泛指浓密盛多。 23句曲山：道教名山茅山的别称。茅山，原名地肺山，也称句曲山，位于中国江苏省镇江市句容市。相传汉茅盈与其弟固、衷修道于此，故又称茅山。 24内无黄者……以此为候焉：《太平御览》卷九二八《鸟卵》引《神仙传》云，“其中无黄者并差，有黄者不愈，常以此为候。” 25螟：昆虫，一般指水稻钻心虫。广义指各种钻心的蛾类幼虫。 26四扇散：《云笈七签》卷七七《黄帝四扇散方》称，“黄帝受风后四扇散方，却老还少之道者也。我（茅盈）昔受于高丘先生，今以相传耳。” 27九锡之命：中国古代皇帝赐给诸侯、大臣有殊勋者的九种礼器，是最高礼遇的表示。锡，通“赐”，九种特赐用物分别是车马、衣服、乐县、朱户、纳陛、虎贲、斧钺、弓矢、秬鬯。 28潜山：在今安徽省安庆市潜山市。 29策文：策命文书。 30上真：天宫中修炼成真的神仙，意为真仙。 31其后每十二月二日……集于峰顶也：《李传》云，“于是盈与二弟诀别……到赤城玉洞之府。……临去告二弟曰：‘吾今去矣，便有局任，不得复数相往来，旦夕相见。要当一年，再过来于此山，三月十八日、十二月二日期要吾师及南岳太虚赤真人，游盼于二弟之处也。’”又云：“父老歌曰：‘茅山连金陵，江湖据下流。三神乘白鹄，各治一山头。’”

<解说> 我们都听说过“茅山道士”的名声，很多小说和影视剧讲的就是茅山道士降妖捉鬼的故事。而所谓“茅山道士”不是指某一个人，而是指所有道教“茅山宗”的传人。道教茅山宗的起源可以追溯到汉代的“三茅”兄弟。《神仙传》这篇就讲了三茅兄弟的故事。

茅盈，字叔申，陕西咸阳人。高祖父茅濛，字初成，在华山学习道术，神丹炼成，乘着赤龙升天，这是在秦始皇的时候。有童谣说：“有个得道成仙的人叫茅初成，他驾着龙飞到了天界。茅初成时常下凡在玄洲和赤城游历，继承他的后代乃是茅盈。若有帝王要学习的，应该改腊月为嘉平。”这件事详细地记载在《史记》里。当时秦始皇正寻求神仙长生的法门，听到谣言，认为自己的姓氏符合歌谣谶语，应当能够升天，于是下诏改腊月为嘉平，来应验谶语。他向着蓬莱祭祀，派遣徐福带着童男童女，到东海求取仙药。

茅君十八岁的时候进入恒山学习道术，学了二十年，道术有成才归来。当时父母见到他很生气，说：“你作为儿子很不孝顺，不亲自供养父母，反而追逐寻找成仙等妖妄的事情，流浪行走在四方。”父亲举起木杖想要打他。

茅君跪下谢罪说：“我接受了天命，应当得道成仙，事情不能两全其美。我远远地离开没有供养你们，虽然没有日夜守护在身边，但我让你们长寿，让家门平安。现在我已经学道成功，不可以鞭打侮辱我，此事非小，恐有意外发生。”

他的父亲怒不可遏，拿着木杖打他，木杖就断成了几十截，如弓箭一般飞射而出，射在墙壁上、穿透了柱子，陷在墙壁和柱子里。父亲十分吃惊，这才停止。

茅君说：“我先前告诉你们，就是怕发生这种事，万一碰到别人，就会有伤损。”

父亲说：“你说你得道了，能让死人复活吗？”

茅君说：“如果死者是罪恶深重、不应该复生的，就不能让他复活；如果是突然遭受灾难夭折短命的，我可以让他活过来。”

父亲问他死去的乡人中，谁是可以复生的，茅君便召唤土地公前来相问。父亲听到庭院中有人应对的声音，却看不见人。茅君问土地公：“这个村子里诸多已经死了的人，谁是可以复生的？”

众人都听见土地公说：“可以让某某活过来。”

茅君于是说：“那你便快去办理相关事宜，之后就可以掘墓开棺了。”

太阳落山之后，土地公来回话：“事情已经完毕，可以挖出来了。”

茅君于是通知死者家人，挖掘坟墓，打开棺材，抬出死人，见死人睁开眼睛会活动了，只是还不能开口说话。把他弄出来后，三天的时间已经能坐起来，言语如常。就这样挖出几十个人，茅君复活了他们。这些人又活了十年才死。

茅君的弟弟名固，字季伟，二弟名衷，字思和，在汉朝做官至二千石。将要赴任，乡里的亲友送别的有几百人，亲属宴会的时候，茅君也在场，说：“我虽然不做二千石，但也会有神仙的职位，在三月十八日那一天上任，到时大家能来送我吗？”

在座的宾客都说：“你得道成仙出外做官，到时我们会再来相送的。”

茅君说：“如果能得到你们的欢送，真的承蒙厚意了。只是你们来的时候一定要空手，不要有什么损费，到时我自然会有供给给大家。”

到了那一天，茅君门前数顷的土地忽然平整得像修理过一样，没有寸草生长，只看见青色缣布做成的帐篷，下面铺着好几重白毡，可以容纳上千人，远近的人都感到很神奇。

前来送行的人熙熙攘攘互相说着话，塞满了道路，是之前送别弟弟时候的几倍。宾客聚集之后，茅君说说笑笑地迎接，尽着普通人的礼节。大家看不见指挥的人，只看见金盘玉杯，自然地到达人们身前。奇珍异果，美味酒食，大家闻所未闻见所未见，没人叫得出名字。歌姬们演奏音乐丝竹的声音，震动天地。宾客们随时吃掉食物，食物随时就添加上来，每个人都吃饱喝足。第二天迎接茅君的官员来到，文官穿着红色衣服结着紫色腰带，有几百人；武官穿着盔甲拿着兵器旌旗，器仗的光芒照耀天日，有上千人。

茅君于是拜别父母亲朋，登上羽毛装饰的车离去，各种旗帜和兵器罗列，好像帝王出行。仙人们驾着龙虎麒麟白鹤狮子，各种奇禽异兽，叫不出名字来。有数万飞鸟，盘旋覆遮在上空。流动的云朵发出五彩的霞光，浓密地笼罩在左右。茅君一行人离家十余里，忽然就消失不见了，众人见状，没有不赞叹的。

茅君径直到江南，治理句曲山。山上有山洞石室，是神仙所居住的地方，茅君便安顿在这里，山下的人为他建立了庙宇侍奉他。茅君常常在帷帐里跟人说话。他出入的时候或者有人马在前导引，或者自己变成白鹄。人们患了疾病祈求，就煮上十枚鸡蛋放在帷帐里，不一会儿鸡蛋就被一一扔回来，与先前一模一样。祈求之人回到家把鸡蛋打开一看，如果里面没有蛋黄，病人就会痊愈，如果里面有泥土，病人就不会痊愈。大家看病就以这个作为症候，鸡蛋被扔回来的时候是没有开口的地方的。

庙里常常有天乐异香奇云瑞气，茅君来的时候，有音乐导引，他从天上落下，有时待上一整天才离去。远近的居民，仰赖茅君的功德，从来没有水旱疾病瘴疠，没有螟蝗的灾害，没有刺毒草木和虎狼等野兽的伤害。当时的人都把这座山叫作茅山。

后来茅君的两个弟弟年纪衰老，到七八十岁了，便抛弃官职和家庭，过江来找哥哥。茅君让他们服下四扇散，返老还童。两人在山下洞中修炼了四十多年，也都成为了真人。太上老君命令五帝使者拿着符节，用白玉版黄金刻字，加给茅君九锡之命，拜茅君为太元真人、东岳上卿、司命真君，让他主管吴越之地生死的簿籍。茅君于是暂时推迟升天，留在潜山治理。

太上老君又派使者用紫素策文，拜茅固为定录君，茅衷为保命君，分例都属于上真，所以世人称他们为“三茅君”。关于他们的九锡文和紫素策，文中没有具体记载，自然有别的传记记载他们的故事。自那之后，每年的十二月二日、三月十八日，“三茅君”都会各自乘着一只白鹤，聚集在峰顶。

在宋代，“三茅”得到皇帝封号。崇宁元年（1102），宋徽宗封大茅君为“太元妙道真人东岳上卿司命神君”，中茅君为“定禄右禁冲静真人”，小茅君为“三官保命冲惠真人”。淳祐九年（1249），宋理宗加封大茅君为“太元妙道冲虚圣佑真君东岳上卿司命神君”，中茅君为“定禄右禁至道冲静德佑真君”，小茅君为“三官保命微妙冲惠仁佑真君”，总称“三茅真君”。

茅山后来的影响很大，东晋时上清派祖师杨羲、炼丹家葛洪都在茅山修炼过。南齐的时候，陶弘景也来到这里修道，写作了《真诰》《登真隐诀》《真灵位业图》等道经，广收徒弟，弘扬道法。后来茅山道士的影响慢慢扩大，发展成了道教“茅山宗”（上清派的正式名称），陶弘景是道教“茅山宗”的祖师爷。直到现在，茅山道士的故事还广为人道。

张道陵

天师张道陵，字辅汉，沛国丰县[1]人也。本太学[2]书生，博采五经[3]。晚乃叹曰："此无益于年命。"遂学长生之道，得《黄帝九鼎丹经》[4]，修炼于繁阳山[5]。丹成服之，能坐在立亡[6]，渐渐复少。后于万山[7]石室中，得隐书秘文及制命[8]山岳众神之术，行之有验。

初，天师值中国纷乱，在位者多危，退耕于余杭[9]。又汉政陵迟[10]，赋敛无度，难以自安，虽聚徒教授，而文道凋丧，不足以拯危佐世。陵年五十，方退身修道，十年之间，已成道矣。

闻蜀民朴素可教化，且多名山，乃将弟子入蜀，于鹤鸣山[11]隐居。既遇老君[12]，遂于隐居之所，备药物，依法修炼，三年丹成，未敢服饵[13]。

谓弟子曰："神丹已成，若服之，当冲天为真人，然未有大功于世，须为国家除害兴利，以济民庶，然后服丹即轻举，臣事三境[14]，庶无愧焉。"老君寻遣清和玉女[15]，教以吐纳[16]清和之法，修行千日，能内见五藏，外集外神[17]，乃行三步九迹[18]，交乾履斗，随罡所指[19]，以摄精邪，战六天魔鬼[20]，夺二十四治[21]，改为福庭[22]，名之化宇，降其帅为阴官。

先时蜀中魔鬼数万，白昼为市，擅行疫疠，生民久罹其害，自六天大魔推伏之后，陵斥其鬼众，散处西北不毛之地，与之为誓曰：“人主于昼，鬼行于夜，阴阳分别，各有司存，违者正一有法，必加诛戮。”于是幽冥异域，人鬼殊途。今西蜀青城山，有鬼市，并天师誓鬼碑[23]，石天地、石日月[24]存焉。

‖注释‖ 1沛国丰县：沛国，地名，故城在今江苏省。丰县，在今江苏省徐州市丰县。 2太学：古代设置在京城的最高学府。 3五经：指《诗》《书》《礼》《易》《春秋》五部经典。 4《黄帝九鼎丹经》：道家炼丹经典，具体不详。《云笈七签》卷一〇〇《轩辕本纪》云：“黄帝炼九鼎丹。” 5繁阳山：在今四川新都县南十五里。 6坐在立亡：道家的变化术，指能凭空隐身不见。 7万山：在今郑州荥阳市，属于中岳嵩山的余脉，被称为“中原之首山，嵩山之尾山”。据胡守为《神仙传校释》，此处的“万山”为“嵩山”之讹误，嵩山在今河南登封北。 8制命：敕命，管理辖制。 9余杭：在今杭州市北部。 10陵迟：败坏，衰败。 11鹤鸣山：又名鹄鸣山。在四川大邑县城北十五公里。属岷山山脉，海拔一千米，山势雄伟，林木繁茂，双涧环抱，形如展翅欲飞的玄鹤。这里为东汉张道陵创立道教的发源地，也是著名的风景游览区和避暑胜地。自张道陵在此创立道教以来，道教中有名望者如五代杜光庭、北宋陈希夷、明代张三丰等都曾修炼于此。 12老君：指太上老君。 13服饵：服食丹药。道家养生延年术。 14三境：道家术语，指大罗天一气所化的天界，为三洞教主所居的最高仙境，即清微天玉清境，禹余天上清境，大赤天太清境。 15清和玉女：玉女，道家传说之仙女。清和，指其修炼法或名号。 16吐纳：吐故纳新，导引之法。 17内见五藏，外集外神：五藏即五脏。道家的修炼方法，指集中精神，闭目存想身内之五脏六腑，收束流于外界的精神。 18三步九迹：醮坛术语。禹步的一种。或道教召役神灵的一种方术。《云笈七签》卷六一《服五方灵气法》：“诸步罡起于三步九迹，是谓禹步。” 19交乾履斗，随罡所指：又称步罡履斗。罡乃北斗星座之斗柄，斗指北斗星。即是说作三步九迹时，按罡斗位置行步。指一种施展法术的时候需要踏的步法。 20以摄精邪，战六天魔鬼：摄，伏也。精邪，指鬼怪。六天，陶弘景《真诰·阐幽微第一》中讲道，罗酆山在北方癸地，山上有六宫，洞中有六宫，是为六天，鬼神之宫也。山上为外宫，洞中为内宫。第一宫名为纣绝阴天宫，第二宫名为泰煞谅事宗天宫，第三宫名为明晨耐犯武城天宫，第四宫名为恬昭罪气天宫，第五宫名为宗灵七非天宫，第六宫名为敢司连宛屡天宫。洞中六天宫名亦同。 21 二十四治：治，原指办公地点。这里指二十四个鬼神署所。 22 福庭：指神仙所居之处。 23 誓鬼碑：《蜀中广记》卷六“灌县”引《五岳真形图》云，“（青城山）洞天所在之处……两边悬崖俯临不测，山旁有誓石，天师张道陵与鬼兵为誓，朱笔画山，青崖中绝，今验断处，石并丹色，阔二十丈，深六七丈，望之赩然也。” 24 石天地、石日月：《蜀中广记》卷六“灌县”云，“又有石日月，日在延庆观东北，月在溪西崖中，并径五尺六寸半，一曰石天地，天形有十二角，地形正方，阔六七尺，或云即誓鬼坛也。”

<解说> 张道陵，号称张天师，字辅汉，沛国丰县人。他本来是太学书生，博学五经，到了晚年叹息说：“这些对于延年益寿没有用处。”于是开始学习长生之道。张道陵得到《黄帝九鼎丹经》，在繁阳山修炼，丹成之后服用，会隐身术，渐渐变得年轻。后来在万山石室中，他又得到隐书秘文和辖制山岳众神的法术，施行之后有效果。

起初，张道陵看到朝中政局纷扰混乱，在位的人多危险，于是退耕于余杭。当时汉朝政治败坏，赋税聚敛没有节制，百姓难以安居乐业，他虽然聚集徒弟教授学问，但文道凋敝，教学已经不能够拯救危险的世道、辅佐世间使之安定。他五十岁的时候才退身修道，十年之间已经炼成。

张道陵听说蜀地民众朴素，可以教化，而且那里多名山大川，于是带着弟子进入蜀地，在鹤鸣山隐居。后来遇见太上老君，于是在隐居的地方准备药物，依照方法修炼，三年之后神丹炼成，只是未敢服用。

张道陵对弟子们说：“如今神丹已经炼成，如果服用，会立刻升天、成为真人。但我还没有在人世间立大功，必须为国家消除祸害，兴办有利的事情，救济民众，才能服用丹药轻举升天，然后在天界任职，那样就无愧了。”老君不久就派遣清和玉女，教给他吐纳清和的法术，他修行了一千天，已经能看自己体内的五脏，聚集散落在外的精神。于是他继续行三步九迹等禹步之法，交乾履斗，随罡所指，以收服鬼怪，战胜六天魔鬼，夺取他们的二十四治，改为庭，取名为化宇，斥降他们的元帅为阴官。

先前蜀地的魔鬼成千上万，白天也聚集在一起，肆意散播疫病瘴疠，当地民众长时间遭受他们的祸害。自从六天大魔被张道陵打败收服之后，张道陵斥退他们的鬼众，散于西北不毛之地，和他们定下誓约说："人掌管白天，鬼则在夜间行走，阴阳分别开，各有其掌管和存在的地方。若有违背，正一有法度，必然加以诛杀。"从此以后幽冥和人间分开，人和鬼处在不同的地方。现在西蜀的青城山仍然存在鬼市，以及张天师的誓鬼碑和石天地、石日月。

张道陵张天师是一位很出名的道教人物，"张天师捉鬼"的事迹流传很广。不过也有人说，事实是当时四川一带，有一些人信奉原始巫教，巫教法师们假借教派祭祀活动等名目，大肆搜刮钱财，欺压老百姓，无恶不作。张道陵听到这个事情，就带领王长、赵道一等弟子，施展神通法术降服了这些巫师们，四川一带才恢复了平静。所谓张道陵大战众鬼的故事其实是从这个事情衍生出来的。

据说张道陵打败"众鬼"，恢复人间秩序之后，四川人民非常感谢他、爱戴他，都愿意听他的话。于是张道陵广收门徒，设立二十四治，也就是二十四个传教中心，治病消灾，教化和保护当地老百姓。后来上天知道了张道陵的功德，就派太上老君来封他为"正一天师"。张道陵创立的教派叫作"正一盟威道"，简称"正一道"。由于想加入教派的必须交五斗米，所以"正一道"也叫"五斗米道"。又因为张道陵被封为"张天师"，所以人们也把"正一道"叫"天师道"。

栾巴

栾巴，蜀人[1]也。太守请为功曹[2]，以师事之。请试术，乃平生入壁[3]中去，壁外人叫虎狼[4]，还乃巴也。迁豫章[5]太守，有庙神，能与人言语。巴到，推社稷[6]，问其踪由。乃老[7]往齐为书生，太守以女妻之，生一男。巴往齐，敕一道符，乃化为狸。

巴为尚书[8]，正旦，会群臣，饮酒，巴乃含酒起，望西南噀[9]之，奏云："臣本乡成都市失火，故为救之。"帝驰驿往问之，云："正旦失火，时有雨自东北来灭火，雨皆作酒气也。"

故[10]终日不违如愚，若无所得而愚，是乃物之块然[11]者也。士大夫学道者多矣，然所谓八段锦[12]六字气[13]，特导引吐纳而已，不知气血寓于身而不可扰，贵于自然流通，世岂复知此哉？虽日宴坐[14]，而心骛于外，营营然如飞蛾之赴宵烛，苍蝇之触晓窗，知往而不知返，知就利而不知避害。海鱼有以虾为目者[15]，人皆笑之，而不知其故。昼非日，不能驰；夕非火，不能鉴。故学道者，须令物不能迁其性。冶容曼色，吾视之与嫫母同；大厦华屋，吾视之与茅茨[16]同。澄心清净，湛然而无思时，导其气，即百骸皆通。抱纯白[17]养太玄[18]，然后不入其机[19]，则知神之所为，气之所生，精之所复，何行而不至哉？所著百章，发明道秘，要眇[20]深切，迷途之指南也。

‖注释‖ 1蜀人："广汉魏丛书"本作"蜀郡成都人"。 2功曹：古代官职名。亦称功曹史，为郡守、县令的主要佐吏。主管考察记录业绩。 3平生入壁："广汉魏丛书"本作"平坐入壁"。"生"形近"坐"而讹误。 4壁外人叫虎狼：《云笈七签》卷一〇九引《神仙传》"栾巴"条云，"须臾失巴而闻壁外作虎声，而虎走还功曹舍，人往视虎，虎乃巴成也"，可以帮助理解这句话，大概意思是墙壁外的人们发现栾巴变成了老虎。 5豫章：治所在今江西南昌市。 6推社稷："广汉魏丛书"本作"推问山川社稷"，大概意思是栾巴与庙神讨论山川社稷之事。 7老："广汉魏丛书"本作"走"，"老"形近"走"而讹误。 8尚书：汉成帝最初设置尚书四人，分为四曹，常侍曹尚书主公卿事；二千石曹尚书主郡国二千石事；民曹尚书主凡吏上书事；客曹尚书主外国夷狄事。后来尚书职掌有多变化，这里"尚书"不知具体指何职掌。 9噀（xùn）：含在口中而喷出。 10"故"字以下的一段话似与上文不相接，不知从何而出。 11块然：木然无知。 12八段锦：我国具有悠久历史的一种健身方法。旧题晋许逊述的《灵剑子导引子午记》和宋曾慥辑的《道枢》都有记载。以南北人体质的不同，有文八段武八段之别。文八段为静坐服气之法，包括：一、叩齿集神，二、摇天柱，三、舌搅漱咽，四、摩肾堂，五、单开辘轳，六、左右辘轳，七、左右按顶，八、钩攀。此法与十二段锦同源异流。武八段：一、两手擎天理三焦，二、左右开弓似射雕，三、调理脾胃须单举，四、五劳七伤望后瞧，五、摇头摆尾除心火，六、背后七颠百病消，七、攒拳努目增气力，八、两手攀足固肾腰（见梁世昌《易筋经图说》附录）。宋洪迈《夷坚乙志·八段锦》："尝以夜半时起坐，嘘吸按摩，行所谓八段锦者。" 13六字气：指吹、呼、唏、呵、嘘、呬六字气诀，道教自我保健疗法。 14宴坐：指寂然安息而坐。 15海鱼有以虾为目者：《说郛》卷七上引《谭子化书》"海鱼"云，"海鱼有以虾为目者，人皆笑之，殊不知古人以囊萤为灯者，又不知昼非日之光，则不能驰，夜非烛之明，则有所欺。观傀儡之假而不自疑，嗟朋友之逝而不自悲，贤与愚莫知，唯抱纯白，养太玄者，不入其机。"大概意思是自身需假借外物是很可悲的，重要的是修炼自身，使心性自得。 16茅茨：茅草盖的屋顶，亦指茅屋。 17纯白：洁白无瑕，这里指心无杂念，不为外物所染。 18太玄：道教的一种浑然自化的修炼境界。 19机：这里当指机心，巧诈贪求之心。《淮南子·泰族训》云："巧诈藏于胸中，则纯白不备；而神德不全矣。" 20 要眇（miǎo）：亦作"要妙"，精深微妙。

<解说> 栾巴，蜀地人。太守请他做功曹，以师父的礼节侍奉他。有一次太守请他演示一下法术，栾巴就平身正坐下去，慢慢进入了墙壁中。墙壁外的人都喊老虎，等到老虎回来，一看原来是栾巴。后来栾巴迁为豫章太守，豫章有一个庙神，能跟人说话，栾巴到了之后，询问他山川社稷的事情，问他究竟是什么人，从哪里来的。于是庙神前往齐郡做书生，齐郡太守把女儿嫁给他，生了一个男孩。栾巴到齐地，制作了一道符命令书生，书生于是现出原形，原来是一只狸猫。

栾巴在尚书任上，有一次，正月初一的时候，皇帝宴会群臣，大家正喝着酒，栾巴竟然含着一口酒站起来，猛地往西南方向喷出，随后上奏皇帝："臣故乡成都市失火了，所以才喷酒救火。"皇帝派使者骑着马去探查，回禀道："正月初一那天成都失火的时候，有一阵从东北方向来的雨浇灭了火，那雨竟然有酒的味道。"

所以，每天勤加修炼，不违背道，看上去像个愚人，如果是因无所收获而显得愚笨，这正是万物木然无知之处所在了。士大夫学道的人有很多，然而所谓的八段锦六字气，只是导引吐纳而已，他们并不知道气血寄寓在身体里不可扰乱，贵在自然流通。世人哪能知道这个呢？虽然每日安然坐着，但心里却想着千里外的事情，经营世俗的样子就好像飞蛾在扑向烛火，苍蝇在触碰窗户，知道去却不知道回来，知道追逐利益却不知道躲避祸害。海鱼有用虾作为眼睛的，人们都笑话它，但人们却不知道自己的可笑。白天如果没有太阳，就不能飞驰；夜晚没有烛火，就不能看东西。所以学道的人，必须使外物不改变他的本性。那些美丽妖冶的姿色，我看她们就和嫫母一个样；高大华丽的屋子，我看它们就和茅屋一个样。在心灵澄净清爽、湛然没有思虑时导引气体，则四肢百骸气血将立刻通畅。抱着单一纯净的心思，修炼内心的太玄境界，然后才能不进入机关巧诈。这时就知道神明所作，气息所生，精神所复，哪里会达不到呢？

栾巴的事迹见于南朝宋范晔《后汉书》卷五十七，该书称他为内黄（今属河南）人，今内黄县境内有其墓庙。据《后汉书》记载，栾巴本是宦官，但是好道，且有才学。因为净身不完全，他请辞了宦官的职务，后来被升了官，直至做到尚书，后因上书汉顺帝修建陵墓一事而得罪梁太后，被禁锢在家二十多年。至汉灵帝时栾巴又被启用，做了议郎，但在宦官集团和当朝大臣的斗争中受牵连，被贬为永昌太守。他称病不去赴任，并上书为被杀的大将军窦武和太傅陈蕃鸣冤，惹恼了汉灵帝，汉灵帝下令把他交给廷尉处理。栾巴最终被逼自杀。《后汉书》虽然提到栾巴“素有道术，能役鬼神”，记载了他做豫章太守的时候，捣毁了当地的一些祭祀山川鬼怪的庙宇，处理了一些巫师，但并没有记载他有什么神异之事。本篇中的追杀狸妖和喷酒灭火之事，当为后人增演的传说。

“广汉魏丛书”本《神仙传》“栾巴”篇文字和此《四库全书》本有较大不同，详细讲述了栾巴捉拿狸妖的经过，但没有末一段的议论文字。

卷陆

淮南王

淮南王安，好神仙之道，海内方士从其游者多矣。

一旦，有八公诣之，容状衰老，枯槁伛偻[1]，阍者[2]谓之曰："王之所好，神仙度世，长生久视之道，必须有异于人，王乃礼接。今公衰老如此，非王所宜见也。"拒之数四，公求见不已，阍者对如初。

八公曰："王以我衰老不欲相见，却致少年，又何难哉？"

于是振衣整容，立成童幼之状，阍者惊而引进。王倒屣而迎之，设礼称弟子，曰："高仙远降，何以教寡人？"

问其姓氏，曰："我等之名，所谓文五常、武七德、枝百英、寿千龄、叶万椿、鸣九皋、修三田、岑一峰也。各能吹嘘风雨，震动雷电，倾天骇地，回日驻流，役使鬼神，鞭挞魔魅，出入水火，移易山川。变化之事，无所不能也。"

时王之小臣伍被，曾有过，恐王诛之，心不自安，诣阙告变，证安必反。武帝疑之，诏大宗正[3]持节淮南[4]，以案[5]其事。

宗正未至，八公谓王曰："伍被人臣，而诬其主，天必诛之，王可去矣。此亦天遣王耳，君无此事，日复一日，人间岂可舍哉？"

乃取鼎煮药，使王服之，骨肉近三百余人，同日升天，鸡犬舐药器者，亦同飞去。八公与王驻马于山石上，但留人马踪迹，不知所在。

宗正以此事奏帝，帝大懊恨，命诛伍被。自此广招方士，亦求度世之药，竟不得。

其后，王母降时，授仙经，密赐灵方，得尸解之道。由是茂陵[6]玉箱金杖，丹出人间[7]，《抱犊》道经，见于山洞[8]，亦视示武帝不死之迹耳。

‖注释‖ 1伛（yǔ）偻（lǚ）：特指脊梁弯曲，驼背。 2阍者：古代负责看守门户的人。 3宗正：秦至东晋掌管皇帝亲族或外戚勋贵等有关事务之官。 4淮南：指淮河以南、长江以北的地区。今特指安徽省中部。 5案：通“按”。查办；审理。 6茂陵：汉武帝刘彻的陵墓，位于陕西省咸阳市兴平市。 7玉箱金杖，丹出人间：《汉武帝内传》云，“帝冢中先有一玉箱，一玉杖，此二物是帝所蓄用者，忽出在世间。”“丹”是“忽”之讹误。 8《抱犊》道经，见于山洞：抱犊山在今河北获鹿。《汉武帝内传》云：“（武）帝未崩时，先诏以杂书四十余卷常所读玩者，是随身敛于棺内。至延康二年，河东功曹李友，入上党抱犊山采药，于岩室中得瘗所之书。盛巽金箱，书卷后题东观臣姓名，记书日月，武帝时也。”

<解说> 淮南王刘安（前179—前122）是汉高祖刘邦的孙子，淮南厉王刘长的儿子，在汉文帝十六年（前164）被封为淮南王。淮南王刘安非常有才学，他曾召集宾客和方术之士数千人，编写了一部思想巨著《淮南鸿烈》，也叫《淮南子》。《淮南鸿烈》分为《内篇》二十一卷，主要讲述哲理，《外篇》三十三卷，内容较杂，又有《中篇》八卷，专门讲神仙黄白之术。可惜这部书流传到现在，只能看到《内篇》二十一卷了。这部书以道家思想为主，兼采儒、法、阴阳等各家学说。特别值得一提的是，其《中篇》篇目有《枕中》《鸿宝》《苑秘书》《重道延命方》《淮南万毕》《淮南变化术》《淮南中经》，可以看出淮南王和他的门客对道经和道家养生之术颇有研究。也许正是因为这个缘故，远在几百年后的道士葛洪就把淮南王刘安想象成了一个最终修炼成仙的人。但历史的真相并没有这么美好，据《史记·淮南衡山列传》记载，淮南王刘安最终因谋反被诛，在使者到来之前自刎而死，其后荼、太子刘

迁和所有参与谋反的人都被满门抄斩。我们来看看葛洪《神仙传》是如何记载这段历史的：

据说淮南王刘安，喜好神仙道术，招揽了很多海内方士，跟着他研究道术。

有一天，有八位老公公前来拜访，他们看起来非常衰老，面容枯槁憔悴，佝偻着身子。看门人对他们说："王所喜好的是神仙度世、长生不老的道术，想要见王的人必须有异于常人的地方，王才以礼接待呢。你们老成这样，明摆着不会长生不老的法术嘛，你们不是王想要见的人。快走，快走！"看门人赶了很多次，八公怎么也不肯离开，偏要求见王，但看门人牢牢把守住大门，不让他们进去。

八公说："王不过是因为我们衰老才不肯相见，要想让我们变成翩翩少年有什么难的呢？"

于是八公整理衣裳容貌，立刻变成了孩童的样子，看门人大吃一惊，赶紧把他们引进去。王倒穿着鞋子出来迎接，以礼相待，自称弟子，说："高贵的仙人不远万里而来，不知有什么能教导我的呢？"

王问他们的姓氏，他们说："我们叫文五常、武七德、枝百英、寿千龄、叶万椿、鸣九皋、修三田、岑一峰。我们各个能吹气呼风唤雨，震动雷电，惊骇天地，使太阳返回，使流水停驻，役使鬼神，鞭挞妖魔，出入水火之中，移动山川。各种变化的事情，没有什么不能的。"

当时王有一个小臣叫伍被，曾经犯错，害怕王诛杀他，于是到朝廷告发刘安，说刘安一定会谋反。汉武帝于是怀疑王，下诏让大宗正拿着符节到淮南调查这件事。

宗正还没到的时候，八公对王说："伍被作为人臣，却诬陷自己的主子，上天一定会诛杀他，王您可以离去了。这也是上天的安排啊，如果没有这件事情，日复一日地，您哪里舍得这花花世界、美好人间啊？！"

于是八公拿出鼎煮熬药物，让王服下。王的骨肉亲属将近三百多人，在同一天升天，鸡犬舔舐装药物器皿的，也一起飞升而去。这就是"一人得道鸡犬升天"成语的由来。八公和王曾把队伍停在山石上，但人们去看的时候，只留下人马的痕迹，不知道他们去了哪里。

宗正把这件事上奏给武帝，武帝非常懊悔，下令诛杀了伍被，并且从这件事之后开始广泛招纳方士，寻求度世的药物，最终还是没有得到。

后来王母下凡的时候，传授给武帝仙经，秘密赐给他灵方，于是武帝得到了尸解之道。因为茂陵玉箱金杖丹曾经在人间出现，《抱犊道经》也在山洞里面被发现，从中可以看到武帝不死的痕迹。

晋代干宝《搜神记》卷一《淮南八公》记载：八公来找淮南王的时候，淮南王还高兴地作了一首歌："明明上天，照四海兮。知我好道，公来下兮。公将与余，生羽毛兮。升腾青云，蹈梁甫兮。观见三光，遇北斗兮。驱乘风云，使玉女兮。"这首歌叫《淮南操》。

李少君

李少君，字云翼，齐国临淄[1]人也。少好道，入泰山采药，修绝谷遁世全身之术，道未成而疾，困于山林中。遇安期先生[2]经过，见少君，少君叩头求乞活，安期愍其有至心，而被病当死，乃以神楼散[3]一匕[4]与服之，即起。

少君于是求随安期，奉给奴役使任，师事之。安期将少君东至赤城[5]，南至罗浮[6]，北至大垣[7]，西游玉门[8]，周流五岳，观看江山，如此数十年。

安期一旦语之："我被玄洲[9]召，即日当去，汝未应随我至彼，今当相舍去也。复六百年，当迎汝于此。"因授《神丹炉火飞雪》之方[10]，誓约口诀毕。须臾，有乘龙虎导引数百人迎安期，安期乘羽车而升天也。少君于是还斋戒[11]，卖于市，商估[12]六国，或时为吏，或作师医治病，或时煦赁[13]，易姓改名，游行处所，莫知其有道。

逮汉武帝之时，闻帝招募方士，特敬道术，而先贫不办合大药，喟然长叹，语弟子曰："老将至矣，死将近矣，而财不足用，躬耕力作，商估求钱，必不致办合药，又吾亦羸，拙于斯事也。闻天子好道，请欲见之，求为合丹，可得恣意，无求不得，天子中成者成之，不中教者便舍去。吾在世上已五百余年，而不为一权者，必不免于虫蚁之粮矣。”

乃以方上武帝，言：“臣能凝汞成白银，飞[14]丹砂成黄金，金成服之，白日升天，神仙无穷，身生朱阳之羽，体备圆光之翼[15]，耸则凌天，伏入无间[16]；控飞龙而八遐[17]已遍，驾白鸿而九陔[18]立周。冥海之枣大如瓜，钟山之李大如瓶[19]，臣已食之，逮先师安期先生授臣口诀，是以保黄物之可成也。”于是引见，甚尊敬之，赐遗无数，为立屋地。武帝自谓必能使我度世者。

少君尝从武安侯[20]饮酒，坐中有老人，年九十余，少君言与其祖父游射处，老人为小儿，时从其祖父，识有此人，一座尽惊。少君见武帝有故铜器，少君望而识之曰：“昔齐桓公[21]尝陈此器于柏寝[22]。”帝按其刻，果齐桓公器，乃知少君数百岁人也。然视之常时年五十许人，面色甚好，肌肤悦泽，尤有光华。眉目口齿，似十五童子，诸侯王贵人闻能令其人不死，老更少壮，馈遗之金钱无限，乃密作神丹，丹成未服，又就帝求《五帝六甲左右灵飞》之书凡十二事[23]。

帝以元封四年[24]七月，以书授少君，到元封六年九月，少君称疾，上表云：“陛下思心玄妙，志甄长生，于是招访道术，无远不至，精诚感神，天神斯降，自非宿命所适，孰能偕合？然丹方禁重，宜绝臭腥，法养物仁，克仙蠢动[25]。而陛下不能绝奢侈，远声色，杀伐不止，喜怒不除，万里有不归之魂，市朝有流血之刑[26]。神丹大道，未可得成。而臣疾与年偕，今者虚瘵[27]，又不获躬亲斋戒，预睹彭祖丹砂之变，于此邈矣。先师安期先生，昔所赐金丹之方，信而有征，若按节度奉法戒，尔乃可备用之焉。若郁砂虹飞，玄朱九转[28]，剖六二而流精夺日[29]，探霜雪而月光风卷，徘徊丹霞，腾沸龙虎，投铅锡而黄金克成，刀圭[30]入喉而凋气立反。尔乃驾神虬以上升，骋云车以涉远，当验此方之神，将明小臣之不妄矣。”乃以小丹方与帝，而称疾，固非大丹方也。

其夜，武帝梦与少君俱上嵩高[31]上，半道有绣衣使者乘龙持节从云中下，言：“太一[32]请少君。”武帝觉，即遣使者问少君消息，且告近臣曰：“如朕梦，少君将舍朕去矣！”明日少君临病困，武帝自往视，并使左右人受其方书，未竟而少君绝，武帝流涕曰：“少君不死也，故作此而去。”既敛之，忽失其所在，中表衣带不解，如蝉蜕也。于是为殡其衣物。百余日，行人有见少君在河东蒲坂[33]市者，乘青骡。帝闻之，使发其棺，棺中无所复有，钉亦不脱，唯余履在耳。

武帝殊盖懊恨求少君之不勤也。明年栢梁台火烧，失诸秘书妙文也。

初，少君与议郎董仲[34]相亲，见仲宿有固疾，体枯气少，乃与其成药二剂，并其方一篇：“用戊巳之草，后土脂，精艮兽沉肪，先莠之根，百卉华体，龙衔之草，亥月上旬，合煎铜鼎，童男童女，服尽一剂，身体便轻[35]，服尽三剂，齿落更生，服尽五剂，命不复倾。”

仲为人刚直，博学五经，然不达道术，常笑人服药学道，数上书谏武帝，以为人生有命，衰老有常，非道术所能延益。虽见其有异，以为天性，非术所致。得其药竟不服，又不解从问，其方为藏去之而已。

少君去后数月，仲病甚矣。又武帝数道其梦，恨惜之，仲乃忆所得少君药，试取服之，未半，能行，身体轻壮，所苦了愈，药尽，气力如三十时，乃更信世间有不死之道，即以去官，行求道士，问以方意，悉不能晓。然白发皆还黑，形容甚盛，后八十余乃死。临死谓子道生曰：“我得少君神方，我不信事，怀恨黄泉，汝后可行求术人问解之者，若长服此药，必度世也。”道生感父遗言，遂不肯仕，周旋天下，求解此方。到江夏[36]遇博泽先生，先生曰：“此乃非神丹金玉也，可使人得数百年而已耳。”乃具为说解其方意，所用物真名。道生合药，服之，得寿三百七十岁，入鸡头山[37]中，不知竟得道不。

同时卓元成、张子仁、吴士耳、蔡子盛、魏仲明、张元达服之，或得三百岁，或得五百岁，皆至死不病，不伛，面不皱理，齿不落，发不白，房屋不废[38]。此盖少君凡弊方耳，尤使人如此，况其上方邪？

少君当去时，密以《六甲左右灵飞术》十二事传东郭延[39]，以《神丹飞玄》之方[40]授少君乡里人蒯子顺[41]者，此二人后学道，并得仙。少君又授子训《昆仑神州贞形》[42]也。

‖注释‖ 1 齐国临淄：今山东淄博。 2 安期先生：刘向《列仙传》有《安期先生》，说他是琅琊阜乡人，在东海边卖药，秦始皇曾经与其见面。走时他给秦始皇留言，数年后到蓬莱山找他。秦始皇派徐市等人去找，没有找到。 3 神楼散：一种起死回生的药。 4 匕：古代取食的用具，曲柄浅斗，有饭匕、牲匕、疏匕、桃匕之分。状类后代的羹匙。 5 赤城：传说中的仙境。倪璠注引《神仙传》：“茅蒙，字初成，乃于华山之中乘云驾龙，向日升天，歌曰，‘神仙得者茅初成，驾龙上升入泰清，时下玄洲戏赤城。’”唐陈子昂《修竹篇》：“携手登白日，远游戏赤城。” 6 罗浮：山名。在广东省东江北岸。风景优美，为粤中游览胜地。晋葛洪曾在此山修道，道教称为“第七洞天”。 7 大垣：《汉武帝外传》作“太恒”。可能指北岳恒山，在今山西大同市浑源县。 8 玉门：在甘肃省河西走廊西部，疏勒河下游。汉置玉门县，因玉门关得名。 9 玄洲：中国神话中的地名。是虚构的仙境之地。出自汉东方朔撰的《海内十洲记》。 10《神丹炉火飞雪》之方：道家炼丹之方。刘向《列仙传》卷下《主柱》云，主柱得“神砂飞雪，服之五年，能飞行”。“神砂飞雪”或许与《神丹炉火飞雪》之方是同一丹方。 11 斋戒：是一种清洁身心的方法。沐浴更衣，不喝酒，不吃荤，不与妻妾同寝，以示虔诚庄敬，称为斋戒。 12 估：同“贾”，指做生意。 13 煦赁：煦，受雇为人劳动。赁，租用，出租。指当佣工。 14飞：意思是“化”，将丹砂化成黄金。 15身生朱阳之羽，体备圆光之翼：《艺文类聚》卷七八《仙道》引《汉武内传》作“身生朱阳之翼，体备圆光之异”。朱阳，深红色。圆光，神光，常见于图画中佛像、仙人头顶上的光环。这里《四库全书》本作“身生朱阳之羽，体备圆光之翼”，“羽”是“翼”字之讹误，“翼”是“异”字之讹误。 16无间：佛教用语，指地狱。 17八遐：即八极，九州之外八方极远之地。 18九陔：也作“九垓”，指中央至八极之地。一说九层，指天。 19冥海之枣大如瓜，钟山之李大如瓶：冥海，见《海内十洲记·蓬丘》，“蓬丘，蓬莱山是也。对东海之东北岸，周回五千里，外别有圆海绕山，圆海水正黑，而谓之冥海也。”钟山，见《海内十洲记·昆仑》：“其北海外，又有钟山。在北海之子地，隔弱水之北一万九千里，高一万三千里，上方七千里，周旋三万里。自生玉芝及神草四十余种，上有金台玉阙，亦元气之所舍，天帝居治处也。” 20武安侯：田蚡（？—前131），汉景帝王皇后同母弟，官至太尉。 21齐桓公：公子小白，公元前685年至前643在位，春秋五霸之一。 22柏寝：春秋齐台名。在今山东广饶县境。 23《五帝六甲左右灵飞》之书凡十二事：灵飞经是道教经名，主要阐述存思之法。今道藏有《上清琼宫灵飞六甲左右上符》一卷。《汉武内传》谓此经用于请命延算、长生久视、驱策众灵、役使鬼神。 24元封四年：公元前107年。 25法养物仁，克仙蠢动：《汉武帝外传》作“仙法养物，仁充蠢动”。具体意思不详。 26万里有不归之魂，市朝有流血之刑：指汉武帝征伐频繁、滥用刑罚，造成了很多冤死之魂。 27虚瘵（zhài）：瘵，病，多指痨病。这里指虚弱多病。 28郁砂虹飞，玄朱九转：虹飞，形容炼丹时的景象，又作“飞虹”。玄珠，又作“玄硃”，炼制九转丹的朱砂。九转：炼丹三月火候谓之九转。 29剖六二而流精夺日：六二，《汉武帝外传》作“六一”，指六一泥，道家太清金液神丹以六一泥涂两土釜表里。 30刀圭：中药的器量名。晋代葛洪《抱朴子内篇·金丹》：“服之三刀圭，三尸九虫皆即消坏，百病皆愈也。”王明校释：“刀圭，量药具。武威汉墓出土医药木简中有刀圭之称。”这里指代丹药。 31嵩高：指嵩高山，即位于今河南登封之嵩山。 32太一：汉代朝廷崇拜的主神、天帝“太一”。道教术语有时以太一称最高神。 33河东蒲坂：在今山西永济。 34议郎董仲：议郎，汉代官职名，掌顾问应对。“广汉魏丛书”本作“董仲躬”，《太平御览》卷七二四引《神仙传》

作“议郎董仲舒”。《抱朴子内篇·论仙》记载董仲舒撰有《李少君家录》。这里的“董仲”究竟是谁，难以确定。 35 童男童女，服尽一剂，身体便轻：《汉武帝外传》作“童男童女，沐浴洁清，调其汤火，取使合成，服如鸡子，三枚为程，服矜一剂，身体便轻”。 36 江夏：在今湖北新洲。 37 鸡头山：今宁夏固原西十里有鸡头山。 38 房屋不废：《汉武帝外传》作“房室不废”，意指房事不废。 39 东郭延：见《神仙传·东郭延》。 40《神丹飞玄》之方：当指上文的《神丹炉火飞雪》之方。 41 蒯子顺：《汉武帝外传》作“蓟子训”。联系下文和《神仙传·蓟子训》，当为蓟子训。 42《昆仑神州贞形》：《海内十洲记》云，“臣先师谷希子者，太上真官也。昔授臣昆仑、钟山、蓬莱山及神洲真形图。”“贞形”当作“真形”。

＜解说＞ 李少君，字云翼，齐国临淄人。少君年少好道，进入泰山采药，修炼断谷遁世全身的道术，道术还没有炼成就生病了，困在山林里面。遇到安期经过，少君叩头求救，安期怜悯他有至诚之心，但得病快死了，于是把一匕神楼散给他服下，少君就活过来了。

李少君于是请求跟着安期，以对待老师的礼节侍奉他。安期带着少君往东到达赤城，往南到达罗浮，往北到达大垣，往西游历玉门，周游五岳，观赏江山，就这样过了几十年。

安期有一天对李少君说：“我被玄洲召唤，马上就要赶去，你不应跟随我一起去，今天就要相舍离开了。六百年之后，我会来这里迎接你。”于是传授给少君《神丹炉火飞雪》之方、誓约口诀。教完之后，不一会儿，有数百人乘着龙虎迎接安期，安期便乘坐羽车升天了。少君于是回到尘俗间进行斋戒，他曾在六国辗转做生意，有时化作小吏，有时化作医生医治病人，有时受雇为人劳动，多次改变姓名，游行在各处，没有人知道他有道术。

到汉武帝的时候，李少君听说汉武帝在招募方士，特别礼敬道士。而李少君因为没有钱来买材料合制大药，于是长叹一口气，对弟子说：“我年老了，死期将至，但是我的钱不够用啊。我亲自耕作用力气干活，到处求挣钱财，但仍然不够合制大药，我对挣钱这个事情特别不擅长，听说当今天子喜好道术，我想求见天子，为其制丹药，这样就可以恣意炼药了。天子可以教授的话，就成就他；不可以教授的话，就舍弃他。我在世上已经五百多年了，如果不去侍奉当权者的话，就不免成为虫蚁的粮食了。”

于是李少君把方子呈给武帝，说：“我能把汞炼制为白银，将丹砂化为黄金。黄金炼成，服下之后可以白日升天，成为神仙享有无穷寿命，身体长出深红色的羽毛，头顶上浮起圆光，耸身就进入云天，伏地就进入无间地狱。服下之后还能够控制飞龙而游遍八遐，驾驶白羽雁而周遍九垓。冥海的枣子大得像瓜，钟山的李子大得像瓶，臣已经食用了，我的师父安期先生传授给我口诀，所以能保证黄金可以炼成。”于是武帝接见了他，对他非常尊敬，赐给他无数东西，为他修建了房屋。武帝以为李少君一定能够让他度世。

李少君曾经跟着武安侯喝酒，在座的有一个老人，九十多岁了，少君说曾与老人的祖父一起游猎。当时这位老人还是小孩跟随着祖父，于是李少君便认出了他。满座的人都很吃惊。李少君看见武帝有一个古旧的青铜器，认了出来：“很久以前，齐桓公喜欢把这个器物摆放在柏寝。”武帝察看刻着的字，果然是齐桓公的器物，才知道李少君是数百岁的人了。但是看他的样貌却始终是五十多岁的样子，面色非常好，皮肤光滑有光泽，眉目口齿好像十五岁的少年。诸侯王和贵人们所说李少君能让人不死，让年老的重返少壮，就纷纷赠送少君无数金银。于是李少君秘密炼制神丹，神丹炼成还没有服用，又向皇帝请求《五帝六甲左右灵飞》之书。

武帝在元封四年七月，把书授给李少君，到了元封六年九月，李少君说自己得病了，于是上表武帝：“陛下想着玄妙的事情，志在获得长生，于是招来道士访问道术，几乎无微不至。您的精诚感动了神仙，天神于是降临，如果不是宿命所适宜的，谁能做到合制丹药呢。然而丹药本是精致贵重的东西，应该戒绝荤腥，滋养万物的仁和之气，才能让仙灵活动。但陛下不能断绝奢侈，远离声色，杀伐不断，喜怒无常，万里之外有游离的鬼魂，市朝之上有流血的刑罚。神丹大道，尚未修成。但是臣的疾病随着年纪到来，现在已经非常虚弱，不能亲自炼药斋戒，预睹彭祖丹砂变化，于是就邈远了。先师安期先生，当初所传授给我的金丹的方子，确实是有效验的，如果能按照节制的要求奉行斋戒，就可以拿来运用。郁砂虹飞，玄朱九转，剖六二而流精夺日，探霜雪而月光风卷，徘徊丹霞，沸腾龙虎，投铅锡而黄金炼成，刀圭入喉而流失的气息立刻恢复。您便可以驾着神虬以上升，驰骋云车以涉远，并且应当能应验成为这里的神，将会明了小臣之言不是虚妄啊。”于是把小丹方给了武帝，说自己生病了，所以给出的不是大丹方。

夜里，武帝梦见和李少君一同登上嵩山，路上有绣衣使者乘着龙拿着符节从云中下来，说道："太一请少君。"武帝醒来，立即让使者去问少君的消息，告诉近侍的臣子说："如果我的梦成真的话，少君将会弃我而去。"第二天正值少君病情严重，武帝亲自去看望，并让左右的人接受他的方书，方书还没有传授完，少君就死了。武帝流着泪说："少君并没有死，只是以这种方式离开罢了。"收敛李少君尸身的时候，尸身忽然就不见了，他衣服的带子都没有解开，就像蝉蜕壳一样。于是武帝派人为李少君殡葬了他的衣物，过了一百多天，有路人看见少君在河东蒲坂市，骑着青骡。武帝听说后便下令打开他的棺材，结果棺材里面什么都没有。但棺材的钉子并没有脱落，里面只剩下一双鞋子罢了。

武帝非常后悔当初请求少君请得不够勤快。第二年柏梁台起火，失去了很多秘书妙文。

起初，李少君和议郎董仲关系亲近，看见董仲一直生病，身体枯竭气息弱，于是给了他两剂成药和一篇丹方"用戊巳之草，后土脂，精艮兽沉肪，先莠之根，百卉华体，龙衔之草，亥月上旬，合煎铜鼎，童男童女"，服尽一剂，身轻体健，服尽三剂，齿落更生，服尽五剂，就长寿延年了。

董仲为人刚正直爽，博学五经，只是不通达道术，常常嘲笑别人服药学道，几次上书劝谏武帝，认为人生有本来的命数，衰老是最平常的事情，不是道术所能延长补益的，即使见到异人异事，也认为那都是天性使然，不是道术导致的。所以他得到药之后并没有服下，也没有向李少君问丹方的事，只是把它们藏起来罢了。

李少君走后几个月，董仲病得很重。又听闻武帝多次谈到他的梦，非常惋惜后悔，董仲才想起少君的药，于是试着拿出来服下，还不到一半，就能起身行走，身体轻盈健壮，痛苦的地方都痊愈了。药吃完了之后，力气就像三十岁的时候，董仲这才相信这世间真的有不死的方法，于是就辞了官，出外访求道士，问询方子的本意，大家都不知道到底是什么意思。但是他白发都变回了黑发，形体容貌非常壮盛年轻，后来又过了八十多年才死。临死的时候他对儿子道生说："我得到少君的神方，因为我先前不信，所以现在痛恨黄泉，你之后可以在人间继续找人问这个方子，解开它的秘密，经常服用这个药物，一定能够度世。"道生感激父亲的遗言，于是不去做官，周游天下，寻求知道这个方子的人。后来到了江夏遇见博泽先生，先生说："这不是神丹金玉，只是可以让人得到数百年寿命的方子罢了。”于是具体地给道生解说方子的意思，以及所使用药物的真实名称。道生炼制成功后，服下了它，得到寿命三百七十岁，后来进入了鸡头山，不知道最后得道成仙没有。

同一时期卓元成、张子仁、吴士耳、蔡子盛、魏仲明、张元达等人都服下了这个药，有的活到三百岁，有的活到五百岁，都是到死都没有生过病，背部不佝偻，面上没有皱纹，牙齿不脱落，头发不变白，房事不废止。这只是李少君给的一般的方子罢了，就能让人这样，更何况那些上等的方子呢?

李少君临走的时候，把《六甲左右灵飞术》十二件事秘密传给了东郭延，把《神丹飞玄》之方授给同乡人蒯子顺（蓟子训）。这两个人学习后，都成为神仙。李少君还曾传授给子训《昆仑神州贞（真）形》图。

王真

王真，字叔坚[1]，上党[2]人也。少为郡吏，年七十，乃好道。寻见仙经杂言，说郊间[3]人者，周宣王[4]时郊间采薪之人也，采薪而行歌曰："巾金巾，入天门。呼长精，吸玄泉。鸣天鼓，养泥丸。"

时人莫能知，唯柱下史[5]曰："此是活国[6]中人，其语秘矣，其人乃古之渔父[7]也。何以知之？八百岁人，目瞳正方；千岁人，目理纵。采薪者乃千岁之人也。"真读此书而不解其旨，逐搜问诸所在道士，经年，而遇有解其旨者语真曰："此近浅之术也，为可驻年反白而已耳。"

乃语诀云："巾金巾者，恒存肺炁[8]入泥丸中，徐徐以绕身，身常光泽。吸玄泉者，漱其口液而服之，使人不老，行之七日有效。鸣天鼓者，朝起常叩齿三十六下，使身神安。又夜恒存赤气，从天门入周身内外，在脑中变为火，以燔[9]身，身与火同光，如此存之，亦名曰炼形。泥丸，脑也；天门，口也，习闭炁而吞之，名曰胎息；习漱舌下泉而咽之，名曰胎食。行之勿休。"真受诀，施行胎息、胎食、炼形之方，甚有验断。

断谷二百余年，肉色光美，徐行及马，力兼数人，自叹曰："我行此术唯可不死，岂及神丹金玉之方邪？"乃师事蒯子训[10]，子训授其肘后方[11]也。

魏武帝[12]闻之，呼与相见，见真年可三十许，意嫌其虚诈，定校其乡里，皆异口同辞，多有少小见真者，乃信其有道，甚敬重之。

郤孟节[13]师事真十数年，真以蒸丹小饵法[14]授孟节，得度世。乡里计真已四百岁。后一日将三少妾登女几山[15]，语弟子言："合丹去。"去遂不复还。真日行三百里，孟节能合[16]枣核以不食，至十年，又能闭炁不息，身不动摇，若死人，可至百日半岁，亦有家室，此法是真所习郊间人之法也。孟节为人质谨，不妄言，魏武帝为立茅舍，使令诸方士。

晋惠、怀[17]之际，人故有见孟节在长安市中者。魏武帝时亦善招求方术道士，皆虚心待之，但诸得道者，莫肯告之以要言耳。

‖注释‖ 1 叔坚："广汉魏丛书"本作"叔经"。 2 上党：在今山西省长治市。 3 郊间：郊野之地。 4 周宣王：西周第十一代君主，大约公元前828年至前783年在位。 5 柱下史：周秦官名，因其常侍立殿柱之下，故名。《史记·张丞相列传》："而张苍乃自秦时为柱下史，明习天下图书计籍。" 司马贞"索隐"："周秦皆有柱下史，谓御史也。所掌及侍立恒在殿柱之下。"一说这里的"柱下史"指老子，具体不详。 6 活国：胡守为《神仙传校释》解释为活人之国，具体不详。 7 渔父：这里指古代的隐士。 8 炁（qì）："炁"是一种形而上的神秘能量，不同于单纯的"气"，"炁"是道教专用哲学概念。 9 燔（fán）：焚烧。 10 蒯子训：应作"蓟子训"，李少君曾教蓟子训胎息、胎食、住年止白之法，见《神仙传·蓟子训》。 11 肘后方：据胡守为《神仙传校释》，为可悬于肘后，随身携带的应急药方。也有可能指葛洪所著的中医方剂著作《肘后备急方》。 12 魏武帝：指曹操。 13 郤孟节："广汉魏丛书"本作"郗元节"。《博物志》卷五《方士》作"阳城郗俭字孟节"。 14 蒸丹小饵法：蒸丹，长生之药。小饵，炼丹之法。 15 女几山：在今河南宜阳南。 16 合：一作“含”。 17晋惠、怀：指晋惠帝、晋怀帝。 司马衷（259—307），字正度，河内郡温县（今河南省温县）人。西晋第二位皇帝（290—307年在位），晋武帝司马炎嫡次子，晋怀帝司马炽（284—313），字丰度，河内温县（今河南省温县）人。西晋王朝第三位皇帝（307—311年在位），晋武帝司马炎第二十五子，晋惠帝司马衷异母弟。

<解说> 据西晋张华《博物志》记载：“魏王所集方士名：上党王真、陇西封君达、甘陵甘始、鲁女生、谯国华佗字元化、东郭延年、唐霅、冷寿光、河南卜式、张貂、蓟子训、汝南费长房、鲜奴辜、魏国军吏河南麹圣卿、阳城郤俭字孟节、卢江左慈字符放。”王真是魏武帝曹操招致的十六名方士之一。

那么，王真是如何走上修道这条路的呢？原来，王真年轻时候做郡里的小公务员，到了七十岁，年老力衰了才开始学习道术。有一天，他很偶然地在道书里面看到一段话，说是周宣王时期有个在郊野砍柴的人，一边砍柴一边唱歌：“巾金巾，入天门。呼长精，吸玄泉，鸣天鼓，养泥丸。”王真看了之后就对这个歌诀很是好奇，他觉得这个砍柴的人一定是个高人，这个歌诀很有可能隐藏着长生的秘诀。

于是，王真遍访名师，寻找能够解读这首歌的人，找了很多人都说不懂这个歌是什么意思，只有柱下史提供了一点线索：“这个唱歌的人是活国里面的人，他就是古时候的渔父，他这个话中是有秘语的，所以我们都看不懂。传说能活到八百岁的人，瞳孔是方形的；活到一千岁的人，眼睛的纹理是竖着的。这个砍柴的人有一千多岁了啊。”

听了柱下史的话，王真还是不懂这个歌是什么意思，于是就继续寻找，功夫不负有心人，找了整整一年，终于找到了能解读这首歌的人：“这是浅近的法术罢了，可以驻颜延年，使头发由白变黑而已。‘巾金巾’的意思是，常存肺里的气息到泥丸里，使它慢慢环绕身体，身体就会常有光泽。‘吸玄泉’的意思是，漱口，然后把漱口水喝下去，能让人不老，这样做七天之后就有效果。‘鸣天鼓’的意思是，早上起来叩击牙齿三十六下，使身心安适。又有夜里常存赤气，从天门进入，周遍全身内外，在脑中变为火，用来烧身体，身体会发出和火一样的光芒，像这样存养，就叫作‘炼形’。‘泥丸’就是大脑，‘天门’是口。学习闭气而吞下，叫‘胎息’；学习漱舌头下面的泉水然后咽下去，叫‘胎食’。照着这样做，坚持不懈，不要停止啊。”

王真一一记下秘诀，回家后依法修炼，学会了胎息胎食炼形的方法，练了之后发现很有效果。腰不酸了，腿不痛了，皮肤红润有光泽，日行千里，力举千斤，总之是返老还壮，身体倍儿棒。

后来王真觉得只是长生不死太没有意思了，不如服用金、玉、神丹等成仙而去，于是拜蓟子训做老师，接受了肘后方。

曹操把他召去，他并不告诉曹操长生的法门，而把法术传给了弟子郤孟节。后来王真带着三个年轻的小妾登上女几山就再也没有回来。

郤孟节学了王真的法术后，能含着枣核断谷不食达十年之久，还能闭气不呼吸，使身体不动长达百天甚至半年之久。郤孟节为人比较谨慎质朴，不夸夸其谈，曹操为他专门盖了一间茅草屋，让他统领诸位方士。据说到了西晋晋惠帝、晋怀帝时期，还有人看见郤孟节在长安市集上出现呢。

曹操招来的方士虽然多，但没人告诉他长生的真正秘诀。

葛洪在《抱朴子内篇·释滞》中解释了行炁胎息的法门及行炁的功效。他说要想成仙，只要掌握三个要诀就行了，其他的也不用多看。这三门要诀就是“宝精”“行炁”和“服大药”。所谓“行炁”，主要在于胎息。学会胎息的人，能不用嘴巴、鼻子呼吸，就好像在胞胎里面一样。刚开始学习行炁的时候，用鼻子吸气然后闭住，默默在心里面数到一百二十，再从嘴里面吐出气来。吞吐的时候要使耳朵听不见出气的声音才好，要让进气多出气少，把一根鸿毛放在鼻子口，不被气吹动才是成功。以后慢慢增加心里默数的数字，时间长了就能数到一千。到了一千以后，基本上就能一天天地返老还少了。行炁还讲究要在适当的时间段进行，应该在“生炁”的时候，千万不要在“死炁”的时候。有一种说法叫“仙人服六炁”，说的就是这个。一天有十二个时辰，从半夜到第二天中午的六个时辰叫“生炁”，从中午到半夜的六个时辰叫“死炁”。“死炁”的时候，行炁是没有用的。

要是学会了行炁，那么当人嘘水的时候，水会逆流数步；嘘火的时候，火为之熄灭；嘘虎狼，虎狼都伏在地上动弹不得；嘘蛇虫，蛇虫盘成一圈无法离开。如果有人被兵器伤了，嘘一嘘，血就不流了；听到有谁被毒虫咬伤了，虽然看不见这个人，但只需要嘘一嘘自己的手，如果是男的就嘘左手，如果是女的就嘘右手，即使这人在百里之外，也能好了。遇上有人得了急病恶疾的，只需要吞下二十七炁，立马就好了。

行炁的功效是很多的，遗憾的是人的本性多躁动，很少能安安静静地修炼道法，所以行炁多不成功。修炼行炁不能吃太多东西，人们每天吃那么多油腻的东西，炁真的是很难闭住。行炁又禁止愤怒，愤怒多了炁容易乱，炁满了但发散不出来，有时会让人咳嗽，所以很少有人能修炼成功。

但葛洪也举了一个修炼成功的例子，说他的从祖父葛玄就修炼成功了。葛玄每次喝得大醉或者到了夏天炎热时，就跳到水里，沉到水底，能闭气一整天不出来，就是因为修炼了闭炁胎息的缘故。

陈长

陈长者，在苎屿山[1]六百年[2]。每四时设祭，亦不饮食，亦无所修[3]。人有病者，与祭水饮之，皆愈也。

‖注释‖ 1 苎屿山："广汉魏丛书"本作"纻屿山"。相传其地方圆千里，上有千余家，有五谷成熟，莫知其年纪，风俗与吴同。 2 六百年："广汉魏丛书"本作"六百余岁"。 3 每四时设祭，亦不饮食，亦无所修："广汉魏丛书"本作"纻屿山中人为架屋，每四时烹杀以祭之，长亦不饮食"。《三洞珠囊》卷一《救道品》引《神仙传》称："纻屿上人为架屋，每四时享祭之，长亦不饮食，无所修为。"

<解说> 陈长在苎屿山住了六百年。每逢四个季节就进行祭祀，也不饮水，也不吃东西，也没有修炼什么道术。人们中有得病的，陈长便把祭祀的水拿给病人饮用，就都痊愈了。

葛洪《抱朴子内篇·金丹》说炼制丹药需要到名山或海中大岛屿，再次则是会稽的东翁洲、亶洲、纻屿洲和徐州的莘莒洲、泰光洲、郁洲。洲是处于水中的陆地。纻屿洲是适合炼制金丹的地点之一。此篇说的"苎屿山"或许就是会稽之纻屿洲。

刘纲

刘纲者，上虞[1]县令也。与妻樊夫人俱得道术，二人俱坐林上[2]，纲作火烧屋，从东边起，夫人作雨，从西边上，火灭。

‖注释‖ 1 上虞：在今浙江省东远河北岸，曹娥江上游。秦置上虞县。据传，上虞县是虞舜后代的封地，地名虞宾。据《太康地记》："舜避丹朱于此，故以名县。百官从之，故县北有百官桥。亦云舜与诸侯会事讫，因相娱乐，故曰上虞。" 2 林上：《仙苑编珠》卷下《刘纲火焚樊妻雨止》引《神仙传》作"床上"。"广汉魏丛书"本作"堂上"，联系下篇《樊夫人》作"俱坐堂上"，应为"堂上"。

<解说> 据下篇《樊夫人》所记，刘纲，字伯鸾，在做上虞县令的时候，治理百姓崇尚清静，政令简单易行，令行禁止，非常高效，百姓都受他的恩惠。当地没有遇到过水旱灾害、疠疾疫病，也没有毒虫猛兽的侵害，年年都获得大丰收，远近的人都敬仰他。刘纲在做官的同时，私下里修行道术，能以檄文召唤鬼神，还会使用其他禁制变化之类的法术，人们都不知道他修道的事。

元代赵道一《历世真仙体道通鉴》卷三一《刘纲》条记载，刘纲是下邳（今江苏睢宁北）人，开始住在浙江四明山，后来做了上虞县令，师从帛君学习道术，道术修炼成功后，写了《续仙传》。

刘纲后来跟妻子樊夫人一起升天了，刘纲与樊夫人斗法的事情，详见下篇《樊夫人》。

樊夫人

樊夫人者，刘纲之妻也。纲字伯鸾，仕为上虞令，亦有道术，能檄[1]召鬼神，禁制变化[2]之道。亦潜修密证[3]，人莫能知。为理尚清净简易，而政令宣行，民受其惠，无旱暵漂垫[4]之害，无疫毒鸷暴[5]之伤，岁岁大丰，远近所仰。暇日与夫人较其术，用[6]俱坐堂上，纲作火烧客碓舍[7]，从东而起，夫人禁之，火即便灭。庭中两株桃，夫妻各咒[8]一株，使之相斗击，良久，纲所咒者不胜，数走出于篱外。纲唾盘中，即成鲫鱼[9]，夫人唾盘中，成獭[10]，食其鱼。纲与夫人入四明山[11]，路值虎[12]，以面向地，不敢仰视，夫人以绳缚虎牵归，系于床脚下。纲每共试术，事事不胜。将升天，县厅侧先有大皂荚树[13]，纲升树数丈，方能飞举。夫人即平坐床上，冉冉如云炁之举，同升天而去矣。

‖注释‖ 1 檄：用檄文晓谕。 2 禁制变化：禁制，指气禁术之类的法术。变化，指五行变化的法术。 3 密证：《说郛》卷五七下引《东林莲社十八高贤传》云，“（法师）能别识鸟兽毛色俊钝之性，洞晓草木枝干甘苦之味，妙尽其理，人知其有密证云。”密证，当指通过修炼而洞解物性。 4 旱暵（hàn）漂垫：旱暵，亦作“旱熯”，不雨干热。漂垫，指浮沉。这里指水旱灾害。 5 鸷暴：鸷，凶猛。暴，凶狠、残酷。这里指凶灾。 6 用：“广汉魏丛书”本作“因”。这里是因此的意思。 7 碓舍：碓，舂米用具。舂米的地方。 8咒：施咒。 9鲫鱼："广汉魏丛书"本作"鲤鱼"。 10獭：哺乳动物，头扁，耳小，脚短，趾间有蹼。毛短而软密，背面深褐色，有光泽。栖息于水边，善于游泳。通常在夜间活动。分布于中国南北各地。 11四明山：山名。在浙江省宁波市西南。自天台山发脉，绵亘于奉化、慈溪、余姚、上虞、嵊县等县境。道书以为第九洞天，又名丹山赤水洞天。凡二百八十二峰。相传群峰之中，上有方石，四面如窗，中通日月星辰之光，故称四明山。 12路值虎：《太平御览》卷七六六《绳》引《神仙传》云："纲行见虎，虎不敢起，才捉虎，虎即嘘之。夫人往捉虎，虎以面迫地不视，夫人以绳系虎颈，曳之以归。" 13大皂荚树：豆科皂荚属落叶乔木或小乔木，高可达30米。枝灰色至深褐色。刺粗壮，圆柱形，常分枝，多呈圆锥状。

<解说> 樊夫人，是刘纲的妻子。夫妻俩同心协力，共同修炼道术，都修得道法有成，但这两人又是一对欢喜冤家，一言不合就比试法术水平的高低，奈何比了一辈了，刘纲始终是妻子的手下败将。

比如，俩人都坐在堂上，刘纲起火烧舂米房，从东边烧起，夫人作法下雨，从西边下起，火就被浇灭了。庭中有两株桃树，夫妻俩各施咒一株，让它们相互搏斗，过了很久，刘纲所施咒的桃树不能取胜，还几次逃跑到篱笆外面。刘纲唾一口唾沫到盘子里，变出一条鲫鱼，夫人也唾一口，变出一只水獭，把刘纲的鲫鱼吃了。刘纲和夫人进四明山，路上遇见了老虎，刘纲吓得面朝土地，看都不敢看，夫人拿着绳索把老虎拴住牵回家来，系在睡觉的床脚下。刘纲每次和夫人比试法术，事事不胜夫人，一直到最后升天的时候，也是如此。县衙大厅前有一株大皂荚树，刘纲爬上树数丈高，才能飞升上天。夫人只要坐在床上，就冉冉升起，好像有云气托举着她一样。后来俩人一起升天而去了。

东陵圣母

东陵圣母者，广陵海陵[1]人也。适杜氏，师事刘纲学道，能易形变化，隐显无方。杜不信道，常恚怒[2]之。圣母或行理疾救人，或有所之诣，杜恚之愈甚，告官讼之，云圣母奸妖，不理家务。

官收圣母付狱，顷之，已从狱窗中飞去，众望见之，转高入云中，留所著履一緉[3]在窗下，自此升天。

远近立庙祠之，民所奉事，祷祈立效。常有一青鸟在祭所，人有失物者，乞问所在，青鸟即集盗物人之上。路不拾遗，岁月稍久，亦不复尔。至今海陵海中，不得为奸盗之事，大者即风波没溺、虎狼杀之，小者即病伤也。

‖注释‖ 1 广陵海陵：广陵，即今江苏扬州。海陵，故城在今江苏泰州。春秋时，吴王夫差在今扬州城西北五里修筑邗城。这是广陵城的前身。楚怀王十年（前319）在邗城故址上筑广陵城。西汉时又于此设置广陵国。东汉时为广陵郡治。东晋太和四年（369）十二月，桓温又在旧城故址重筑广陵城。北周时改名吴州。隋统一全国后改吴州为扬州，这是扬州得名之始。海陵，古县名。西汉置。以其地高阜而又傍海得名。治所即今江苏泰州市。南北朝时曾为海陵郡治所，五代南唐以后为泰州治所。泰州原来是扬州的一个县级市，在1996年时单独成立地级泰州市。 2 恚怒：愤怒。 3 一緉（liǎng）：緉，古代计算鞋子的单位，相当于“双”。

<解说> 东陵圣母是一位被神化了的道姑，她出现的具体年代不详。传说，在东汉明帝的时候，就建立了东陵圣母祠，只是那时候圣母的影响还不是很大，后来人们时常到圣母祠里祈祷，据说比较灵验，于是圣母的名声渐渐大起来。到了东晋，康帝下令整修圣母祠，修了仙宫观，圣母的影响进一步扩大。往后圣母祠的命运时好时坏，有的朝代尊奉圣母，有的朝代圣母祠就没落了，民国三十六年（1947）的时候圣母祠被拆，只有一“碑”一“挂”保存下来。“碑”指的是唐朝怀素撰写的《圣母碑》，现在陈列在西安碑林博物馆第二室；“挂”是明代画家王履画的圣母挂像，现在珍藏在民间。

东陵圣母的故事在民间流传较广，故事版本也很多。葛洪《神仙传》是比较经典的一版：

东陵圣母是广陵海陵人，本姓姜，由于她嫁给一个姓杜的人，所以人们叫她“杜姜”。她师从刘纲学道，能易形变化，随时隐身。她的丈夫不信道术，看她整天装神弄鬼，很是不顺眼。圣母有时候治病救人，或者需要外出，她的丈夫就很生气，最后还把她告上了法庭，说她整天装神弄鬼，不理会家务事。

官长于是把圣母收押进监狱，可是不一会儿，圣母已经从监狱的窗户里飞走了。当时许多人都看见了这一幕，只见她高高飞入云中，只留下所穿的一双鞋在窗户下，就这样升天成仙了。

附近的老百姓给圣母修建了庙宇祭祀她，据说只要向她祈祷，立刻就会有效验。人们经常看见一只青色的鸟出现在祭祀场所，有人丢了东西的，去问青鸟，青鸟就停留在偷东西的人头上。就这样，大家都不敢偷东西了，这一带几乎到了路不拾遗夜不闭户的程度。时间久了，这种风气还一直存在。至今在海陵附近的海域，仍然不能做奸邪盗窃的事情，若有人为之，程度严重的风波会打翻船只，使盗贼溺亡，或者虎狼杀死盗贼；程度轻一点的也要让盗贼得病或受伤！

孔元

孔元[1]者，常服松脂[2]、茯苓[3]、松实[4]，年更少壮，已一百七十余岁。人或饮酒，请元作酒令[5]，元乃以杖柱地倒立，头向下，持酒倒饮，人不能为之也。乃于水边凿岸作一穴，方丈余，止其间。断谷或一月两月而出。后入西华岳[6]得道也。

‖注释‖ 1 孔元："广汉魏丛书"本作"孔元方"，说他是许昌人。胡守为《神仙传校释》认为《四库全书》本或许脱掉了"方"字。 2 松脂：由松类树干分泌出的树脂，在空气中呈黏滞液或块状固体，含松香和松节油。也称松香、松膏、松胶、松液、松肪。《神农本草经》卷一："松脂，味苦温，主疽恶疮，头疡白秃，疥搔风气，安五藏，除热。久服，轻身不老延年。"北齐颜之推《颜氏家训·养生》："近有王爱洲，在邺学服松脂，不得节度，肠塞而死。" 3 茯苓：寄生在松树根上的菌类植物，形状像甘薯，外皮呈黑褐色，里面呈白色或粉红色。中医用以入药，有利尿、镇静等作用。《淮南子·说山训》："千年之松，下有茯苓。"高诱注："茯苓，千岁松脂也。" 4 松实：指松子。晋代干宝《搜神记》卷一："偓佺者，槐山采药父也。好食松实。" 5 酒令：酒令是酒席上的一种助兴游戏，一般席间推举一人为令官，余者听令轮流说诗词、联语或其他类似游戏，违令者或负者罚饮。 6 西华岳：指西岳华山。

<解说> "广汉魏丛书"本《神仙传》此篇作《孔元方》，文字较《四库全书》本更为详细。此篇记述了孔元方的籍贯背景、修道缘由、行酒令的

经过，还描写了孔元方家中失火、少年冯遇随之学道等故事。综合两个版本看孔元，大致为：

孔元，又作“孔元方”，是河南许昌人，他和郄元节（一作“郗孟节”）、左慈都是朋友，他们一起放弃攻读五经、抛弃世俗人事，专门修炼道术。孔元生性仁慈，生活节俭，饮食衣服都很简单粗劣，饮酒不超过一升，年纪有一百七十多岁。他曾经和道友们饮酒时行酒令，表演了拄着拐杖倒立饮酒，其他人都办不到。有一次家里失火，孔元看着衣服、粮食、床几等财物烧干净了，也不去救，他的妻子责怪他，他说那有什么可惜的！后来他在河岸边挖了一个地下室，住进里面，断谷不食，一两个月才出来一趟，一般人都找不到地下室的入口。只有一个叫冯遇的少年，喜爱道术，想要跟他学习，找到了他的地下室。孔元方觉得这少年是可以传道的人，就把两卷素书传授给他。孔元方后来撇下了妻儿，进入华山修道，五十年后暂时返回家乡，乡里人还有认出他的。

王烈

王烈，字长休，邯郸[1]人。常服黄精[2]并炼铅，年二百三十八岁，有少容，登山如飞。少为书生，嵇叔夜[3]与之游。烈尝入太行山，闻山裂声，往视之，山断数百丈，有青泥出如髓，取抟[4]之，须臾成石，如热腊[5]之状，食之味如粳米[6]，仙经云：神仙五百岁，辄一开，其中有髓，得服之者，举天地齐毕[7]。

‖注释‖ 1 邯郸：古地名。今河北省邯郸市。 2 黄精：又名鸡头黄精、黄鸡菜、鸡爪参。药用植物，具有补脾、润肺生津的作用。 3 嵇叔夜：嵇康（223—262），字叔夜，曹魏时期著名文人，竹林七贤之一。 4 抟（tuán）：把东西揉弄成球形。 5 热腊：液态或半固态的黄蜡、石蜡或地蜡。 6 粳米：粳稻碾出的米，黏性强。 7 神仙五百岁……举天地齐毕：《太平御览》卷四〇《太行山》引《神仙传》云，“按神山五百岁一开，其中有石髓，得而服之，寿与天地相毕。”“神仙”当为“神山”，“举”当为“与”。

<解说> 王烈是邯郸人，一说是河东闻喜人。他常常服用黄精并用铅炼制丹药，年纪有二百三十八岁了，还是年轻的容貌，登山时健步如飞。年少的时候，常常和嵇康一起出外游玩。后来有一次王烈进入太行山里，突然听到山体开裂的声音，赶紧跑去看。原来是山断裂开几百丈，有青色的泥浆好像石髓一样流出来，王烈就取了一点抟成一团，不一会儿就硬成了石头，形状好像热腊，味道像粳米一样。“仙经”上说：“神仙居住的山五百年就会裂开一次，

流出石髓，有人服用了的，能得到和天地一样长久的寿命。”

唐代房玄龄等所著《晋书·嵇康传》记载：“康又遇王烈，共入山，烈尝得石髓如饴，即自服半，余半与康，皆凝而为石。又于石室中见一卷素书，遽呼康往取，辄不复见。烈乃叹曰：‘叔夜志趣非常而辄不遇，命也！’其神心所感，每遇幽逸如此。”嵇康也想服食以求仙，但可惜他没有成仙的时运，王烈得到石髓，自己喝了一半，特地把剩下的一半留给嵇康，但等带回去给嵇康的时候，石髓却凝结成石头，不能吃了。又有一次王烈在石室中见到一卷素书，立刻喊嵇康去拿，等嵇康去看的时候，素书却不见了。嵇康虽然文采风流，但在成仙的道路上却始终幽隐，没有运气。

据说有很多家庭累世侍奉王烈。晋永宁年中，王烈离开洛阳，四处游历，曾跟人一起射箭，拿着两石重的弓，射百步之外的箭靶，十次有九次把箭靶射穿。人们看到一个九十多岁的老人向王烈跪拜，都感到奇怪，老人却说他在八九岁的时候就见过王烈了，他的样貌跟现在一样。后来人们就不知道王烈到哪里去了。

涉正

涉正，字玄真，巴东[1]人。说秦王时事如目前。常闭目，行亦不开，弟子数十年莫见其开目者，有一弟子固请开之，正乃为开目，有声如霹雳，光如电，弟子皆匐地[2]。李八百[3]呼为四百岁小儿也。

‖注释‖ 1 巴东：郡名。在今重庆奉节，或彭水一带。 2 匐地：趴在地上。 3 李八百：见《神仙传》卷三“李八伯”。李八百是四川人，已活了八百岁，使唐公昉舔痔，与俱得仙。

<解说> 涉正，字玄真，巴东郡人。说秦始皇时候的事情就好像发生在眼前。他常常闭着眼睛，即使是走路的时候也不张开，弟子们几十年见不到师父睁眼，都非常好奇！有一个弟子软磨硬泡，请求师父睁开眼睛看看，涉正就为弟子们睁开了眼。他睁开眼睛的时候，有声音响起，好像雷声霹雳一样，眼睛里发出的光亮好像闪电，弟子们都吓得趴在地上。但李八百却称涉正为四百岁小孩！

“广汉魏丛书”本《神仙传·涉正》说，涉正“汉末，从二十弟子入吴”，“正道成，莫见其所服食施行，而授诸弟子皆以行气，绝房室，及服石脑小丹云。”说涉正在汉末的时候带着二十个弟子在吴地修行，他传授给弟子们的都是行气的法门，让他们杜绝房事，还让他们服用石脑小丹。

焦先

焦先[1]，字孝然，河东[2]人也。汉末关中[3]乱，先失家属，独窜于河渚[4]间，食草饮水，无衣履。时太阳长[5]朱南望见之，谓之亡士，欲遣船捕取，同郡侯武阳语县："此狂痴人耳。"遂注其籍[6]，给廪日五升，人皆轻易之。然其行不践邪径[7]，必循阡陌。及其捃拾，不取大穗。饥不苟食，寒不苟衣。每出，见妇人则隐翳，须至[8]乃出。自作一瓜牛庐[9]，净扫其中，营木为床，而草褥其上。至天寒时，搆[10]火以自炙，呻吟独语。

太和、青龙[11]中，尝持一杖南渡，河水泛涨，辄独云："未可也。"由是人颇疑不狂，所言多验[12]，佥[13]谓之隐者也。年八十九终。

‖注释‖ 1 焦先："广汉魏丛书"本《焦先》与此《四库全书》本有很大不同。《四库全书》本《焦先》与《三国志》卷一一《胡昭传》裴松之注引《魏略》基本相同。 2 河东：大致在今山西省西南部。 3 关中：关中是指"四关"之内，即东潼关（函谷关）、西散关（大震关）、南武关（蓝关）、北萧关（金锁关）以内的地区。现关中地区位于陕西省中部，包括西安、宝鸡、咸阳、渭南、铜川、杨凌五市一区。 4 河渚：渚，水中小块陆地。这里指水边。 5 太阳长：太阳在今河南平陆西南。太阳长指当时太阳县的长官。 6 注其籍：登记入户籍。 7 不践邪径：出自《论语·雍也》："有澹台灭明者，行不由径，非公事，未尝至于偃之室也。"这里指不走小路、邪路，行为光明正大。 8 须至：《三国志》卷一一《胡昭传》裴松之注引《魏略》作“须去”，“至”为“去”的讹误。须去，意思是等待其离去。 9 瓜牛庐：《尔雅翼》卷三〇《蜗牛》云：“魏隐者焦先自作一瓜牛庐，瓜即蜗也，为庐舍，圆而小如蜗牛之壳云。蜗牛之壳，乃是区量中之最小者。” 10 搆：同“構”，即“构”。构造、制作，这里指生火。 11 太和、青龙：指魏明帝曹叡太和、青龙年间。太和大致为公元 227—232 年；青龙大致为公元 233—236 年。 12 验：灵验。 13 佥：众人，大家。

<解说> 焦先，字孝然，河东人，即现在的山西人。汉朝末年关中大乱，焦先失去了家人，独自流窜在水渚间，吃草，饮河水，没有衣服和鞋子穿。当时的太阳长朱南远远望见了他，说他是逃兵，打算派遣船只抓捕他，同郡的侯武阳告诉县令说：“这只是个白痴罢了，不是什么逃兵，哪里值得您兴师动众地去抓他呢？！”于是县令就将焦先登记入户籍，每天给他五升粮食。大家都看不起焦先。但他走路从来不走曲径小路，一定要走大路、正路，每次大家抢着捡别人掉落的麦穗的时候，焦先从来不抢大的麦穗，只捡小一点的麦穗。即使饿着肚子，他也从不用不正当的办法获得食物；即使受冻，他也不用不正当的方法得到衣服。焦先每次出行，一看到女人就躲到一边，等女人们走过了，才敢走出来。他给自己建了一个茅庐，把里面打扫得干干净净，用木头做了一张床，把草铺在上面当褥子，等到天寒的时候，就生火给自己取暖，无聊时便只有自己跟自己说话。

魏明帝曹叡太和、青龙年间，焦先曾拿着一根木杖想要往南渡河，当时河水上涨了，大家都说可以了，只有他一个人说还不到渡河的时候。大家因为这件事怀疑他并不傻，而且他说过的话，后来大多应验了，人们都说他是隐士。焦先八十九岁过世。

“广汉魏丛书”本《神仙传·焦先》说焦先常常吃白石，还把它分给别人，白石煮熟后吃起来好像芋头一样。焦先还天天做雷锋，进山里砍柴，然后送给村里人，送柴火的时候也不怎么跟村里人说话。魏国接受汉的禅让后，他在河边修了一座茅草屋住在里边，也不置办家具，天天睡在草上。他从来不洗澡，身上都是泥，冬夏都只穿一件单衣。不过焦先确实有点道术，有一次家里起火，大家都以为他被烧死了，结果去看的时候，他好好地坐在屋下；冬天大雪压塌了他的房屋，大家以为他被砸死了，结果去看的时候，他安稳地睡在倒塌的房子下；他还能忽然变老、忽然变年轻。大家去请教他秘诀，他说：“我没有什么道术！”焦先活了二百多岁才离开村子，不知所踪。

孙登

孙登，字公和，汲郡[1]人。无家属，于郡北山为土穴居之。好读《易》，抚一弦琴，性无恚怒。人或投诸水中，欲观其怒，登既出，便大笑。尝住宜阳山[2]，有作炭人[3]见之，知非常人，与语，登不应。

文帝[4]闻之，使阮籍[5]往观，既见与语，亦不应。嵇康从之游三年，问其所图，终不答。康将别，谓曰："先生竟无言乎？"

登乃曰："子识火乎？生而有光，而不用其光，果在于用光？人生而有才，而不用其才，果在于用才？故用光在乎得薪，所以保其体；用才在乎识贞，所以全其生。今子才多识寡，难乎免于今之世矣！子无求乎？"

康不能用。后作幽愤诗曰："昔惭柳下[6]，今愧孙登。"竟莫知其所终。

‖注释‖ 1 汲郡：郡名。晋泰始二年（266）置。治所在汲县。辖境相当今河南省新乡市和新乡、汲县、辉县、获嘉、修武等县地。 2 宜阳山：宜阳县在河南省西部，洛阳市西南。秦置宜阳县，以宜阳山为名。北魏，因县在洛水北称阳市，东魏置阳州。1949 年复置宜阳县。宜阳山在宜阳县。《中国古今地名大辞典》："宜阳郡：后魏置，北齐省，即今河南汲县治。" 3 作炭人：砍柴烧炭的人。 4 文帝：即司马昭（211—

265）。晋武帝司马炎（236—290）接受曹魏禅让后，追尊其父司马昭为文皇帝，庙号太祖。 5 阮籍：字嗣宗（210—263），曹魏时期著名人物，竹林七贤之一。 6 柳下：指柳下惠（前 720—前 621），姓展名禽，号柳下，春秋时期贤人，是洁身自好的代表。

<解说> 结合《晋书·孙登传》来看，孙登，字公和，汲郡人。他没有家人，在汲郡北山挖了一个土窑洞住在里面。夏天的时候他就编草做衣裳穿，冬天的时候就披散头发取暖。他喜欢读《易经》，弹奏只有一根弦的琴。他性格随和，从来不生气，有的人故意使坏，把他扔到水里，想要看他生气发怒的样子，但孙登一出来就立刻大笑，并没有发怒。孙登有时候在人群中游走，有时候走到某一家，人家就准备了衣服食物款待他，他在主人家里的时候全然不推辞；可是等到离开的时候，东西全部都留下，不会带走。他曾经住在宜阳山，有烧炭的人看见他，知道他不是一般人，跟他搭话他也不回答。

孙登是一个具有道家精神的人，道家讲究清静自守，不以外物或者自身过度的喜怒哀乐等情绪伤害自身。孙登性无恚怒，别人的故意使坏伤害不了他，想让他生气他也不生气，赠送给他衣服什么的，他离开的时候一件都不拿，挥一挥衣袖，不带走一片云彩，当真是不以物喜不以己悲。

孙登和竹林七贤里的阮籍和嵇康都有交往，有一些关于他们的轶事流传了下来。

《晋书·阮籍传》记载："籍尝于苏门山遇孙登，与商略终古及栖神导气之术，登皆不应，籍因长啸而退。至半岭，闻有声若鸾凤之音，响乎岩谷，乃登之啸也。"孙登这人不爱说话，阮籍去找他聊人生，谈哲学，问他栖神导气的法门，他通通不回答，阮籍见他爱答不理，只得灰溜溜地走了，离开的时候以长啸表达不满，顺带跟孙登告别。没想到孙登等阮籍走到半山腰的时候，也发出了一声长啸，那声音简直像凤凰的鸣叫一样清越动听，响彻山谷。阮籍和孙登长啸的故事，后来常被用作游逸山林、长啸放情的典故。孙登精通音律，是达到"啸"最高境界的人，现在河南省新乡市辉县市百泉镇苏门山的啸台，就是因孙登曾经隐居在这里并长啸山林而闻名。

《晋书·嵇康传》记载："康尝采药游山泽，会其得意，忽焉忘反。时有樵苏者遇之，咸谓为神。至汲郡山中见孙登，康遂从之游。登沉默自守，无所言说。康临去，登曰：'君性烈而才隽，其能免乎！'"嵇康在汲郡山里见到了孙登，就跟着孙登一起游历，但是孙登一直保持沉默，不肯说话。直到嵇康要离开的时候，孙登才对嵇康说："你知道火吗？火生下来就有光，但不轻易用它的光，可贵之处难道在于用光？人生下来就有才华，却不轻易用他的才华，可贵之处难道在于用才？火用光的时候在于得到合适的薪材，这样才能保存它的本体；人用才华的时候在于遇到合适的时机，这样才能保全他的生命。你的才华很多，见识却很少；你的性情那么刚烈，但是才华却那么出众耀眼，这能免于祸患么？"但是嵇康最终没有听从孙登的劝告，因锋芒毕露而遭到司马氏政权的忌恨，被判处死刑，临刑前作有《幽愤诗》一首："昔惭柳惠，今愧孙登。内负宿心，外恧良朋。"意思是自己既没有像春秋时期的贤人柳下惠那样，做到洁身自好、保全自己，又没有听从孙登的劝告，最终使自己遭到了祸难，所以在内感觉有负平生的志向，在外感到辜负了朋友的好意。

卷柒

东郭延

东郭延[1]，字公游，山阳[2]人也。少好道，闻李少君有道，求与相见，叩头乞得执侍巾栉[3]洒扫之役，少君许之。见延小心良谨，可成，临当去，密以《五帝六甲左右灵飞之术》[4]、游虚招真[5]十二事授延，告之曰："此亦要道也，审[6]而行之，亦升天矣。"口诀毕而遣去。

延遂还家，合服灵飞散，能夜书，在寝室中，身生光，点左右[7]。行六甲左右术，能占吉凶，天下当死者，识与不识，皆逆知之。又役使鬼神，收摄虎豹，无所不为。在乡里四百岁不老。

汉建安二十一年[8]，一旦，有数十人乘虎豹来迎之，邻尽见之，乃与亲故别而辞去，云诣昆仑台[9]。临去，延以神丹方[10]、《五帝灵飞秘要》[11]传尹先生[12]。

‖注释‖ 1 东郭延：《博物志》《后汉书》作"东郭延年"。《神仙传·李少君》篇有"少君当去时，密以《六甲左右灵飞术》十二事传东郭延"。 2 山阳：汉置县名，属河南郡。故城在今河南省焦作市修武县境。 3 巾栉（zhì）：头巾和梳篦，泛指盥洗之事。 4《五帝六甲左右灵飞之术》：见《李少君》篇。灵飞经是道教经名，主要阐述存思之法。今道藏有《上清琼宫灵飞六甲左右上符》，一卷。《汉武内传》谓此经用于请命延算、长生久视、驱策众灵、役使鬼神。 5 游虚招真：游虚，意思是神游太虚。招真，道家以为人死即形神分离，招真乃使神不离形，固神则可令人长生。 6审：详究，考察清楚，审慎施行。 7能夜书，在寝室中，身生光，点左右：《仙苑编珠》卷下《灵寿少壮东郭光明》引《神仙传》作“能夜书，在暗室中身生光明，照耀左右，又能见数十里内小物，知其形”。“寝室”当作“暗室”，“点”形近“照”而讹误。 8汉建安二十一年：建安，是东汉末年汉献帝的第五个年号，使用时间建安元年（196）一月至建安二十五年（220）三月。建安二十一年是公元216年。 9昆仑台：“广汉魏丛书”本作“昆仑山”。详见讲解。 10神丹方：道家炼丹之方，具体不详。 11《五帝灵飞秘要》：可能与《五帝六甲左右灵飞之术》有关，具体不详。 12尹先生：《汉武帝外传》称，“尹先生讳轨。”见《神仙传·尹轨》。

＜解说＞ 这篇较为详细地介绍了东郭延跟着李少君学道的经过。东郭延，字公游，是河南山阳人。他从小就喜欢道术，对长生之术很感兴趣，听说李少君是得道高人，就千里迢迢、跋山涉水来找李少君，向李少君磕头，请求给其做一个伺候梳洗洒扫的仆役，李少君留下了他。李少君平时观察东郭延，觉得他为人谨慎，性情温良，可以教授要道，于是在快要离开的时候，将《五帝六甲左右灵飞之术》、游虚招真等十二件事传授给了他。

东郭延回到家里，炼制灵飞散服下，突然就能在夜间写字，身体在黑暗的房间里面发光，照亮了身边的东西；又行六甲左右术，能占卜吉凶，推算出天下应当死掉的人；又能驱使鬼神，收摄虎豹，总之没有什么不能的。东郭延在家乡活到了四百岁还不老。

东汉末年汉献帝建安二十一年（216）的一天，有几十个人乘着虎豹来迎接东郭延，邻居们都看到了。于是他和亲友告别离去，说是要去造访“昆仑台”。

这里的“昆仑台”不知具体所指。“昆仑”，据《山海经·大荒西经》：“西海之南，流沙之滨，赤水之后，黑水之前，有大山，名曰昆仑之丘。有神，人面虎身，有文有尾，皆白，处之。其下有弱水之渊环之，其外有炎火之山，投物辄燃。有人戴胜，虎齿，有豹尾，穴处，名曰西王母。此山万物尽有。”大意是越过西海，穿过一片沙漠，两条大河之间有一座名叫“昆仑之丘”的山，山上有一个外形像人、但长着老虎牙和豹尾的神，叫西王母，山中物产极为丰富。“台”，据晋代王嘉《拾遗记·昆仑山》：“傍有瑶台十二，各广千步，皆五色玉为台基。”昆仑山上有十二座用五彩玉石建成的瑶台；据李白诗《清平调·其一》“若非群玉山头见，会向瑶台月下逢”，“瑶台”是传说中神仙居住的地方。不知这里所说的“昆仑台”与西王母所居的“昆仑之丘”是否有关系，是否就是昆仑山上的瑶台呢？

东郭延临走的时候把神丹方、《五帝灵飞秘要》传授给了尹轨。

据南朝宋范晔《后汉书·甘始传》记载：“甘始、东郭延年、封君达三人者，皆方士也。率能行容成御妇人术。”说东郭延叫“东郭延年”，擅长房中术。

灵寿光

灵寿光者，扶风[1]人也。年七十时，得朱英丸方[2]，合服之，转更少壮如年二十时。至建安元年[3]，已二百二十岁矣。

‖注释‖ 1 扶风：郡名。在今陕西兴平东南。 2 朱英丸方：道家视朱英为瑞草，朱英丸可延年益寿。朱英丸方为炼制朱英丸的方子。 3 建安元年：建安是东汉末年汉献帝的第五个年号，从建安元年（196）一月到建安二十五年（220）三月。建安元年是公元 196 年。

<解说> 灵寿光，西晋张华《博物志·方士》作“冷寿光”，并说他是魏王（魏武帝曹操）所集的十六位著名方士之一，这十六位方士“皆能断谷不食，分形隐没，出入不由门户”。灵寿光是陕西扶风人，七十岁的时候得到了朱英丸方，合制服下后，慢慢变得年轻少壮，就好像二十岁时候一样。到了东汉献帝建安元年（196），灵寿光已经二百二十岁了。

南朝宋范晔《后汉书·方术传》：“冷寿光、唐虞、鲁女生三人者，皆与华佗同时。寿光年可百五六十岁，行容城公御妇人法。尝曲颈鸫息，须发尽白，而色理如三四十岁，死于江陵。”说明灵寿光也是一位房中养生家，“曲颈鸫息”的意思是弯曲脖颈像鸫鸟一样引气呼吸，这是古代方士的一种导引方法，可见除房中术外，灵寿光还会行气导引之术。通过房中术、导引、行气的修炼，灵寿光虽然头发和胡须都雪白，但脸色还是三四十岁的模样，最后死在了湖北江陵。

刘京

刘京[1]，字太玄，南阳[2]人也。汉孝文皇帝[3]侍郎[4]也。后弃世从邯郸张君[5]学道，受饵朱英丸方[6]，合服之，百三十岁，视之如三十许人。后师事蓟子训[7]，子训授京《五帝灵飞六甲》十二事[8]，《神仙十洲真形》[9]诸秘要，京按诀行之，甚效，能役使鬼神，立起风雨，召致行厨，坐在立亡，而知吉凶期日。又能为人祭天益命，或得十年，到期皆死，其不信者，至期亦死。周流名山五岳，与王真[10]俱行，悉遍也。

魏武帝[11]时，故游行诸弟子家。皇甫隆[12]闻其有道，乃随事之，以云母九子丸[13]及交接之道二方教隆，隆按合行服之[14]，色理日少，发不白，齿不落，年三百余岁，不知能得度世不耳。

魏黄初三年[15]，京入衡山[16]中去，遂不复见，京语皇甫隆曰："治身之要，当朝朝服玉泉，使人丁壮有颜色，去三虫而坚齿也。玉泉者，口中液也。朝来起早[17]，漱液满口，乃吞之，琢齿二七过，如此者三乃止，名曰炼精，使人长生也。夫交接之道至难，非上士不能行之，乘奔牛惊马未足喻其险坠矣。卿性多淫，得无当用此自戒乎！"如京言，虑隆不得度世也。

‖注释‖ 1 刘京：《汉武帝外传》卷五作"刘景"。《仙苑编珠》卷中《御妄娄景烧炭严青》云："娄景者，汉文帝侍郎也。"刘京，又作"刘景""娄景"。 2南阳：故称宛，河南省辖地级市，位于河南省西南部、豫鄂陕三省交界地带，因地处伏牛山以南，汉水以北而得名。 3汉孝文皇帝：汉文帝刘恒（前202—前157），汉高祖刘邦第四子，母薄姬，汉惠帝刘盈之弟。 4侍郎：汉代郎官的一种，为宫廷近侍。 5邯郸张君：《无上秘要》卷八四《得太极道人名品》云，"邯郸张君，前汉末人。刘京，张君弟子。"具体不详。 6朱英丸方："广汉魏丛书"本作"受饵云母朱英方服之"。《仙苑编珠》卷中《御妄娄景烧炭严青》云："娄景者，汉文帝侍郎也。从张君学道，得云母朱英丸方。"《博物志》卷五《辨方士》引《典论》云："降就道士刘景，受云母九子元方。""九子元"或许是"朱英丸"之误。《四库全书》本脱"云母"二字。具体不详。 7蓟子训：见《神仙传·蓟子训》。 8《五帝灵飞六甲》十二事：灵飞经是道教经名，主要阐述存思之法。今道藏有《上清琼宫灵飞六甲左右上符》，一卷。《汉武内传》谓此经用于请命延算、长生久视、驱策众灵、役使鬼神。 9《神仙十洲真形》：《海内十洲记》云，"臣先师谷希子者，太上真官也。昔授臣昆仑、钟山、蓬莱山及神洲真形图。"《神仙十洲真形》或为《神洲真形图》。 10王真：见《神仙传·王真》。 11魏武帝：指曹操。 12皇甫隆：安定（今甘肃定西）人，魏嘉平（249—253）中为敦煌太守。 13云母九子丸：或许为"云母朱英方"。详见"朱英丸方"条注。 14隆按合行服之："广汉魏丛书"本作"隆合服之"。 15魏黄初三年：黄初（220—226）是魏文帝曹丕的年号，共计七年。黄初三年是公元222年。 16衡山：在今湖南省衡山县。 17朝来起早：《三洞珠囊》卷一〇《叩齿咽液品》云，"仙人刘京语皇甫隆曰，'夫朝起未澡洗之前，平坐漱口中唾。'"

<解说> 刘京，字太玄，河南南阳人。从此篇提到的时间来看，他从汉文帝（前202—前157）时一直活到魏文帝黄初三年（222），在人间待了将近四百年才进入衡山，没有再出来。

刘京年轻的时候曾经是汉文帝的侍卫，但他对仕途没有兴趣，反而渴望长生，于是不辞辛苦到邯郸找到张君，从张君那里学到朱英丸方，按方子炼药服下之后，年纪到了一百三十岁了，还容光焕发，看着像个三十多岁的人。

后来他又拜蓟子训为师，从蓟子训那里学到《五帝灵飞六甲》十二事、

《神仙十洲真形》等诸多秘密要诀，按照秘诀修行之后，能驱使鬼神，兴起风雨，使酒食饭茶凭空而致，能隐遁变化，占卜人事吉凶。他还能通过祭天给别人延长寿命，有的多活了十年，到了延长的期限才死去，即使是不相信他这个法术的人，也是到了约定的期限才死去。

刘京在人间到处游历玩耍，到了曹操当权的时候，住在诸位弟子的家里。有一个叫皇甫隆的人听说了他的名声，也去请求拜他为师。刘京传授给皇甫隆云母九子丸和阴阳交接之道，皇甫隆使用之后活到三百岁，头发不白，牙齿不掉。

魏文帝黄初三年（222），刘京进入衡山之前，嘱咐皇甫隆：“所谓修身的要诀，在于每天早晨服下玉泉，它能让人保持年轻，面色红润有光泽，能去除身体里的三尸虫，能坚固牙齿。所谓‘玉泉’，就是口里面的唾液。每天早上早起的时候，含满水漱口，然后把漱口水吞下去，上下叩击牙齿十四下，像这样做三遍然后停止，名叫‘炼精’，能让人长生。交接的方法最难，如果不是上等的士人是不能施行的，骑着飞奔的牛和驾着受惊的马也无法比拟交接之道的危险！你本性多淫，一定要谨慎再谨慎啊。”刘京这样殷切嘱咐，是担心皇甫隆不能够度世成仙。

据“广汉魏丛书”本《神仙传·刘京》记载，皇甫隆最后果然还是没有学到老师的道法精华，所以没有度世。据说刘京将九子丸传授给一个叫王公的人，当时王公已经七十岁了，服下之后，与八十个小妾生下了二十多个儿子！

严青

严青[1]者，会稽[2]人也。家贫，常在山中烧炭，忽遇仙人云："汝骨相合仙。"乃以一卷素书[3]与之，令以净器[4]盛之，置高处，兼教青服石脑法[5]。青遂以净器盛书，置高处，便闻左右常有十数人侍之。每载炭出，此神便为引船，他人但见船自行。后断谷入小霍山[6]去。

‖注释‖ 1 严青："广汉魏丛书"本作"严清"。 2 会稽：郡名。在今浙江绍兴。 3 素书：写在白绢上的道书。 4 净器："广汉魏丛书"本作"洁器"。 5 石脑法：石脑，钟乳之类，《抱朴子内篇·仙药》列于其中。 6 小霍山：在今安徽六安，据说因远接霍山之脉而得名。

<解说> 严青，又作"严清"，是浙江会稽人。严青家里贫困，常常在山里烧炭卖钱，有一次在山里烧炭，忽然遇到一个仙人跟他说："你的骨相应当能成为神仙。"于是仙人把一卷素书给了他，让他用洁净的器皿装着，放在高处，又教给他服用石脑的方法。严青于是用洁净器皿装着书，放在高处。从那之后，人们便听说他身边经常有十几个人服侍着。每次他装着炭出来，这个神仙就为他牵引船只，别人只看见船只行走，看不见仙人牵引。后来严青到安徽小霍山里断谷去了。

北宋李昉等《太平御览·方术部·禁》中引《神仙传》说，严青曾经有一次从弟子家里出来往回走，当时天已经黑了，恰好遇见了都督巡查，都督就大声喝问对面是谁在夜行。严青也大声问都督："那你是什么人呢，为什么大

晚上的不睡觉在大街上行走？”都督很是生气：“我问你呢，你倒先问起我来了！”于是对底下人说：“去，把这些夜行的人都给我记下来。”严青听了也很生气，就骂都督。都督的一个随从说：“把这些夜行的人都给我抓了！”可是没等他们靠近严青，严青使了一个法，转身就逃走了。反而是都督一行人倒霉了，他们都被严青用气禁术定住了，一动也不能动，就这样定了整整一个晚上。第二天天明，路过的人看见了都督他们，就问他们为什么站在路上一动不动，都督跟过路人解释了昨天晚上发生的事情。过路人说这肯定是严青干的。都督拜托过路人去告诉自己家里人，家里人知道后，立刻跑去求严青放了他们。都督也连连道歉。严青于是大声说：“把昨天晚上所登记的夜里走路的人全部都放了，我就放了你。”都督哪敢不照办！严青这才把都督等人解禁了。此后，都督留下了严重的心理阴影，后来每次夜里办差，只要遇见一个过路人，就先问他：“嗨，对面走来的人，你不是严公吧？”由此说明早期《神仙传》版本中确有严青擅长气禁术的情节，现在流传下来的故事不是完整版。

帛和

帛和[1]，字仲理。师董先生[2]行炁断谷术[3]，又诣西城山师王君[4]，君谓曰："大道之诀，非可卒[5]得，吾暂往瀛洲[6]，汝于此石室中，可熟视石壁，久久当见文字，见则读之，得道矣。"和乃视之，一年了无所见，二年视有文字，三年了然，见《太清中经神丹方》[7]、《三皇文》[8]、《五岳图》[9]，和诵之上口。王君回曰："子得之矣。"乃作神丹，服半剂，延年无极，以半剂作黄金五十斤，救惠[10]贫病也。

‖注释‖ 1帛和："广汉魏丛书"本说他是辽东人，后来进入林虑山修炼成了地仙。文字与此《四库全书》本有所不同。 2董先生："广汉魏丛书"本说他进入地肺山师事董奉。董奉，见《神仙传·董奉》。 3行炁断谷术：行炁，又称运炁、引炁、通炁、逼炁、闭炁等，指运行体内的真炁，以通经脉。《抱朴子内篇·释滞》："初学行炁，鼻中引炁而闭之，阴以心数一百二十，乃以口微吐之，吐之、引之，皆不欲令己耳闻其出入之声，常令入多出少，以鸿毛着鼻口之上，吐气而鸿毛不动为候也。"断谷：指道教的辟谷不食之术。"广汉魏丛书"本作"奉以行气、服术法授之"。 4又诣西城山师王君：西城山王君，又称西城王君。据《云笈七签》卷一〇六载魏华存撰《清虚真人王君内传》云："王君讳褒，字子登，范阳襄平人也。" 5卒（cù）：同"猝"，突然，快速。 6瀛洲：古代中国神话传说中的东海仙山，最早见于《列子》。《列子·汤问》："渤海之东，不知几亿万里……其中有五山焉，一曰岱舆，二曰员峤，三曰方壶，四曰瀛洲，五曰蓬莱……所居之人，皆仙圣之种。” 7《太清中经神丹方》：即《太清金液神丹经》，是道教的重要炼丹著作，一名《上清金液神丹经》，简称《金液神丹经》。分为上、中、下三卷。原书不著撰者，或托为葛洪所著。 8《三皇文》：又称《三皇经》《三皇内文》，是《天皇文》《地皇文》《人皇文》的合称。唐太宗贞观二十年（646）下令毁《三皇经》。古本《三皇经》今已佚。据传此经三国帛和得到后传郑隐，后郑隐传葛洪，即所谓《小有三皇文》，称此文在小有之天玉府中，又叫《小有经》。据道教传说，西晋时鲍靓学道嵩山，于惠帝永康（300—301）年中得受此文，后授葛洪，即《大有三皇文》，又称《大有经》，说此经秘在大有宫中。 9《五岳图》：即《五岳真形图》，《抱朴子内篇·登涉》云，“上士入山持《三皇内文》及《五岳真形图》，所在召山神，及按鬼录，召州社及山卿宅尉问之，则木石之怪，山川之精，不敢来试人。” 10惠：施惠于。

<解说> 帛和，字仲理。“广汉魏丛书”本《神仙传·帛和》说帛和是辽东人。综合此《四库全书》本和“广汉魏丛书”本来看，帛和先是进入地肺山，拜董奉为师。董奉将行气、服术等道法传授给帛和，并告诉他自己的道术仅止于此，无法炼成神丹金砂等大药，需要靠他自己去别处寻找。于是帛和才到西城山找王君。王君告诉他：“神丹大道的秘诀不可能一下子就得到，我现在要去瀛洲。你就待在这个石室中，认真观看室中墙壁，时间久了就能看到文字，看到之后反复诵读，自然能够得到大道。”帛和于是开始观看墙壁，看了一年什么都没有看到，看了两年隐约看到有文字出现，看了三年才终于清楚地看见《太清中经神丹方》《三皇天文》《五岳真形图》等道书。帛和反复讽诵，有很多不解之处，王君这才传授给他口诀。后来帛和进入林虑山成为地仙。

传说帛和后来又到五终山炼丹修道，最后慕名到邙山翠云峰老子炼丹处修道，并在翠云峰辞世，他的墓在翠云峰东北。墓碑上写着“真人帛君之表”。墓碑立于晋惠帝永宁二年（302）。据传帛和到洛阳翠云峰后，洛阳附近的道士听说外地来了一个很厉害的道士，纷纷来拜访他，向他咨询各种疑难问题。不管什么难题，帛和都能立刻反应过来，一一做出回答。时间长了，帛和就获得了“远识人”的雅号。但洛阳当地人始终不知道帛和的真实年龄，帛

和本人也从未透露过他的岁数。已届高龄的帛和还练就一身轻功，洛阳当地人正在向他请教时，眨眼之间，他就不见了踪影，当时人们都称他为“神人”。传说帛和在洛阳修道的时候，曾得到《五岳真形图》等道教秘籍，至今登封中岳庙还保存有《五岳真形图》刻石，是道教珍贵的文物资料。帛和发展了老子学说，在洛阳创立了“帛家道”。帛家道是早期道教派别之一，流行于魏晋，在东晋的时候向上层社会发展，南北朝的时候还流行于江浙一带，对道教上清派的形成有一定的影响。帛家道后来逐渐衰绝，或许是和天师道及上清派逐步融合了。

《神仙传》这里说帛和炼制神丹成功后，服用了半剂，自此长生不老；又把剩下的半剂炼成黄金，救济贫苦生病的人。

赵瞿

赵瞿[1]者，上党[2]人也。病癞[3]历年，众治之，不愈，垂死。或云："不及活流弃之，后子孙转相注易[4]。"其家乃赍粮[5]将之送置山穴中。瞿在穴中自怨不幸，昼夜悲叹涕泣。

经月，有仙人行经过穴，见而哀之，具问讯之，瞿知其异人，乃叩头自陈乞哀。于是仙人以一囊药赐之[6]，教其服法。瞿服之，百许日，疮都愈，颜色丰悦，肌肤玉泽。仙人又过视之，瞿谢受更生活之恩，乞丐[7]其方。仙人告："此是松脂[8]耳，此山中更多此物，汝炼服之，可以长生不死。"瞿乃归家，家人初谓之鬼也，甚惊愕。

瞿遂长服松脂，身体转轻，气力百倍，登危越险，终日不极[9]。年百七十岁，齿不堕，发不白。夜卧，忽见台间有光，大如镜者，以问左右，皆云不见，久而渐大，一室尽明，如昼日。

又夜见面上有彩女[10]二人，长二三寸，而体皆具，但为小耳，游戏其口鼻之间，如是且一年，此女渐长大，出在其侧。又常闻琴瑟之音，欣然独笑。在人间三百许年，色如小童。乃入抱犊山[11]去，必地仙[12]也。

‖注释‖ 1 赵瞿："广汉魏丛书"本云，"赵瞿者，字子荣。" 2 上党：在今山西长治。 3癞：古代疮、疥、大风（今称麻风病）均称“癞”。 4不及活流弃之，后子孙转相注易：“广汉魏丛书”本作“当及生弃之，若死于家，则世世子孙相蛀耳”。《太平广记》卷四一四《服松脂》引《抱朴子》作“不如及活流弃之”，《四库全书》本脱“如”字。注易，《急就篇》卷四颜师古注曰：“注易之病，一人死，一人复得气相灌注也。”指传染病。 5赍粮：赍，携带。“广汉魏丛书”本作“为作一年粮”。 6以一囊药赐之：“广汉魏丛书”本作“以松子、松柏脂各五升赐之”。 7乞丐：这里做动词，乞求。 8松脂：由松类树干分泌出的树脂，在空气中呈黏滞液或块状固体，含松香和松节油。也称松香、松膏、松胶、松液、松肪。 9不极：不倦。 10彩女：或作“采女”。采女，原为汉代六宫的一种称号，因其选自民家，故曰“采女”。后用作宫女的通称。这里指仙女。 11抱犊山：具体所在不详。一说位于河北省获鹿县西，顶有甘泉，后魏时百姓避乱抱犊上，故称为抱犊山，或称为革山。一说在上党（今山西长治），《太平寰宇记》卷四五《河东道六潞州》“壶关县”引《福地记》曰：“抱犊山在上党东南一里，高七十丈，有石城，高十丈，方一里。” 12地仙：葛洪《抱朴子内篇·论仙》，“按《仙经》云，‘上士举形升虚，谓之天仙；中士游于名山，谓之地仙；下士先死后脱，谓之尸解仙。’”

<解说> 松脂是道家认为的仙药之一，说是久服有延年益寿的功效。据葛洪《抱朴子内篇·仙药》载，赵瞿服用松脂达到强身健体、延年益寿的效果，后来许多人效仿赵瞿服用松脂，但没什么效果。葛洪认为是服用的时间不够：“于时闻瞿服松脂如此，于是竞服。其多役力者，乃车运驴负，积之盈室，服之远者，不过一月，未觉大有益辄止，有志者难得如是也。”

葛洪《肘后备急方》卷五“治卒得癞皮毛变黑方第四十”中也收录了赵瞿的故事，说是松脂能很好地治疗麻风病：“松脂，炼投冷水中二十次，蜜丸服二两，饥即服之。日三，鼻柱断离者二。百日瘥。”

《神仙传》详细记述了赵瞿服用松脂的经过：

赵瞿患癞病多年，各种方法都试遍了，还是没有治好，病得快死的时候，有人说：“不如趁他还活着，赶紧把他丢到后山去吧，不然他这个病是要传染给子孙后代的呀！”于是家里人给他准备好干粮，把他抬到山上，放在了山洞里。赵瞿在山洞里伤心绝望，天天痛哭悲叹自己命苦。

就这样过了一个多月，有一天突然有一位仙人经过洞穴，看到赵瞿很是可怜，就问赵瞿的情况。赵瞿于是赶紧磕头陈述自己的遭遇，乞求仙人救救他。于是仙人把一囊药赐给他，教给他服用的方法。后来经过一百多天，赵瞿的疮疤都痊愈了，面色变得丰润悦目，皮肤变得像玉一样有光泽。仙人又经过这里来看他，赵瞿感谢仙人的再造之恩，请求这药的方子。仙人告诉他说："这就是松脂啊，这座山里就有很多这种东西，你坚持炼制服用，可以长生不老。"赵瞿于是回了家，家人一开始都以为他是鬼魂，又惊又怕。

赵瞿于是长年服用松脂，身体变得愈发轻盈，气力百倍于前，登山越险，一整天也不感到疲惫。他活到一百七十岁了，仍牙齿不落，头发不白。夜里歇卧的时候，忽然看见台间有光发出，像镜子一样大，他问左右的人那是什么，左右的人都说看不见任何东西。慢慢地光变大了，照得整个房间亮得像白天一样。

后来赵瞿又在夜间看见有两个采女突然出现在自己脸上，长二三寸，身体跟正常人一样什么都具备，只是比较小罢了，采女们在赵瞿的嘴巴、鼻子间玩耍。就这样过了一年，采女渐渐长大，在赵瞿身边进进出出地玩乐。家里人常常能听见赵瞿房里传出琴瑟的声音，还看见赵瞿一个人呆呆地笑。赵瞿在人间待了三百多年，模样看起来就像小孩子一样。后来他进入抱犊山里，成了地仙。

宫嵩

宫嵩者，大有文才，著道书二百余卷，服云母[1]，得地仙[2]道。后入苎屿山[3]中仙去。

‖注释‖ 1云母：一种造岩矿物，俗称千层纸，晶体常呈假六方片状，集合体为鳞片状。玻璃光泽，半透明，有白色、黑色、青色、黄褐色、红色等颜色。葛洪《抱朴子内篇·仙药》中详细解释了云母是什么，服食云母的方法和功效，认为云母有五种，一般人分辨不出来，只有举起云母向着太阳，仔细观察云母的颜色，才能分辨。 2地仙：葛洪《抱朴子内篇·论仙》："按《仙经》云，'上士举形升虚，谓之天仙；中士游于名山，谓之地仙；下士先死后脱，谓之尸解仙。'" 3苎屿山：也作"茔屿山""纻屿山"，具体位置不详。"广汉魏丛书"本《神仙传·陈长》说："纻屿山，其地方圆千里，上有千余家，有五谷成熟，莫知其年纪，风俗与吴同。"苎屿山，也可能指葛洪《抱朴子内篇·金丹》所说的位于会稽之纻屿洲。

<解说> "广汉魏丛书"本《神仙传·宫嵩》说宫嵩是汉元帝（前74—前33）时人，跟随仙人干吉（一作于吉）学道，后来他们在曲阳泉上遇到了天仙，天仙授给干吉《太平经》十部。《太平经》是对道教的形成和发展产生过重要影响的一部典籍。干吉学了之后很有效果，就把《太平经》给了宫嵩。后来宫嵩把《太平经》献给了皇帝，皇帝一看，书里谈的都是阴阳吉凶一类的事情，大概是一部高级的算卦书吧。据说治国者用了这部书，可以获得长生。

南朝宋范晔《后汉书·襄楷传》记载："顺帝时，琅琊（在今山东临沂

北）人宫崇诣阙，上其师干吉于曲阳泉水上所得神书百七十卷，号《太平清领书》。其言以阴阳五行为家，而多巫觋杂语。有司奏崇所上妖妄不经，乃收臧之。后张角颇有其书焉。”《后汉书》的记载与“广汉魏丛书”本《神仙传·宫嵩》相照应，只不过《后汉书》里把“宫嵩”写作“宫崇”，并且说宫崇所上的《太平清领书》在当时朝臣看来，就是神神鬼鬼的邪魔外道。朝廷于是把这部书废弃不用。后来这部书被黄巾起义的领导人张角大大利用，成为他创立“太平道”的重要依据。

葛洪《抱朴子内篇·勤求》记有：“故后之知道者，干吉容嵩桂帛诸家，各著千所篇，然率多教诫之言，不肯善为人开显大向之指归也。”《抱朴子》又把“宫嵩”写作“容嵩”，说干吉、容嵩、桂帛等人，著书非常多，但大都是无关紧要的戒律之类的内容，不肯为人指出真正的成仙大道。

容成公

容成公，行玄素[1]之道，延寿无极。

‖注释‖ 1 玄素：玄女和素女。传说她们以房中术授黄帝。见《云笈七签》卷一百《轩辕本纪》。晋葛洪《抱朴子内篇·微旨》："知玄素之术者，则曰唯房中之术，可以度世矣。"

＜解说＞ 容成公是中国古代神话传说中的仙人，黄帝的臣子，是指导黄帝学习养生术的老师之一。关于容成公的记载，最早见于《列子·汤问》："唯黄帝与容成子，居空峒之上，同斋三月，心死形废。"刘向《列仙传·容成公》亦载："容成公者，自称黄帝师，见于周穆王。能善补导之事，取精于玄牝。其要谷神不死，守生养气者也。发白更黑，齿落更生。事与老子同。亦云老子师也。"

汉晋间，盛传房中术，容成公的声望是很盛的，当时修炼房中术的道士都号称宗法容成公。据《后汉书·方术传》记载，汉末方士甘始、东郭延年、封君达、冷寿光等，都行的是容成公御妇人之术，爱啬精气。

但是元代赵道一在《历世真仙体道通鉴》里认为，《列仙传》记载"炼精于玄牝"不是指房中术，后代人不知道真正的意思，都在以讹传讹，将"炼精于玄牝"说成御女术，又常常假借容成公的名声谈房中术，这都是不对的。

"玄牝"的解释很难，它是一个道家术语，出自《道德经》第六章："谷神不死，是谓玄牝。玄牝之门，是谓天地根，绵绵若存，用之不勤。"关于“玄牝”的解释，后代说法不一，有玄妙的母体或母性、天与地、鼻与口、上与下、父精与母血、肾、元神、黄庭中丹田、心之左右二窍等各种说法。如果将“玄牝”解释成玄妙的母体，那么“取精于玄牝”就象征着阴阳交接之道；如果把“玄牝”解释成鼻子和口，那么“炼精于玄牝”指的就是行炁术，而非房中术了。

所谓“谷神不死”，谷，本意为山谷，这里指空虚。谷神，指由道质和道性所构成的大道，也可谓大自然。因为道的状态类似虚无，所以称其为谷；因其蕴藏妙用而应变无穷，所以称之为谷神。谷神不死，因其从不失灭，所以说“谷神不死”。

董仲君

董仲君者，临淮[1]人也。服炁炼形，二百余岁不老。曾被诬系狱，乃佯死，须臾虫出，狱吏乃舁[2]出之，忽失所在。

‖注释‖ 1 临淮：大致在今江苏省淮安市盱眙县一带。盱眙县在汉代曾属于临淮郡，在晋代曾属于临淮国。 2 舁（yú）：共同用手抬。

<解说> 董仲君，临淮人。他修习行气和导引炼形之术，到了二百多岁的时候还不老。他曾被人诬陷关进监狱，于是假装死亡，不一会儿身体里面就有虫子爬出来。狱卒赶紧把他抬出去，忽然他就消失不见了。

《太平广记》卷七一引晋代王嘉《拾遗记》：“汉武帝嬖李夫人。及夫人死后，帝欲见之，乃诏董仲君与之语曰：‘朕思李氏，其可得见乎？’仲君曰：‘可远见而不可同于帷席。’帝曰：‘一见足矣，可致之。’仲君曰：‘黑河之北，出潜英之石，刻之为人像，神语不异真人。使此石像往，则夫人至矣。’于是以楼船百艘，经年而还，得此石。即刻作李夫人形，置于轻纱幕中，婉若生时。”说汉武帝宠幸李夫人，李夫人去世之后，汉武帝十分想念，就召来董仲君问他有没有什么办法再见到李夫人，董仲君就说：“黑河的北面，出产一种石头叫‘潜英之石’，把这种石头刻成人像，就像见到真人一样，只是只可远观，不可接近。”于是汉武帝派人用上百艘楼船花了一年时间才把潜英之石从黑河运回来，刻成李夫人的形象，隔着帷幕看，就像李夫人活着的时候一样。

但是东汉桓谭《新论·辨惑第十三》曾记：“近哀、平间，睢陵有方士董仲君，好方道，尝犯事坐重罪，系狱，佯病死。数日，目陷虫出。吏捐弃之，既而复活。故知幻术靡所不有。”桓谭（约前 23—56）是汉哀帝（前 25—前 1）、平帝（前 9—6）时的人，他说董仲君出现在哀帝、平帝年间，应该是比较可信的，那么为汉武帝招来李夫人的就不是董仲君了。至于让汉武帝见到死去的李夫人的事情，据晋代干宝《搜神记》记，乃是一个叫李少翁的道士为汉武帝招致李夫人鬼魂。

葛洪《神仙传》卷六“李少君”篇记有“董仲”，说李少君和朝议郎董仲关系很好，曾赠送仙药给董仲，董仲吃了之后返老还童，很有效果。有人说这里的“董仲”或许就是董仲舒，后人把他和汉哀帝、平帝时期的另一个仙人董仲君混淆了。

倩平吉

倩平吉者，沛[1]人也。汉初入山得道，至光武[2]时不老，后托形尸假[3]，百余年却还乡里也。

‖注释‖ 1 沛：指沛郡，西汉景帝时设置，治所在相县（今安徽省淮北市境内），管辖相县、萧县（今安徽宿州市萧县）、沛县（今江苏徐州市沛县）、丰县（今江苏徐州市丰县）等30多个县。 2 光武：指东汉开国皇帝光武帝刘秀（前5—57），公元25年至57年在位。 3 尸假：指尸解，道教认为道士得道后可遗弃肉体而仙去，或不留遗体，只假托一物（如衣、杖、剑）遗世而升天，谓之尸解。

<解说> 倩平吉，沛地人。汉初进入山里面学习道术，到了东汉光武帝的时候人还不老，后来假托尸解术离去，一百多年后回到了乡里。

“广汉魏丛书”本《神仙传》作“清平吉”，说清平吉曾经是汉高祖刘邦（前256—前195）的侍卫，尸解一百多年后返回家乡，其后再一次尸解离开。

王仲都

王仲都者，汉中[1]人也。汉元帝[2]常以盛暑时暴[3]之，绕以十余炉火而不热，亦无汗。凝冬之月，令仲都单衣，无寒色，身上气蒸如炊。后不知所在。

‖注释‖ 1汉中：郡名。在今陕西汉中。 2汉元帝：刘奭（前75—前33），汉宣帝刘询和许平君之子，公元前49年至前33年在位。 3暴（pù）：同“曝”，晒。

<解说> 王仲都是陕西汉中人。他能保持体温平衡，不畏寒热。汉元帝曾在盛暑的时候曝晒王仲都，在他身边环绕而设十多盆炉火，他不感到热，也不出汗；冬天极冷的月份，让王仲都穿着单衣，他的面色也没有感到冷的样子，身上还有气冒出，就像做饭的蒸汽。后来就不知道他到哪里去了。

葛洪《抱朴子内篇·杂应》中说要想获得不畏酷热的本领可以“服六壬六癸之符，或行六癸之炁，或服玄冰之丸，或服飞霜之散”。并说：“幼伯子、王仲都，此二人衣以重裘，曝之于夏日之中，周以十炉之火，口不称热，身不流汗，盖用此方者也。”《抱朴子》说王仲都之所以不畏暑热，大概是服下六壬六癸之符，或行了六癸之炁，或服下玄冰之丸，或服下飞霜之散的缘故。

但“广汉魏丛书”本《神仙传·王仲都》记有：“学道于梁山，遇太白真人，授以虹丹，能御寒暑，已二百许年。……桓君山著《新论》，称其人。”说王仲都在梁山学习道术，遇到了太白真人，传授给他虹丹，所以能不畏严寒酷暑。

程伟妻

汉黄门郎[1]程伟，好黄白术[2]。娶妻得知方家女[3]。伟常从驾出而无时衣，甚忧。妻曰："请致两段缣[4]。"缣即无故而至前。伟按《枕中鸿宝》[5]作金不成，妻乃往视伟，伟方扇炭烧筩[6]，筩中有水银，妻曰："吾欲试相视一事。"乃出其囊中药少许投之，食顷发之，已成银。伟大惊曰："道在汝处，而不早告我，何也？"妻曰："得之须由命者[7]。"于是伟日夜说诱之，卖田宅以供美食衣服，犹不肯告伟，伟乃与伴谋挝[8]笞杖之，妻辄知之，告伟言："道必当传其人，得其人当路相遇，辄教之。如非其人，口是而心非，虽寸断而支解，而道犹不出也。"伟逼之不止，妻乃发狂，裸而走，以泥自涂，遂卒[9]。

‖注释‖ 1黄门郎："广汉魏丛书"本《神仙传·程伟妻》作"期门郎"。胡守为《神仙传校释》认为当作"期门郎"。期门郎，官名，简称期门。《汉书·百官公卿表上》称："汉武帝建元三年初置，比郎，多至千人。武帝微服外出，与北地良家子期于门下，后遂以名官。属光禄勋。"负责在皇帝外出时跟从并保卫皇帝。 2黄白术：黄喻黄金，白喻白银。黄白之术指道家企图通过药物的点化，将贱金属（铜、铅、锡等）炼制成黄金、白银。 3得知方家女：方家，通晓方技之家。这里指其妻通晓方术。 4缣：双经双纬的粗厚织物之古称。《释名·释采帛》："缣，兼也，其丝细致，数兼于绢，染兼五色，细致不漏水也。”　5《枕中鸿宝》：据传为汉淮南王刘安的道书。　6筩（tǒng）：同“筒”，较粗的管状器物。　7得之须由命者：《太平广记》卷五九《程伟妻》引《集仙录》作“骨相不应得”。　8挝（zhuā）：同“抓”，也有打、敲打的意思。　9妻乃发狂，裸而走，以泥自涂，遂卒：“广汉魏丛书”本《神仙传·程伟妻》作“妻遂蹷然而死，尸解而去”。

<解说>　汉代有个黄门郎（应作期门郎）叫程伟，喜好黄白之术。他娶了懂得方技的女子为妻。程伟曾经跟着别人驾车出行，但因没有当季的衣服，非常担忧。他的妻子说：“请给我弄来两段缣。”缣突然就凭空到了她身前。程伟按照《枕中鸿宝》炼制黄金不成功，他的妻子去看程伟，程伟正扇着火炭烧筒子，筒中有水银，他的妻子说：“我想试一件事。”于是取出囊中的一点药投进筒中，吃完饭之后打开筒子，已经成了银。程伟非常吃惊，说：“你身怀道术，为什么不早告诉我呢？！”他的妻子说：“得道是要看命的。”

从那以后，程伟日夜地游说、取悦妻子，把房子卖了给妻子买各种美食衣服，其妻就是不为所动，怎么都不肯告知程伟。程伟见利诱行不通，就起了歹心，想要威逼妻子，于是和同伙密谋抓住妻子、拿竹条打她，逼她说出秘密。他的妻子已经提前知道了，告诉程伟说：“道一定要传给应该得道的人，只要是应该得道的人，哪怕是在路上偶遇的，我也教给他；如果不是应该传道的人，这种人口是心非，那么我即使身体被寸断肢解，也不教给他！”程伟不停威逼妻子，他的妻子便发了狂，裸着身体逃跑，把泥涂在身上，于是就死了。

《枕中鸿宝》即《鸿宝枕中书》，是一本讲如何炼制黄金的道书。《抱朴子内篇·论仙》中说《鸿宝枕中书》是淮南王刘安从《神仙集》中抄录出来的：“夫作金皆在《神仙集》中，淮南王抄出，以作《鸿宝枕中书》。虽有其文，然皆秘其要文，必须口诀，临文指解，然后可为耳。其所用药，复多改其本名，不可按之便用也。刘向父德治淮南王狱中所得此书，非为师授也。向本不解道术，偶偏见此书，便谓其意尽在纸上，是以作金不成耳。”意思是，制作黄金的方法都写在《神仙集》中，淮南王把它们抄录出来，著成《鸿宝枕中书》，书中虽有制作方法，但重要的内容都用隐秘的语言描述，必须有懂的人亲口传授秘诀，对着文章一一解释，然后才能炼制。炼金所用的药物，大多都改变了原来的名称，不可按字面上的药名直接取用。刘向的父亲刘德是在处理淮南王谋反的案子时得到了这本书，不是由老师亲自传授的。刘向本不懂道术，偶然见到这本书，就以为其中的意旨都写在纸上了，只知按照纸上的描述炼制黄金，所以才炼金不成。这里的程伟估计也和刘向一样，单纯按照书上的记载炼金，能炼成才怪！

蓟子训

蓟达，字子训，齐国临淄[1]人，李少君[2]之邑人也。少仕州郡，举孝廉[3]，除郎中[4]，又从军。拜驸马都尉[5]。晚悟治世俗综理官无益于年命也，乃从少君学治病，作医法。渐久，见少君有不死之道，遂以弟子之礼事少君而师焉。少君亦以子训用心专，知可成就，渐渐告之以道家事，因教令胎息[6]胎食[7]住年止白之法，行之二百余年，颜色不老。

在乡里，与人信让从事[8]，性好清净，常闲居读《易》，时作小小文疏，皆有意义。少君晚乂授子训尢常子大幻化之术[9]，按事施行，皆效。曾见比舍家抱一儿，从求抱之，失手而随地，即死，其家素尊敬之，不敢有悲哀之色而埋之，谓此儿命应不成人。行已积日，转不能复思之。子训因还外抱儿还家，家人恐是鬼，乞不复用。子训曰："但取，无苦，故是汝儿也。"儿识其母，喜笑欲往母，乃取之，意犹不了。子训既去，夫妇共往掘视所埋死儿，窆器[10]中有泥儿，长六寸许耳，此儿遂长大。又诸老人发必白者，子训但与之对坐共语，宿昔之间，则明旦皆发黑矣，亦无所施为，为黑可期一年二百日也。亦复有不使人发黑者，盖神幻之大变者也。

京师贵人闻之，莫不虚心欲见子训，而无缘致之。子训比居有年少为太学生[11]，于是诸贵人共呼语之："卿所以勤苦读书者，欲以课试规富贵耳[12]。但为吾一致蓟子训来，能使卿不劳而达。"书生许诺，乃归，亲事子训，朝夕洒扫，立侍左右，如此且二百日，子训语书生曰："卿非学道者，何能如此？"书生曰："忝乡里末流，长幼之道，自当尔。"子训曰："何以不道实而作虚饰邪？吾以具知卿意，诸贵人欲得见我，我亦何惜一行之劳，而不使卿得荣位乎？便可还语诸人，吾某月某日当往。"书生甚喜，到京师，具向诸贵人说此意。到期日，子训未行，书生父母忧之，往视子训，子训曰："恐我不行也？不使卿儿失信，当发，以食时去所居。"书生父母相谓曰："蓟先生虽不如期至，要是往也，定后日。"书生归，推计之，子训以其日中时到京师，是不能半日行千余里。既至，书生往见之子训，子训问书生曰："谁欲见我者？"书生曰："欲见先生者甚多，不敢枉屈，但乞知先生所止，自当来也。"子训曰："不须使来，吾尚千余里来，宁复与诸人计此邪？卿今日使人人尽语之，使各绝宾客，吾日中当往，临时自当择所先诣。"书生如其言语贵人，贵人各洒扫。到日中，子训往。凡二十三处，便有二十三子训，各在一处，诸贵人各各喜，自谓子训先诣之。定明日相参问，同时各有一子训，其衣服颜色皆如一，而论说随主人谘问，各各答对不同耳。主人并为设酒食之具，以饷子训，皆各家家尽礼饮食之。于是远近大惊，诸贵人并欲诣之。子训谓书生曰："诸人谓我当有重瞳八采[13]，故欲见我，我亦无所道，我不复往，便尔去矣！"适出门，诸贵人冠盖[14]塞道，到门。书生言："适去，东陌上乘青骡者是也。"于是各各走马逐之，望见其骡徐徐而行，各走马逐之不及，如此行半日，而常相去一里许，不可及也，乃各罢还。

子训既少君乡里弟子，微密谨慎，思证道奥，随时明匠[15]，将足甄综众妙矣。

‖注释‖ 1 齐国临淄：在今山东淄博。 2 李少君：见《神仙传·李少君》篇。 3 举孝廉：举孝廉是汉朝一种由下而上推选人才为官的制度，被举人的资历大多为州郡属吏或通晓经书的儒生。孝廉：指孝子、廉吏，常混同为一科。这里指蓟子训被推举为孝廉。 4 郎中：官名，帝王侍从官的通称。其职责为护卫、陪从，随时建议，备顾问及差遣。 5 驸马都尉：汉武帝时始置驸马都尉。驸，即副。驸马都尉掌副车之马。皇帝出行时自己所乘坐的车架为正车，而其他随行的马车均为副车。正车由奉车都尉掌管，副车由驸马都尉掌管。魏晋以后，公主夫婿多授以驸马都尉，遂成为公主夫婿的代称，不为官职。 6 胎息：《抱朴子·释滞》，“得胎息者，能不以口鼻嘘吸，如在胞胎之中。”通过意念诱导的一种高度柔和的腹式呼吸方法。 7 胎食：通称咽津，即吞咽口津。 8 与人信让从事：“广汉魏丛书”本作“在乡里时，唯行信让，与人从事”，文意较为通顺，指蓟子训在乡里与人相处时诚实守信、谦让有礼。 9 无常子大幻化之术：无常子，具体不详。大幻化之术，应该指能施行变幻之类的法术。 10 窆（biǎn）器：下棺入葬的用具。这里指棺材。 11 太学生：太学，汉代出现的设在京师的全国最高教育机构，设置博士教授弟子。学生为博士弟子，亦称太学生。 12 欲以课试规富贵耳：课试，考试，指皇帝每年设置科目考核太学生的学问，入选的可补官。这里指书生想要通过考试之途谋求官位富贵。 13 重瞳八采：重瞳，传说舜帝为重瞳子，一只眼睛里有两个瞳孔。八采，传说尧帝的眉毛为八采，即眉形如八字。重瞳八采，指代圣人。 14 冠盖：冠，礼帽；盖，车盖。泛指官员的冠服和车乘。这里指贵人的车辆塞满了道路。 15 明匠：指高明之人。

<解说> 蓟子训原名叫蓟达，是汉代齐国临淄人，和李少君是同乡。蓟子训年少的时候就出仕州郡，被推举为孝廉，拜为郎中，后来又从军，做了驸马都尉，晚年的时候醒悟治理世俗官事对寿命延长是没有帮助的，于是跟随李少君学习治病行医的方法。时间久了，蓟子训见李少君有不死的道术，于是拜李少君为师，学习不死之道。李少君也因为蓟子训用心专一，知道他可以成就，渐渐把长生的法门告诉了他，教给他胎息、胎食、长生不老的方法，蓟子训按方施行了二百多年，容貌一直不老。

李少君晚年又传授给蓟子训无常子大幻化的法术，蓟子训按照方法施行，很有效。有一次蓟子训看见邻居抱着小孩玩耍，于是就请求让自己也抱抱，但他一不小心失手把小孩掉到地上，小孩当场就死掉了。邻居素来尊敬子训，不敢把悲伤的神色表现在脸上，赶紧把小孩埋了，自我安慰道这个小孩命里不能成人。过了好多天，邻居慢慢减少了对孩子的思念。但有一天蓟子训突然从外面抱着小孩回来，还给邻居，邻居想着孩子都已经死了，这肯定是鬼吧，不敢接。蓟子训说："只管抱着，不要害怕，这就是你的孩子。"小孩认得他的母亲，欢笑着要母亲抱，父母这才接过小孩。但他们还是不大放心，等蓟子训离开之后，夫妇二人一起挖开坟墓，想要看看之前埋掉的孩子，发现棺材里躺着一个泥作的小孩，大约六寸长，这才相信小孩是真的活过来了。这个小孩后来也健康长大了。

又有老人头发已经白了的，蓟子训整晚和他坐着说话，到了第二天早上，老人头发就都变黑了。之后也不用再做什么，黑头发可以保持一年加二百天。蓟子训也有不使人头发变黑的法术，这大概就是神奇的大幻化之术。

当时京城的贵人们听说了蓟子训的事迹，都想见见蓟子训。蓟子训的邻居中有一个少年是太学生，于是诸位贵人一起叫他来，跟他说："你之所以辛辛苦苦地念书，只不过是想要通过考试求得富贵罢了。只要你能为我们找来蓟子训，我们能让你不用这么辛苦读书，就能飞黄腾达，获得富贵！"书生答应了，于是赶紧回家亲自侍奉蓟子训，早晚为蓟子训打扫屋子，站在蓟子训旁边贴身伺候，就这样过了二百天。蓟子训对书生说："你不是学道的人，为什么要这么伺候我呢？"书生说："我只是乡里的末流人物，遵照长幼之道，应该伺候您罢了。"蓟子训说："你为什么不说实话，而要虚假伪饰呢？我已经全部知道你的意图了，诸位贵人想要见我，我怎么能那么小气，害怕自己辛苦，就不成全你的富贵呢？你现在就可以回去告诉他们，我某月某日会去见他们。"书生十分高兴，赶紧回到京城，一个一个地跟贵人们转达了蓟子训的话。到了约定的时间，蓟子训还没有动身，书生的父母很着急，就去看蓟子训。蓟子训对他们说："你们是担心我不去吗？放心吧，我不会让你们的儿子失信于人的。吃完饭我就动身。"书生的父母说："蓟先生这一去，虽然不能如期赶到京城，但只要他出发了，到了后天也一定能到。"后来书生从京城回来后，与父母推算蓟子训出发的时间，发现蓟子训中午的时候就到了京城，他不到半天时间就行了一千多里路。

蓟子训到了之后，书生去见蓟子训，蓟子训问书生："都是谁想要见我呢？"书生说："想要见先生的人太多了，不敢让先生屈尊一一去见面，只要求得先生停在哪里，他们自己会来拜见先生的。"蓟子训说："不需要让他们来，我千余里的路程都赶来了，还会和他们计较这点距离吗？你今天只管告诉他们，让他们谢绝宾客，我在中午的时候会去拜访他们，到时自然会选择先去哪家。"书生将子训的话告诉了贵人们，贵人们各个洒扫了屋子准备迎接客人。到了中午，蓟子训就去见贵人，总共有二十三处地方，就变出了二十三个蓟子训，各去一处，诸位贵人各个欢喜，都以为蓟子训先到了自己家。见面之后蓟子训和他们约定第二天讨论道术，到时又是各处都有一个子训，衣服穿着一模一样，但是论说的内容随着主人的问题，各个对答不同。主人们都为蓟子训准备了酒食招待他，每一处的蓟子训都很有礼节地吃了。于是远近的人都十分吃惊，贵人们都想去造访蓟子训。蓟子训对书生说："诸位贵人都以为我是有着重瞳八采的圣人呢，所以才想见我，但我又没有这些东西，我不会再去见他们了，我走了！"等到蓟子训出门的时候，诸位贵人的车马堵塞了道路，已经堵到蓟子训的门前了。书生对堵在门前的贵人们说："蓟先生已经离开了，刚才东边路上骑着青骡的人就是蓟先生。"于是贵人们都骑着马去追蓟子训，大家远远望见骡子在缓缓行走，但是拍马追赶都追不上，就这么追了半天，但距离蓟子训一直有一里远的距离，怎么都赶不上，于是才各个作罢回家了。

葛洪感叹：蓟子训是李少君的同乡弟子，为人细心谨慎，思索探求道的奥妙，与时变化将成为高明的道人，达到综合众妙的境界。

晋代干宝《搜神记》和南朝宋范晔《后汉书·蓟子训传》还记载了关于蓟子训的一个小故事，说是魏齐王正始年间（240—249），有人在长安东面的霸城，看见蓟子训和一个老公公正在抚摸一个铜人像，相互说："想当初，我们是亲眼看到这个铜人被浇筑出来的啊，到现在已经快五百年了！"

卷捌

葛玄

葛玄，字孝先，丹阳[1]人也。生而秀颖，性识英明，经传子史，无不该览。年十余，俱失怙恃，忽叹曰："天下有常不死之道[2]，何不学焉！"因遁迹名山，参访异人，服饵芝术[3]。从仙人左慈[4]，受《九丹金液仙经》[5]。玄勤奉斋科[6]，感老君与太极真人[7]，降于天台山[8]，授玄《灵宝》[9]等经三十六卷。

久之，太上又与三真人项负圆光[10]，乘八景玉舆[11]，宝盖幡幢旌节[12]，焕耀空中，从官千万。命侍经仙郎王思真[13]披九光玉韫[14]，出《洞元》[15]《大洞》[16]等经三十八卷，及上清斋二法[17]：一，绝群独宴，静炁遗形，冥心之斋也；二，清坛肃侣，依太真之仪，先拨九祖，次及家门，后谢己身也。

灵宝斋六法[18]：一金箓，调和阴阳，宝镇国祚；二玉箓，保佑后妃公侯贵族；三黄箓，卿相牧伯，拨度九祖，罪原；四明真，超度祖先，解诸冤对；五三元，自谢犯戒之罪；六八节，谢七祖及己身，请福谢罪也。

及洞神、太一、涂炭等斋并戒法等件[19]。

悉遵太上之命，修炼勤苦不怠，尤长于治病、收劾鬼魅之术，能分形变化。吴大帝[20]要与相见，欲加荣位，玄不枉[21]，求去不得，待以客礼。

一日，语弟子张恭言：“吾为世主所逼留，不遑作大药[22]，今当以八月十三日中时去矣。”至期，玄衣冠入室，卧而气绝，颜色不变。弟子烧香守之，三日三夜。夜半，忽大风起，发屋折木，声响如雷，烛灭。良久，风止燃烛，失玄所在，但见委衣床上，带无解者。明旦问邻人，邻人言：“了无大风。”风止在一宅内，篱落树木并败折也。

‖注释‖ 1 丹阳：今江苏句容。 2 天下有常不死之道：《真仙通鉴》卷二三《葛仙公》作“天下有长生不死之道”。 3 芝术：一种草药名，具体不详。 4 左慈：详见《神仙传·左慈》篇。 5《九丹金液仙经》：或作“《九丹金液经》”，太清中经法也。《神仙传·左慈》篇云：“（左慈）精思于天柱山中，得石室内《九丹金液经》，能变化万端，不可胜纪。” 6 斋科：道教斋戒方法，一说指道教典籍。 7 老君与太极真人：老君指太上老君。太极真人，道教之道号，《云笈七签》卷六《三洞》云：“时太极真人徐来勒，与三真人以己卯年正月降天台山，传《灵宝经》以授葛玄。”知此太极真人名叫徐来勒。 8 天台山：在今浙江天台。 9《灵宝》：指《灵宝经》，或许即《神仙传·华子期》篇所说之《隐仙灵宝方》。 10 太上又与三真人项负圆光：太上，指太上老君。三真人，具体不详。项负圆光，指得道成仙的人头顶上发着光。 11 八景玉舆：仙人所乘之车。《真诰》卷五《甄命授第一》云：“仙道有八景之舆，以游行上清。” 12 宝盖幡（fān）幢（chuáng）旌节：宝盖，指车盖。幡：用竹竿等挑起来直着挂的长条形旗子。幢：古代原指支撑帐幕、伞盖、旌旗的木杆，后借指帐幕、伞盖、旌旗。旌节，古代使者所持的节。 13 侍经仙郎王思真：据《真仙通鉴》卷七《王思真》，“王思真，不知其得道年代，位为太上侍经仙郎。” 14 披九光玉韫：打开光芒绚烂之玉藏。 15《洞元》：或作“《洞玄》”。《云笈七签》卷六《三洞》引《玉纬》云：“《洞玄》是灵宝君所出，高上大圣所传。” 16《大洞》：即《大洞真经》，具体内容不详。 17 上清斋二法：《云笈七签》卷三七《斋戒》“六种斋”称，“上清斋有二法：一、绝群独宴，静气遗形，清坛肃侣，依太真仪格。一、心斋，谓疏瀹其心，澡雪精神。”可与此参看。 18 灵宝斋六法：《云笈七签》卷三七《斋戒》“六种斋”称：“灵宝斋有六法：第一、金箓斋，救度国王。第二、黄箓斋，救世祖宗。第三、明真斋，忏悔九幽。第四、三元斋，首谢违犯科戒。第五、八节斋，忏洗宿新之过。第六、自然斋，为百姓祈福。”可参看。 19 及洞神、太一、涂炭等斋并戒法等件：《真仙通鉴》卷二三《葛仙公》云：“曰洞神斋，以精简为上，求仙保国之法也；……曰涂炭斋，以苦节为功，悔过请福之法也。并《劝戒法轮经》四十五卷，……以授仙公，俾行教于世。”可参看，具体不详。 20 吴大帝：指三国吴主孙权（182—252）。 21 枉：应作“往”。 22 大药：能使人成仙的药物。

＜解说＞ 葛玄，字孝先，丹阳人。葛玄天生聪明灵秀，本性卓越而有见识，广泛阅读经书、传解、子书和史书。葛玄十多岁的时候，父母都死了，失去了可以依靠的人，忽而感叹说：“天下间有长生不死的要道，为什么不去学习呢？”于是隐居名山，访问能人异士，服食芝术，跟随仙人左慈学道，接受了《九丹金液仙经》。葛玄辛勤地侍奉斋戒，终于感动了太上老君和太极真人，他们降到天台山，授给葛玄《灵宝经》等经书三十六卷。

过了很长时间，太上老君又和三位真人下凡，他们头顶发着光，乘着八景玉舆，车上装饰着宝盖、幡幢、旌旗、符节，光亮闪耀在空中，随行的官员有千万数。太上老君命令侍经仙郎王思真打开闪烁着耀眼光芒的玉藏，拿出《洞元》《大洞》等经三十六卷，及上清斋二法：一说，修炼者需要远离人群独自修炼，在安静的状态下行炁，忘却自己的形体，这叫作“冥心之斋”；二说，修炼者需清洁坛场，整肃与伴侣的关系，依照太真的仪规，先整理祖先的事宜，然后是家门，最后是自身。

以及《灵宝斋》六法：一为金箓，可以调和阴阳，使国家安定；二为玉箓，可以保佑后妃、公侯和贵族；三为黄箓，可以保佑卿相和牧伯，度化九世祖先，宽恕罪行；四为明真，可以超度祖先，化解诸多冤家仇怨；五为三元，忏悔自己违犯戒律的过错；六为八节，为七世祖先和自身犯下的过错谢罪，祈求福祉降临。

此外还有洞神、太一、涂炭等其他斋法和戒法。

葛玄全部遵循太上老君的命令，殷勤劳苦修炼，从不懈怠，尤其擅长收束鬼魅的法术，能分身变化。吴大帝孙权邀请他见面，想要加给他荣耀的官位，葛玄不愿意，请求离开却得不到准许，吴大帝以待客人之礼对待他。

有一天，葛玄对弟子张恭说：“我被主上逼迫留下，没有时间炼制能够成仙的大药，现在应该在八月十三日中午离开。”到了那一天，葛玄衣冠整齐地走进房间，躺在床上气绝身亡，面色没有改变。弟子们烧香守了他三日三夜，半夜里忽然刮起了大风，把屋子掀翻，把木头折断，声音响得像雷鸣，使蜡烛熄灭了。过了很长时间，风停了之后点燃蜡烛，发现葛玄的尸体不见了，只见衣服丢弃在床上，衣带都没有解开。第二天问邻居的时候，邻居说：“一点也没有大风啊。”大家才知道大风仅仅刮在这一个宅子内，篱笆和树木都被刮倒折断了。

葛玄（164—244），祖籍山东琅琊，是三国时期著名的道士，也是道教灵宝派祖师。道教尊其为葛仙翁，又称太极仙翁，与张道陵、许逊、萨守坚共为四大天师。葛玄是《神仙传》作者葛洪的从祖父，祖孙二人被后世并称为葛家道。

葛洪在《抱朴子内篇·金丹》中称：“昔左元放于天柱山中精思，而神人授之金丹仙经，会汉末乱，不遑合作，而避地来渡江东，志欲投名山以修斯道。余从祖仙公，又从元放受之。凡受《太清丹经》三卷及《九鼎丹经》一卷《金液丹经》一卷。余师郑君者，则余从祖仙公之弟子也，又于从祖受之，而家贫无用买药。余亲事之，洒扫积久，乃于马迹山中立坛盟受之，并诸口诀诀之不书者。江东先无此书，书出于左元放，元放以授余从祖，从祖以授郑君，郑君以授余，故他道士了无知者也。”就是说左慈先从神仙那里接受了金丹仙经，葛玄跟着左慈学道，接受了《太清丹经》三卷、《九鼎丹经》一卷和《金液丹经》一卷，郑隐又师从葛玄，接受仙经，最后葛洪师从郑隐，从他那里接受了仙经和口诀。他们之间的师承关系是左慈传给葛玄，葛玄传给郑隐，郑隐又教给葛洪。

“广汉魏丛书”本《神仙传·葛玄》讲的是葛玄实行法术的一个个小故事，与此版本讲葛玄修炼方法不同。

左慈

左慈者，字元放，庐江[1]人也。少明五经[2]，兼通星纬[3]，见汉祚将尽，天下乱起，乃叹曰："值此衰运，官高者危，财多者死，当世荣华，不足贪也。"乃学道术，尤明六甲[4]，能役使鬼神，坐致行厨。精思于天柱山[5]中，得石室内《九丹金液经》[6]，能变化万端，不可胜纪。

曹公[7]闻而召之，闭一室中，使人守视，断其谷食，日与二升水，期年乃出之，颜色如故。曹公曰："吾自谓天下无不食之人。"曹公乃欲从学道。

慈曰："学道当得清净无为，非尊者所宜。"

曹公怒，乃谋杀之，慈已知之，求乞骸骨[8]，曹公曰："何忽去耳？"

慈曰："公欲杀慈，慈故求去耳。"

曹公曰："无有此意，君欲高尚其志者，亦不久留也。"乃为设酒。

慈曰："今当远适，愿乞分杯饮酒。"

公曰："善。"

是时天寒，温酒尚未热，慈解剑以搅酒，须臾剑都尽，如人磨墨状。

初，曹公闻慈求分杯饮酒，谓慈当使公先饮，以余与慈耳。而慈拔簪以画[9]杯酒，酒即中断，分为两向。慈即饮其半，送半与公，公不喜之，未即为饮，慈乞自饮之。饮毕，以杯掷屋栋，杯悬着栋动摇，似飞鸟之俯仰，若欲落而不落，一座莫不瞩目视杯。既而，已失慈矣。寻问之，慈已还所住处。曹公遂益欲杀慈。乃敕内外收捕慈。慈走群羊中，追者视慈入群羊中，而奄忽失之，疑其化为羊也，然不能分别之。捕吏乃语羊曰："人主意欲得见先生，暂还无苦。"于是群羊中有一大者，跪而言。

吏乃相谓曰："此跪羊是慈也。"复欲擒之，羊无大小悉长跪，追者亦不知慈所在，乃止。

后有知慈处者以告曹公，公遣吏收之，得慈。慈非不得隐，故欲令人知其神化耳。于是受执入狱，狱吏欲考讯之，户中有一慈，户外亦有一慈，不知孰是。

曹公闻而愈恶之，使引出市杀之。

须臾，有七慈相似，官收得六慈，失一慈。有顷，六慈皆失，寻又见慈走入市，乃闭市四门而索之，或不识者问慈形貌何似，传言慈眇[10]一目，青葛巾单衣[11]，见有似此人者便收之。及尔，一市中人皆眇一目，葛巾单衣，竟不能分。曹公令所在普逐之，如见便杀。

后有人见慈，便断其头以献曹公，公大喜，及至视之，乃一束茅耳。

有从荆州来者，见慈在荆州。荆州牧刘表[12]以为惑众，复欲杀慈，慈竟已知。表出耀兵[13]，乃欲见其道术，乃徐去诣表，说："有薄礼愿以饷军。"

表曰："道人单侨[14]，吾军人众，非道人所能饷也。"慈重道之，表使人取之。有酒一器，脯一束，而十余人共舁[15]之不起。慈乃自取之，以一刀削脯投地，请百人运酒及脯，以赐兵士，人各酒三杯，脯一片，食之如常酒脯味，凡万余人皆周足，而器中酒如故，脯亦不减。座中又有宾客数十人，皆得大醉。表乃大惊，无复害慈之意。

慈数日委表，东去入吴。吴有徐随者，亦有道术，居丹徒[16]。慈过随门，门下有客车六七乘，客诈慈云："徐公不在。"慈便即去。宿客见其牛皆在杨柳树杪[17]行，适上树即不见，下即复见牛行树上。又车毂[18]中皆生荆棘，长一尺，斫之不断，摇之不动。宿客大惧，入报徐公，说："有一眇目老公至门，吾欺之，言公不在，此人去后，须臾使车牛皆如此，不知何意？"徐公曰："咄咄，此是左公过我，汝曹那得欺之，急追之！"诸客分布逐之，及慈，罗列叩头谢之。慈意解，即遣还去。及至，见车牛如故，系在车毂中，无复荆木也。

慈见吴先主孙权[19]，权素知慈有道，颇礼重之。权侍臣谢送知曹公、刘表皆忌慈惑众，复谮于权，欲使杀之。后出游，请慈俱行，令慈行于马前，欲自后刺杀之。慈著木屐[20]，持青竹杖，徐徐缓步，行常在马前百步，著鞭策马，操兵器逐之，终不能及。送知其有道，乃止。

慈告葛仙公言："当入霍山[21]中合九转丹[22]。"丹成，遂仙去矣。

‖注释‖ 1 庐江：郡名，治所在今安徽庐江西南。 2 五经：指《诗》《书》《礼》《易》《春秋》五部经典。 3 星纬：指以星象占卜人事吉凶。 4 六甲：指五帝六甲左右灵飞之术，学后能令人变换形状，迷惑人的视听，驱使鬼神，凭空招致饮食。 5 天柱山：位于今安徽省潜山市西部。 6《九丹金液经》：一种指导炼制长生不老药的道书。 7 曹公：指曹操（155—220）。 8 乞骸骨：指想要辞官不做。 9 画：这里指"划"。 10 眇：一只眼睛瞎。 11 青葛巾单衣：葛巾，葛布做的头巾。单衣，单层无里子的衣服。 12 荆州牧刘表：东汉荆州部，下辖七个郡，相当于今湖北、湖南部分，陕西、河南小部。东汉末年，刘表（142—208）做荆州牧，即荆州部的长官。 13耀兵：炫耀兵力。 14单侨：指侨居而势力单薄。 15舁（yú）：共同用手抬。 16丹徒：在今江苏省西南部，长江南岸。相传秦始皇三十七年（前210）使赭衣囚徒三千凿京岘山，因改谷阳县为丹徒。 17杪（miǎo）：树梢。 18车毂：车轮中心插轴的部分，亦泛指车轮。 19吴先主孙权：三国吴国君主孙权（182—252），字仲谋。“广汉魏丛书”本作“吴主孙讨逆”，孙讨逆为孙策（175—200），孙权之兄。 20木屐：一种两齿木底鞋。 21霍山：葛洪《抱朴子内篇·金丹》，“今中国名山不可得至，江东名山之可得住者，有霍山，在晋安。”晋安，是古地名，西晋太康三年（282）分建安郡设置，属于扬州，后属于江州，治所在侯官县（今福建省福州市）。一说霍山即安徽天柱山。 22九转丹：道教谓经九次提炼、服之能成仙的丹药。

＜解说＞ 左慈是葛洪的祖师爷，因为他把仙经道法传给葛洪的从祖父葛玄，葛玄又传给葛洪的老师郑隐，郑隐又传给葛洪。据唐五代杜光庭《墉城集仙录》卷七记载：“鲍姑者，南海太守鲍靓之女，晋散骑常侍葛洪之妻也。靓字太玄，陈留人也……靓学通经纬，后师左元放，受中部法及三皇五岳劾召之要，行之神验，能役使鬼神，封山制魔。”说明葛洪的岳父鲍靓也曾经向左慈学习道术，而鲍靓也曾将道术教授给葛洪。所以说左慈是葛洪的祖师爷。

葛洪《神仙传》这篇记载的就是祖师爷左慈的故事。左慈虽然道法高深，但比较倒霉，无论是在曹操那里，还是去了刘表那里，还是到了孙权手下，都被人主忌惮，他们都想杀了他。

左慈先是在曹操那里，被曹操追杀。

曹操听说了左慈的名声就把他召来，关在一间屋子里，让人看守着，不给他吃的，每天只给两升水，整整一年之后才放他出来，左慈的面色还是跟先前一样。曹操这才相信左慈真的会辟谷术，于是想跟着他学习道术。左慈说：“学道的人应该清静无为，像您这种地位尊贵的人恐怕不适合。”曹操很生气，心想既然你不肯教我道术，那我留着你也没什么用了，说不定还会成为祸害，于是就想杀掉左慈。曹操刚有这个念头，左慈就已经知道了，于是向曹操请求辞官归家，曹操说：“哎呀，你这怎么突然要离开呢？”左慈说：“您想要杀我，所以我请求离开啊。”曹操说：“这是哪里的话，我怎么会想要杀你呢，绝对没有这个意思，但如果你非要坚持你那高贵的志向的话，我也不便久留你。不过，走之前好歹喝杯酒吧。”于是为左慈设酒。左慈说：“现在我就要远离了，走之前希望能跟您分饮这杯酒。”曹操说：“行啊。”当时天气寒冷，酒还没有温热，左慈解下腰间的剑搅拌酒，不一会儿剑都化尽了，就像人磨墨一样。一开始，曹操听左慈说要跟他分一杯酒喝，以为左慈会让他先喝，再把剩下的给自己。没想到左慈拔出插在头上的簪子，往杯里面一划，酒就从中间断开，分成了两半。左慈先喝了一半，把另一半递给曹操。曹操就不高兴了，没有立刻喝酒。左慈看出来了，说：“那就让我全部喝完吧。”左慈喝完之后，把杯子扔到房梁上，杯子悬在梁上一直晃动，就像鸟儿一样上下翻飞，好像将要落下却又不落下，在座的人都看呆了。等大家回过神来，再看左慈时，左慈已经不见了。曹操更想杀左慈了，于是命令手下的人搜捕左慈，左慈跑进了羊群里。追捕的人明明看见左慈跑进羊群，但一眨眼人就不见了。搜捕的人怀疑左慈变成了羊，只是分不清哪只羊才是他，于是对羊儿们说：“主公只是想要见见先生罢了，并不是想要杀您，暂时跟我回去吧，不会受苦的。”在这时羊群中有一只大羊，跪着开始说话。追捕的人立刻说：“这只跪着的羊是左慈！”于是众人就去抓这只羊，霎时间羊儿们不分大小都跪下了，追捕的人又不知道哪只羊是左慈了。

后来有知道左慈在哪里的人报告给曹操，曹操又让人去搜捕，这回逮到了左慈。左慈并不是不能隐形逃跑，只是故意让人知道他的神通变化罢了，于是曹操让人把他抓起来投进监狱。狱吏想要拷问他，忽然看见屋子里有一个左慈，屋外也有一个左慈，不知道哪个才是真的左慈。曹操听说后越发讨厌他，让人把他带到集市杀了他。不一会儿，集市上出现了七个左慈，官府抓到六个，跑了一个。又过了一会儿，六个左慈都消失不见了，官兵们又看到左慈走进集市，于是赶紧关闭集市的四个门，满集市里搜捕他。有不认识的人问左慈长什么样，官兵们说左慈有一只眼睛是瞎的，穿着单衣，头戴青色葛布巾。一时间，整个集市里的人都瞎了一只眼睛，穿着单衣，头戴青色葛布巾，彻底分不清谁是谁了。曹操下令所有人都去搜捕他，一旦见到格杀勿论。后来有人看见了左慈，就把他的头砍掉献给曹操，曹操非常高兴，可是等到去看的时候，只是一束茅草罢了！

后来左慈到了荆州牧刘表那里，刘表也想要杀他。

有从荆州来的人看见左慈在荆州。荆州牧刘表认为左慈妖魅惑众，也想要杀掉左慈，左慈又预先知道了。有一次，刘表外出展示兵力，其实是想一睹左慈的道术，于是左慈对刘表说："我有微薄的礼物想要犒劳军队。"刘表说："你这个道人势单力薄，我的军队有那么多人，你能犒劳得完吗？！"左慈再三保证自己可以，刘表就让人去取东西。只见左慈准备了一坛酒，一束肉脯，但区区这点东西，十多个大汉合力都抬不起来。左慈只得自己去拿来，他用一把刀削肉脯，他把肉脯放到地上，让一百个人运送酒和肉脯，赐给每个士兵三杯酒、一片肉脯。士兵们吃着，味道跟平常的酒和肉脯没什么两样，但等到一万多名士兵都吃饱喝足了，器皿里的酒还像原来一样多，肉脯也没有减少。座位中有几十个宾客，都喝得大醉。刘表惊呆了，再没有杀害左慈的意思了。

几天后左慈告别刘表，向东前往吴国。吴国有一个叫徐随的人，也有道术，住在丹徒。左慈经过徐随住处的门口，门口停着六七乘客人的车子，客人骗左慈说："徐公不在。"左慈于是就离开了。客人突然看见他的牛在杨柳树梢上行走，等到上树去看的时候，牛就不见了，下来又看见牛在树梢上；又见车轮里长了荆棘，一尺多长，怎么砍都砍不断，怎么摇都摇不动。客人非常害怕，进去告诉徐公说："有一个瞎了一只眼睛的老人来到您门前，我骗他说您不在，这个人走了之后，不一会儿牛就变成了这样，不知道是怎么回事啊。"徐公说："唉，这是左慈来看望我啊，你们怎么敢骗他呢？快去追他。"于是诸位客人分头去追他，赶上左慈的时候，纷纷磕头谢过，左慈原谅了他们，让他们回去了。等到他们回去的时候，看见牛像先前一样系在那里，车轮里也没有了荆棘。

左慈拜见吴先主孙权，孙权一直知道左慈有道术，因此很是以礼相待，对他十分器重。但孙权有个侍臣叫谢送，知道曹操、刘表都忌惮左慈迷惑众人，于是又对孙权说左慈的坏话，挑唆孙权杀了左慈。后来有一次出游的时候，谢送叫上左慈一起去，让左慈走在马前，想要从后面偷袭杀了左慈。左慈穿着木屐，拄着青竹杖，缓缓地在前面行走，一直在马前面几百步的地方，谢送用马鞭打马快跑，拿着兵器在后面追左慈，但怎么都追不上。谢送这才知道左慈是得道高人，终于停止了追杀。

左慈是东汉末年著名的方士，和葛洪同时代的干宝所著的《搜神记》中也记载有左慈的故事，其中提到他运用神通供给众人酒肉的事情，只不过《搜神记》里这件事不是发生在刘表军中，而发生在曹操率领百官出游的聚会中。

南朝宋范晔《后汉书》中有左慈的传记，说左慈在曹操那里的时候曾经施展法术，为曹操钓了两尾松江鲈鱼，并且到蜀中买姜，而这两个情节在《神仙传》里是安到卷九“介象”头上的。

王遥

王遥者，字伯辽，鄱阳[1]人也。有妻无子，颇能治病，病无不愈者。亦不祭祀，不用符水针药，其行治病，但以八尺布帊[2]敷坐于地，不饮不食，须臾病愈，便起去。其有邪魅作祸者，遥画地作狱，因召呼之，皆见其形物入在狱中，或狐狸、鼍[3]、蛇之类，乃斩而燔[4]烧之，病者即愈。

遥有竹箧[5]，长数寸，有一弟子姓钱，随遥数十年，未尝见遥开之。常[6]一夜大雨晦暝，遥使钱以九节杖[7]担此箧，将钱出，冒雨而行，遥及弟子衣皆不湿。又常有两炬火导前，约行三十里许，登小山，入石室，室中先有二人。遥既至，取弟子所担箧，发之。中有五舌竹簧[8]三枚，遥自鼓一枚，以二枚与室中二人，并坐鼓之。良久，遥辞去，三簧皆内箧中，使钱担之。室中二人出送，语遥曰："卿当早来，何为久在俗间？"遥答曰："我如是当来也。"遥还家百日，天复雨，遥夜忽大治装。遥先有葛单衣及葛布巾，已五十余年未尝著，此夜皆取著之。其妻即问曰："欲舍我去乎？"遥曰："暂行耳。"妻曰："当将钱去否？"遥曰："独去耳。"妻即泣涕。因自担箧而去，遂不复还。后三十余年，弟子见遥在马蹄山[9]中，颜色更少，盖地仙[10]也。

‖注释‖ 1鄱阳：在今江西鄱阳东。 2布帊（pà）：布制的头巾。 3鼍（tuó）：即扬子鳄，是中国特有的一种鳄鱼，是世界上最小的鳄鱼品种之一。因其生活在长江流域，故称“扬子鳄”。 4燔：焚烧。 5竹簏：竹制的箱子。 6常：即“尝”，曾经。 7九节杖：传说仙人所用的手杖，亦泛指手杖。 8五舌竹簧：《仙苑编珠》卷上《永伯七星王遥簏子》引《神仙传》作“玉舌簧”。《真仙通鉴》卷六《王遥》作“五竹簧”。竹簧，古代乐器，像笙，有竹制五管。 9马蹄山：在今江西鄱阳。 10地仙：道教将人修炼成的神仙分为三等，分别为天仙、地仙和尸解仙。地仙指在人间名山大川逍遥的仙人。

＜解说＞ 王遥是东汉的名医，字伯辽，鄱阳人，即今现在的江西省上饶市鄱阳县人。

他很会治病，治病的时候既不祭祀，也不需要符水或者扎针、吃药，只是把八尺布帊铺在地上，让病人坐在上面，不饮不食，不一会儿病就好了，于是让病人起身离去。如果有邪魅作祟的，王遥就画地做监狱，然后召唤邪祟，人们就看见邪祟被收到狱中了。邪祟大都是狐狸、鳄鱼、蛇之类的东西，王遥把它们杀死，然后用火烧掉，患病的人就痊愈了。王遥的这种治病方法很像古代的祝由术。所谓“祝由”，“祝”就是咒的意思，“由”指病的缘由，用祝由术治病就是借助符箓、咒语、气禁术、祈福攘灾等方法，去除病人的病由，多用到邪祟之类的东西，这样病人就好起来了。

据说王遥有一个竹箱子，有一个弟子姓钱，我们就叫他“小钱”吧，跟着王遥几十年了，从来没有看见王遥打开过这个竹箱子。有一天晚上，大雨倾盆，天地晦暗，王遥让小钱用九节杖担着这个箱子，领着小钱冒雨出行，但神奇的是王遥和小钱的衣服都没有被雨打湿。又有两个火炬在前面引导，火炬也没有被雨水浇灭。大约走了三十里，两人登上一座小山，走进一个石室，里面已经先有两个人等着了，王遥到了之后，拿过弟子担的箱子，打开了它。里面有三枚五舌的竹簧，王遥自己吹一枚，把余下的两枚给了石室里的那两个人，三人一起坐着吹簧。过了很长时间，王遥告辞离开，把三枚竹簧放进箱子里，又让小钱担着。室内的两个人出来送他们，跟王遥说：“你应该早早来这里啊，为什么在人间耽搁那么长时间呢？”王遥回答说：“我确实应该来了啊！”王遥回家百来天，有一天又逢大雨，他忽然认真地整理起行装来。王遥先前有葛布单衣和葛布头巾，已经五十年没有穿戴过了，这一夜却都取出来穿戴上。他的妻子问他：“你这是要撇下我离开了吗？”王遥说：“哪里啊，我只是暂时离开一下罢了。”妻子问：“那你这次带小钱去吗？”王遥说：“我自己一个人去，不带小钱。”他的妻子就哭了：“你准是要撇下我一个人逍遥去了。”可是妻子的眼泪并没能阻止王遥离去的脚步，王遥独自一人担着箱子离开了，从此再也没有回来。三十年后，有弟子看见王遥在马蹄山里面，面色更加年轻了，应该是成了地仙。马蹄山，据北宋张君房《云笈七签》卷二十七记载，是七十二福地的第五十二福地，在饶州鄱阳县（今上饶市鄱阳县）。

陈永伯

陈永伯者，南阳[1]人也。得淮南王[2]七里散方[3]，试按合服之，二十一日，忽然不知所在。永伯有兄子名增族，年十七，亦服之。其父系其足，闭于密户中，昼夜使人守视之。二十八日，亦不复见，不知所之。本方云："服之三十日得仙。"而陈氏二子服之未三十日，而失所在，后人不敢服。仙去必有仙官来迎，但人不见之耳。

‖注释‖ 1 南阳：在今河南省南阳市。 2 淮南王：指淮南王刘安，得八仙人指点，服药升仙。事见本书卷六《淮南王》。 3 七里散方：据胡守为《神仙传校释》，各本引文均作"七星散"，"广汉魏丛书"本也作"七星散"，所以《四库全书》本"里"或者为"星"字之讹误。七星散为道家的一种药散。

＜解说＞ 河南南阳有个陈永伯，得到了淮南王的七里散药方，于是试着按照方子合药服下，二十一天后忽然就不知道到哪里去了。陈永伯哥哥的儿子叫陈增族，十七岁了，也服用了这个药物。他父亲把他的脚系上绳子牢牢拴住，又把他关在密室里，一天十二个时辰让人日夜不停地看守着。但是二十八天后，陈增族也不知道到哪里去了。七里散方子上说："服药三十天后可以成为神仙。"但陈氏叔侄俩服下之后都不到三十天，就不知道到哪里去了，于是后面的人都不敢服用了。大家都说，如果是正经仙去的话，肯定会有仙官来迎接。大家都没有看到仙官来迎接，也不知道陈氏叔侄俩是正经仙去了，还是去了什么古怪地方。

我们从《神仙传》卷六《淮南王》篇知道，淮南王刘安被诬告谋逆，八仙人赶紧让淮南王及其家人服药升仙，于是一家人连同舔舐药罐子的鸡和犬都飞升上了天。这里陈永伯叔侄俩服用淮南王“七里散”后不知所踪，不知道这个七里散方是否就是八公给淮南王所服仙药的配方呢?

太山老父

太山老父者，莫知其姓名。汉武帝[1]东巡狩[2]，见老父锄于道间，头上白光高数尺，怪而呼问之。老父状如年五十许人，而面有童子之色，肌体光华，不与俗人同。帝问："有何道术耶？"老父答曰："臣年八十五时，衰老垂死，头白齿落，有道士教臣绝谷服术饮水[3]，并作神枕。枕中有三十二物，其二十四物以象二十四气，其八物以应八风。臣行之，转老为少，黑发更生，齿堕复出，日行三百里。臣今年百八十矣。"武帝受其方，赐之金帛。老父后入岱山[4]中去，十年五年时还乡里，三百余年乃不复还也。

‖注释‖ 1 汉武帝：汉武帝刘彻（前156—前87），公元前141年即位，在位55年。 2 巡狩：天子巡行视察诸侯为天子所守的疆土。 3 绝谷服术饮水："广汉魏丛书"本作"遇有道者教臣绝谷，但服术饮水"。 4 岱山：泰山的别称。

<解说> 泰山作为五岳之首，历来传说有神仙居住在里面。在汉代的时候，泰山神仙信仰尤其浓重，罗振玉《辽居杂著》里收有西汉时期的《太山镜铭》，铭文说："上太山，见神仙，食玉英，见洋泉，驾交龙，乘浮云，白虎引兮直上天，受长命，寿万年。"《神仙传》这里就讲了汉武帝在泰山遇到一位得道者的故事。

传说汉武帝向东巡狩的时候，见到一位神奇的老人。武帝看见他的时候，

他正在路边的田里锄地，头上冒出几尺高的白光，武帝觉得很奇怪，就问他是怎么回事。老人看上去有五十多岁，但面貌红润得像小孩一样，皮肤也很有光泽，一看就不是凡俗之人。汉武帝就问老人有什么道术秘诀。老人说："我八十五岁那年，衰老得快要死掉了，头发白了，牙也掉了。当时我遇见一位得道高人，他让我不再吃五谷，只吃白术，喝水，并给我做了个神枕，枕头里装了三十二件东西，其中二十四件对应二十四个节气，还有八个物件，用来抵挡八方来的邪风，按照他教给我的办法修行，就由老返少，白发变黑，掉了的牙齿又长了出来。我现在已经一百八十岁了。"汉武帝要来他的药方，赏赐了他很多东西。老人后来进了泰山，每隔十年五年才回乡一次，三百多年后就再也没有回来。这位老人被称为"泰山老父"。他的故事早在刘向《列仙传》里就有记载。

所谓"枕中有三十二物，其二十四物以象二十四气，其八物以应八风"，《云笈七签》卷四八《神枕法》叙《太山老翁》云："有道士者，教臣服枣，饮水绝谷，并作神枕法，中有三十二物。其三十二物中，二十四物善，以当二十四气；其八物毒，以应八风。三十二物各一两，皆㕮咀，以毒药上安之满枕中，用布囊以衣，枕百日面有光泽，一年体中所疾及有风疾，一一皆愈，差而身尽香。四年白发变黑，齿落更生，耳目聪明。神方验秘，不传非其人也。"胡守为《神仙传校释》认为，三十二物是三十二种药物，八毒是八种有毒药物，如乌头等。二十四气指从立春至大寒的二十四节气。八风指来自东、南、西、北、东北、东南、西北、西南八个不同方向的风。道家认为不同节气对应其本来方向的风，称为实风，若此时风从相反方向吹来，就是虚风，能够使人得病。如《诸病源候论》所说："贼风者，谓冬至（北方）之日，有疾风从南方（对宫）来，名曰虚风。此风至能伤害于人，故言贼风也。"冬至之月，正风为北风，若风从南方来，就有虚邪，能使人病。

巫炎

巫炎者，字子都，北海[1]人也。汉武帝出，见子都于渭桥[2]，其头上郁郁有紫气，高丈余。

帝召而问之："君年几何？所得何术而有异气乎？"

子都答曰："臣年今已百三十八岁，亦无所得。"

将行，帝召东方朔[3]使相此君有何道术，朔对曰："此君有阴术[4]。"

武帝屏左右而问之，子都对曰："臣昔年六十五时，苦腰脊疼痛，脚冷不能自温，口中干苦，舌燥涕出，百节四肢各各疼痛，又足痺[5]不能久立。得此道已来，已七十三年，有子三十六人，身体强健，无所病患，气力乃如壮时，无所忧患。"

帝曰："卿不仁，有道而不闻于朕，非忠臣也。"

子都顿首曰："臣诚知此道为真，然阴阳之事，公中之私[6]，臣子之所难言也。又行之皆逆人情[7]，能为之者少，故不敢以闻。"

帝曰："勿谢，戏君耳。"遂受其法。

子都年二百余岁，服饵水银[8]，白日升天。武帝后颇行其法，不能尽用之，然得寿最[9]，胜于他帝远矣。

‖注释‖ 1 北海：郡名。汉景帝中元二年（前148）置。治所营陵（今山东省昌乐县东南）。 2渭桥：泛指汉代长安附近渭水上的桥梁。 3东方朔：东方朔（约前161—前93），字曼倩，汉武帝臣子，西汉时期著名文学家。 4阴术：指房中术。 5足痹（bì）：痹，同“痹”，中医指由风、寒、湿等引起的肢体疼痛或麻木的病。足痹，指脚因风、寒、湿等引起的疼痛。《圣惠方·明堂》：“足痹痛，屈伸难也。” 6公中之私：直译为公事中的私事。“广汉魏丛书”本作“宫中之利”。 7逆人情：指行房中术需小心谨慎，过度则会伤害自身。 8水银：汞是化学元素，俗称水银，是种密度大、银白色、室温下为液态的过渡金属。汞主要来自朱砂（硫化汞）。 9最：这里直译为汉武帝寿命最长，远胜于其他皇帝。“广汉魏丛书”本作“得寿最长于先帝也”，意思是汉武帝寿命和之前的几位皇帝相比是最长的。

<解说> 巫炎，字子都，是山东北海人。汉武帝有一次出宫，在渭桥见到巫子都头上紫气蒸腾，高达一丈多，就问他有什么道术。

巫子都说：“我今年已经一百三十八岁了，没有什么道术。”

汉武帝将东方朔召来，让东方朔探察一下巫子都有什么道术。东方朔回报说他会房中术。

汉武帝于是屏退左右侍臣，单独召问巫子都，巫子都这才说出了自己的秘密。巫子都说他在六十五岁的时候，苦于腰椎脊梁疼痛，脚凉得不能自己变暖，嘴里常常干苦，舌头燥热，鼻涕流出，四肢百节都有疼痛，又患有足疾，不能长时间站立。但自从得了这个道术，腰不疼了，脚不痛了，如今已经七十三年过去了，共有子女三十六人，自己身体强健，没有什么病，气力就像壮年时一样，没有什么担忧的事情。

汉武帝听完生气地说：“你不仁义啊，你得到了道术却不告诉我，不是忠臣。”

巫子都赶紧磕头解释说：“我虽然知道这个道术是真的，但阴阳交接之事，属于公事中的私事，是做臣子的也难以对主上讲的啊。况且施行这个事情又十分危险，一不小心就可能损伤自身，能够把握好度的人很少，所以我不敢报告给您。”

汉武帝说：“不用谢罪了，我只是跟你开玩笑罢了。”于是接受了巫子都的道术。

巫子都到了二百多岁的时候，服食水银，白日升天成仙。

巫子都所谓的“这个道术”，其实就是房中术。汉武帝得到后，虽然不能完全按照意旨施行，但也得到了比其他帝王长得多的寿命。

巫子都主要以房中术进行修炼，但最终还是靠服食水银白日升天。

葛洪《抱朴子内篇·释滞》说：“房中之法十余家，或以补救伤损，或以攻治众病，或以采阴益阳，或以增年延寿，其大要在于还精补脑之事耳。此法乃真人口口相传，本不书也，虽服名药，而复不知此要，亦不得长生也。人复不可都绝阴阳，阴阳不交，则坐致壅瘀之病，故幽闭怨旷，多病而不寿也。任情肆意，又损年命。唯有得其节宣之和，可以不损。若不得口诀之术，万无一人为之而不以此自伤煞者也。玄素、子都、容成公、彭祖之属，盖载其粗事，终不以至要者着于纸上者也。志求不死者，宜勤行求之。余承师郑君之言，故记以示将来之信道者，非臆断之谈也。余实复未尽其诀矣。一涂之道士，或欲专守交接之术，以规神仙，而不作金丹之大药，此愚之甚矣。”

葛洪对房中术的态度是：房中术很有必要，用合适的方法修炼它，可以补救身体的伤损，治疗很多疾病，采阴补阳，延年益寿，但是单单修行房中术是不能使人成仙的，成仙最终还是要靠服食金丹大药。葛洪认为人不可以阴阳不交，如果完全断绝阴阳交接之道，那么就会导致壅塞瘀滞的身体疾病，和幽怨郁闷的心理疾病，患病多了就不能长寿了。但葛洪也反对任性纵欲，没有节制，认为那样也会损伤寿命。房中术是一种既危险又隐秘的道术，如果施行得不恰当，就会伤害自身。但偏偏修习房中术的专家如玄素、巫子都、容成公、彭祖等人，都不肯把房中术的真正秘诀记录在纸上，房中术要诀一般都是口耳相传。葛洪善意地提醒大家，房中术的传承就是这样的情况，他自己其实也没有完全掌握房中术的秘诀。

河上公

河上公者，莫知其姓名也。汉孝文帝[1]时，结草为庵于河之滨，常读老子《道德经》。时文帝好老子之道，诏命诸王公大臣州牧在朝卿士，皆令诵之，不通老子经者，不得陛朝。帝于经中有疑义，人莫能通，侍郎裴楷奏云："陕州[2]河上有人诵《老子》。"

即遣诏使赍所疑义问之，公曰："道尊德贵，非可遥问也。"

帝即驾幸诣之，公在庵中不出，帝使人谓之曰："溥天之下，莫非王土，率土之滨，莫非王民。域中四大[3]，而王居其一。子虽有道，犹朕民也，不能自屈，何乃高乎？朕能使民富贵贫贱。"

须臾，公即拊掌[4]坐跃，冉冉在空虚之中，去地百余尺，而止于虚空。良久，俯而答曰："余上不至天，中不累人，下不居地，何民之有焉？君宜能令余富贵贫贱乎？"

帝大惊，悟知是神人，方下辇稽首礼谢曰："朕以不能，忝承先业，才小任大，忧于不堪，而志奉《道德》。直以暗昧，多所不了，惟愿道君垂愍，有以教之。"

河上公即授素书《老子道德章句》二卷，谓帝曰："熟研究之，所疑自解。余著此经以来，千七百余年，凡传三人，连子四矣，勿视非人！”

帝即拜跪受经，言毕，失公所在。遂于西山筑台望之[5]，不复见矣。

论者以为文帝虽耽尚大道，而心未纯信，故示神变以悟帝，意欲成其道，时人因号“河上公”。

‖注释‖ 1 汉孝文帝：汉文帝刘恒（前 202—前 157），汉高祖刘邦第四子，母薄姬，汉惠帝刘盈之弟。在位时间为公元前 180 年至前 157 年。 2 陕州：在今河南省三门峡市。 3 域中四大：老子《道德经》第二十五章有：“故道大，天大，地大，王亦大。域中有四大，而王居其一焉。”有的版本作“故道大，天大，地大，人亦大。域中有四大，而人居其一焉。” 4 拊（fǔ）掌：拍手。 5 遂于西山筑台望之：《太平寰宇记》卷六《河南道六·陕州》“陕县”云：“望仙台，在县西南一十三里，汉文帝亲谒河上公，公既上升，故筑此台，以望祭之。”

<解说> 河上公，不知道他的姓名。汉孝文帝的时候，他在河边用茅草搭建了一个屋子，常常诵读老子《道德经》。当时文帝喜好老子之道，下诏命令各位王公、大臣、各州牧伯以及在朝的卿士，都背诵《道德经》，不精通老子《道德经》的人不能上朝。文帝对于经文有疑难不解的地方，大家都不能为其解说，侍郎裴楷于是上奏说：“陕州河上有人诵读《老子》。”

于是文帝就派遣使者带着疑难的经文去问河上公，河上公说：“道德之说非常尊贵，不是可以离这么远就随便问的。”

文帝于是亲自去拜访河上公，河上公却在他的草庵里不出来，文帝让人去告诉他说：“普天之下，都是王的土地，生活在土地之上的，都是王的臣民。天下有四个东西最为重要，王是其中之一。你虽然有道术，但还是我的子民，不能屈身向我行礼也就罢了，为什么还自高自大呢？我能让我的子民富贵或者贫贱。”

话音刚落，河上公两手一拍，跃起身来，冉冉地升在虚空中，离地面有一百多尺。他停在虚空中很长时间，俯视着下面回道：“我向上不到天上，在中间不劳累别人，在下不居住在地面上，你怎么说我是你的子民呢？你竟然能令我富贵或贫贱吗？”

文帝大惊，知道河上公是有神通的人，于是下车稽首道歉说：“我以浅薄的资质，秉承先帝留下来的基业，才疏学浅而责任重大，担心自己不能胜任，于是潜心尊奉《道德经》。只是我资质愚钝，有很多不理解的地方，希望您能哀怜我，教导我一些东西。”

河上公便传授给文帝写在白绢布上的《老子道德章句》两卷，对文帝说：“仔细地研究这个，你疑难的地方自然会解开。我著作这本经书以来，有一千七百多年了，总共传授给三个人，加上你是四个了，不要给不值得的人看。”

文帝跪拜着接受了经书。说话完毕，河上公就不知道到哪里去了。于是文帝在西山修筑了一座台用来祭望河上公，但再也没有看见过他。

葛洪认为文帝虽然喜好大道，但心里并未纯然相信，于是河上公就显示神通来使文帝醒悟，以成就他的道法，当时的人因此称呼他为“河上公”。

河上公也称河上丈人，河上真人，是齐地琅琊一带的方士，黄老哲学的集大成者，方仙道的开山祖师。河上公修仙得道之处在山东琅琊天台山。葛洪在《嵇中散孤馆遇神》中说：“纪年曰：东海外有山曰天台，有登天之梯，有登仙之台，羽人所居。天台者，神鳌背负之山也，浮游海内，不纪经年。惟女娲斩鳌足而立四极，见仙山无着，乃移于琅琊之滨。后河上公丈人者登山悟道，授徒升仙，仙道始播焉。有嵇康者，师黄老，尚玄学，精于笛，妙于琴，善音律，好仙神。是年尝游天台，观东海日出，赏仙山胜景，访太公故地，瞻仙祖遗踪，见安期先生石屋尚在，河上公坐痕犹存。”

河上公最主要的贡献是为老子的《道德经》作注。《道德经》，原称《老子》，又称《道德真经》《五千言》，是中国古代先秦诸子分家前的一部著作，为当时诸子所共同景仰，传说是春秋时期的老子李耳所撰写，是道家哲学思想的重要来源。《道德经》常会被归为道教学说。《道德经》作为道教基本教义的重要构成之一，被道教视为重要经典，其作者老子也被视为至上的三清尊神之一道德天尊的化身，又称太上老君。所以应该说道教吸纳了道家思想，道家思想完善了道教。《道德经》提出了“无为而治”的主张，成为中国历史上某些朝代，如西汉初的治国方略，在经济上可以缓解人民的压力，对早期中国社会的稳定起到过一定作用。

历史上《道德经》注者如云。早在战国末年，韩非子就曾撰《解老》《喻老》，阐发老子学说；到了汉初，河上公用神仙家观点解释《老子》。在各种《道德经》注本中，影响较大的就有河上公作注的《道德真经注》，又名《河上公章句》，也称《道德经章句》。

《史记·乐毅列传》太史公曰：“乐巨公学黄帝、老子，其本师号曰河上丈人。河上丈人教安期生，安期生教毛翕公，毛翕公教乐瑕公，乐瑕公教乐巨公，乐巨公教盖公，盖公教于齐高密、胶西，为曹相国师。”根据其传承系统，自河上丈人总共传了六代传至汉初曹参。传说汉文帝开创的文景之治与河上公的教诲有很大关系。《神仙传》此篇讲的就是汉文帝向河上公请教《道德经》的故事，但其实汉文帝和河上公可能不是一个年代的人。

刘根

刘根，字君安，长安人也。少时明五经[1]，以汉孝成皇帝绥和二年[2]举孝廉[3]，除郎中[4]。后弃世道，遁入嵩高山[5]石室中，峥嵘峻绝，高五千丈，自崖北而入。冬夏无衣，毛长一二尺，其颜如十四五许人，深目多须，鬓皆黄[6]，长三四寸。每与坐，或时忽然变著高冠玄衣，人不觉换之。

时衡府君[7]在颍川[8]，自说其先祖有与根同岁者。王莽[9]数使使请根，根不肯往。衡府君道庙掾[10]王珍问起居，根不答。再令功曹[11]赵公往山达敬，根惟言谢府君，更无他言。后颍川太守高府君[12]到官，民人大疫，郡中死者过半，太守家大小悉病。府君使珍从根求消灾除疫气之术，珍叩头述府君意，根教于太岁宫气上[13]穿地作孔，深三尺，以沙著中，以酒沃之。君依言，病者即愈，疫气登绝，后常用之，有效。

后太守史祈[14]，以根为妖妄，欲杀之，遣使呼根，举郡皆谏，以为不可。祈殊不肯止。诸吏先使人以此意报根，使者至，根曰："太守欲吾来何也？吾当往耳，不往者，恐汝诸人必得罪，谓卿等不来呼我也。"根即诣郡。

时宾客盈坐，祈令根前，使庭下五十余人将绳索鞭杖立于根后，祈厉声问曰："君有道耶？"

根曰："有道。"

祈曰："有道？能召鬼使我见乎？若不见，即当戮汝。"

根曰："甚易耳。"

遂借祈前笔砚，书作符，扣阶锋[15]，铮然作铜声。因长啸，啸音非常清亮，闻于城外，闻者莫不肃然。众宾客悉恐。

须臾，厅前南壁忽开数丈，见四赤衣吏，传呼避道，赤衣兵数十人，操持刀剑，将一科车[16]直从坏壁中入到厅前。

根敕下车上鬼，赤衣兵发车上乌被，上有一老公一老姥，反缚囚系，大绳的头。

熟视之，乃祈亡父母也。祈惊愕，怆然流涕，父母亦泣，责骂祈："我生时，汝仕宦未达，不得汝禄养；我死后，汝何为犯忤神仙尊官，使我被收束囚辱如此？汝亦何面目立于人间？"祈下阶叩头，向根乞放赦先人。

根乃敕赤衣兵将囚出去，厅前南壁复开，车过，寻失车所在，根亦隐去。

祈恍惚若狂，其妻暴卒，良久乃苏，云："见君家先被捉者，大怒云：'何以犯触大仙，使我被罪，当来杀汝。'"

后月余，祈及妻儿并卒。

少室庙掾王珍，数得见根颜色欢悦之情，伏地叩头，请问根从初得道之由，根说："昔入山精思[17]，无处不到，后入华阴山[18]，见一人乘白鹿，从千余人，玉女左右四人，执彩旄之节[19]，年皆十五六。余再拜顿首，求乞一言，神人乃住，告余曰：'汝闻昔有韩众否乎？'答曰：'尝闻有之。'神人曰：'即我是也。'余自陈：'少好长生不死之道，而不遇明师，颇习方书，按而为之，多不验，岂根命相不应度世也？今日有幸逢大神，是根宿夜梦想，从心所愿，愿见哀怜，赐其要诀。'神未肯告余，余乃流涕自抟重请，神人曰：'坐，吾将告汝，汝有仙骨，故得见我。汝今髓不满，血不暖，气少脑减，筋急肉沮[20]，故服药行气不得其力。必欲长生，且先治病十二年，乃可服仙之上药耳。夫仙道有升天蹑云者，有游行五岳者，有食谷不死者，有尸解而仙者，要在于服药。服药有上下，故仙有数品也。不知房中之事，行气导引而不得神药，亦不能仙也。药之上者，唯有九转还丹[21]及太乙金液[22]，服之，皆立便登天，不积日月矣。其次云母雄黄[23]之属，能使人乘云驾龙，亦可使役鬼神，变化长生者。草木之药，唯能治病补虚，驻年返白，断谷益气，不能使人不死也，高可数百年，下才全其所禀而已，不足久赖矣。’余乃顿首曰：‘今日受教，乃天也。’神人曰：‘必欲长生，先去三尸[24]，三尸去，则意志定，嗜欲除也。’乃以神方五篇见授，云：‘伏尸[25]常以月望晦朔上天，白人罪过，司命夺人算纪[26]，使少寿。人身中神欲人生，而三尸欲人死，死则神散，返于无形之中，而三尸成鬼，而人享奠祭祀之，则得歆飨，以此利在人速死也。梦与恶人斗争，此乃神与尸相战也。’根乃从次合作服之，遂以得仙。”

珍又言数见授符于地，有所告召，即见如取之者，然不见人。又唯闻有所推问，有人答对，而不见形也。或闻有鞭杖声，而或地上见血。莫测其端也。

教珍守一行气[27]、存神先生[28]、三纲六纪[29]、谢过上古[30]之法，不知珍能得仙名耳。根后入鸡头山[31]中仙去矣。

‖注释‖ 1 五经：指《诗》《书》《礼》《易》《春秋》五部经典。 2 汉孝成皇帝绥和二年：汉成帝刘骜是西汉第十二位皇帝，生于公元前 51 年，死于公元前 7 年，公元前 33 年登上皇位，在位一共二十五年。绥和是汉成帝刘骜的第七个年号，公元前 8 年至公元前 7 年。绥和二年，指公元前 7 年。 3 举孝廉：举孝廉是汉朝一种由下而上推选人才为官的制度，被举人的资历大多为州郡属吏或通晓经书的儒生。孝廉：指孝子、廉吏，常混同为一科。这里指刘根被推举为孝廉。 4 郎中：官名，帝王侍从官的通称。其职责为护卫、陪从，随时建议，备顾问及差遣。 5 嵩高山：即嵩山，在今河南登封北。 6 深目多须，鬓皆黄：《三洞珠囊》卷八《相好品》引《神仙传》云：“（刘根）深目，多须发，须发皆黄，长二四寸也。” 7 衡府君：府君，汉代对郡太守的尊称。衡府君，指府君姓衡。 8 颍川：古郡名，在今河南省禹州市。 9 王莽：王莽（前45—23），字巨君，新都哀侯王曼次子、西汉孝元皇后王政君之侄。中国历史上新朝的建立者，即新始祖，也称建兴帝或新帝，公元8年至公元23年在位。 10 道庙掾：道庙，道观。掾，原为佐助的意思，后为副官佐或官署属员的通称。“广汉魏丛书”本作“府掾王珍”。 11 功曹：官名。汉代郡守有功曹史，简称功曹，除掌人事外，得以参与一郡的政务。 12 颍川太守高府君：太守，官名，秦置郡守，汉景帝时改名太守，为一郡最高的行政长官。这里指颍川郡新上任了一名姓高的太守。 13 太岁宫气上：太岁神对应六十甲子，共六十位，每年有一位当值，在当年当值的太岁谓之“值年太岁”，是年中天子，掌管当年人间的吉凶祸福。太岁宫，指奉祠太岁的庙宇。气上，“气”通“器”，此处也可能有脱误。 14 太守史祈：“广汉魏丛书”本作“张府君”。 15 阶锋：指台阶边缘。 16 科车：《宋书》卷一八《礼志五》云，“车无盖者曰科车。” 17 精思：精心思考。 18 华阴山：即西岳华山。 19 彩旄之节：彩色牦牛尾装饰的旗帜。 20 筋急肉沮：筋急，中医学病症名。表现为筋脉紧急不柔，屈伸不利。多因体虚受风寒及血虚津耗，筋脉失养所致。见于破伤风、痉病、痹、惊风等症。沮，坏，败坏。肉沮，指血肉不新鲜不健康。 21 九转还丹：九转，指修炼内丹所须旋转的次数。这里的九是一个虚数，不是指九次，而是指阳之极，代表人身之阳炁，即以此之炁驱逐人身之阴质，练就纯阳之体。 22 太乙金液：金液，古代方士炼的一种丹液，谓服之可以成仙。 23 云母雄黄：云母，一种矿物。雄黄，中药名。具有解毒杀虫，燥湿祛痰，截疟之功效。常用于痈肿疔疮，蛇虫咬伤，虫积腹痛，惊痫，疟疾。 24 三尸：道教术语，指道教的三尸神。尸者，神主之意。道教认为人体有上中下三个丹田，各有一神驻跸其内，统称“三尸”，也叫三虫、三彭、三尸神、三毒。上尸好华饰，中尸好滋味，下尸好淫欲。 25 伏尸：隐藏在人体内的三尸。 26 算纪：指寿数。 27 守一行气：守一，一是道教早期修炼方术之一。其主旨为守持人之精、气、神，使之不内耗，不外逸，长期充盈体内，与形体相抱而为一。以为修习此术，可以延年益寿，乃至长生久视。行气，行气也称炼气、食气、服气。道教早期修炼方术之一。是指一种以呼吸吐纳为主，而往往辅以导引、按摩的养生内修方法。 28 存神先生：存神也名思神，意称存思人体之中、天地之间各种“神灵”。“先生”为“长生”之讹误。 29 三纲六纪：步罡之法，《云笈七签》卷二〇《太上飞行九神玉经》“反行法”云，“春步七星名曰步三纲，夏步七星名曰蹑六纪。” 30 谢过上古：“广汉魏丛书”本作“谢过上名”。谢过上名，道家斋戒仪式。《云笈七签》卷三七称列六种斋为“谢过禳灾致福之斋”。《无上秘要》卷九《众圣会议品》引《洞玄元始五老赤书玉篇经》：“（道家）以为烧香行道，执斋奉戒，则为三官九府所保。列言善功，削除罪简，上名三天，神明卫护，千灾不干。” 31 鸡头山：原州高平县（今宁夏固原）西十里有鸡头山。

<解说> 刘根是汉代的一位得道高人，除《神仙传》外，他的事迹也见于东晋干宝所著的《搜神记》、南朝宋范晔《后汉书·方术传下》。《搜神记》和《后汉书》对刘根的记载很简略，主要讲了他召唤太守史祈已经死掉的父母的鬼魂的故事，《神仙传》较详细，讲了他“入山修道”“祛除疫病”“召唤鬼魂”“谈心王珍”等故事。

一、入山修道

刘根，字君安，长安人，即现在的陕西西安人。刘根年少的时候是个学霸，熟读五经，品学兼优，在汉成帝绥和二年（前 7）被推举为孝廉，做了郎中，后来抛弃世俗事务，学习道法，进入嵩山石室中修炼。刘根冬夏不穿衣服，身上的毛有一二尺长，面色像十四五岁的人，“广汉魏丛书”本《神仙传》则说他面色像四五十岁。他眼睛深陷，胡须很多，鬓发发黄，长三四寸。和别人一起坐着聊天的时候，刘根有时候忽然来个“变装术”，摇身一变，穿上黑色的衣服，戴着高高的帽子，大家都不知道他什么时候换的。

二、祛除疫病

时间转眼到了西汉末年，当时在颍川做太守的是姓衡的府君。衡府君认得刘根，说他的先祖有和刘根同岁的。王莽多次让使者去请刘根，刘根都拒绝了，不愿意给王莽服务。衡府君让道庙助理王珍去拜访刘根，刘根一概不搭理。衡府君又让功曹赵公去表达敬仰之情，刘根只说谢谢府君，就没有其他话了。

后来颍川太守换了人，一位姓高的府君新上任。当地百姓突然遭受瘟疫，死掉的人超过一半，太守家里大小人等也都生病了。高府君让王珍去刘根那里寻求消除灾疫的方法。刘根让他在太岁宫所在的方位上，挖三尺深的土坑，把沙子倒进里面，然后用酒浇灌。高府君照着做，疫病立刻就消失了，后来人们经常这样做，也都很有效果。

三、召唤鬼魂

后来颍川又上任了一位新的太守叫史祈。史祈认为刘根是妖人，想要杀了他，派遣使者传唤刘根。全郡的人都劝谏史祈，说："太守啊，千万不能杀了刘根，刘根是位得道高人，又是祛除疫病、拯救全郡人民于水火的大恩人，杀了他不吉利啊！"史祈就是不听劝谏，执意要抓捕刘根。各位负责传唤的小吏心向着刘根，提前给刘根通风报信，说："你快跑吧，太守要杀你！"刘根说："各位小哥，感谢好意，但我不能逃跑，我要是跑了，你们是要承担罪责的啊，太守肯定会说是你们故意放跑了我。"于是刘根就去了郡守府。

到了郡守府，府里正坐了很多宾客，估计是太守专门叫来看热闹的吧。史太守让刘根上前，让庭下五十多个人拿着绳索鞭杖站在刘根身后，史太守厉声问他："你有道术吗？"

刘根说："有的。"

史祈说："有？那你能召唤鬼魂让我看看吗？如果看不见的话，我就杀了你。"

刘根说："这太容易了。"

于是刘根借史祈身前的笔墨一用，书写成符书，再敲击台阶的边缘，发出好像敲铜一样铿铿铿的声音，然后又发出一声长啸，啸声清亮异常，在城外的人都能听见，凡是听见的人没有不肃然起敬的。众位宾客都感到很害怕。

不一会儿，厅前南面的墙壁突然裂开数丈宽，大家看见四个穿着红色衣服的吏卒，呼喊着让众人避开、让出道路。红色衣服的兵士大约有几十个人，个个拿着刀剑，把一辆车从裂开的墙壁推到厅前。

刘根让他们把车上的鬼带下来，红衣吏卒揭开车上的黑色被子，上面有一个老公公和一个老婆婆，背着手被绑着。

史太守仔细一看，竟然是自己已经死去的父母，吓得呆住了，悲伤地流下眼泪。他父母也哭着责骂史祈说：“我们活着的时候，你还没做官、没有显达，我们没能得到你的俸禄供养；我们死了之后，你为什么要忤逆神仙尊官，让我们被收束囚禁，像这样被羞辱呢？你这个不孝子，简直是丢先人颜面，你还有什么脸活在人世间呢？！”史祈走下台阶，赶紧向刘根磕头，乞求刘根放了自己的父母。

刘根于是命令红衣吏卒把囚犯带回去，厅前的墙壁重新打开，车子驶过，不知道去哪里了，刘根也隐去了。

从那以后，史祈变得恍恍惚惚，好像发狂了一样，他的妻子也突然死了，很久之后才又苏醒过来，说：“我刚才看到咱的爹娘，他们大怒着说：‘为什么要触犯仙人，让我们得罪，等着吧，马上就会有人来杀你们。’”

后来过了几个月，史祈和妻儿都死了。

四、谈心王珍

少室山庙里的助理王珍，是出场很多次的人物了，衡府君曾派他去拜访刘根，高府君曾让他去找刘根请求治疗疫病的方法，一来二去，估计刘根也就认识他，跟他熟了。他常常去拜访刘根，很会看脸色，每次观察到刘根心情还不错的时候，就问刘根的过去，问他当初是怎么学习道术的。

刘根慢慢放下了防备，跟王珍讲起了自己的过去：“想当初，我进山里思想道术，没有地方不到过的。后来进入华山，看见一个人骑着白鹿，后面跟着一千多人，左右有玉女四人拿着彩色旄尾做的旗帜，都是十五六岁。我使劲磕头，求神仙教我道术，神仙于是停住，告诉我说：‘你听说过先前有一个叫韩众的人吗？’我说：‘听说过的。’神仙说：‘那就是我了。’我向神仙做了简要的自我介绍，说我从少年时就喜好道术，孜孜不倦地追求长生不老的方法，只是一直没有遇到明师，学了很多方书，按着上面说的去做，很多都不灵验。我问神仙，难道是我的命里不应该得到度世吗？我对神仙说：‘今天能遇见您，真是三生有幸，这是我每天夜里做梦都想的事情，今天终于实现了，希望您可怜可怜我，赐给我要诀吧。’神仙本来不肯告诉我，我哭着再三请求，神仙于是说：‘坐下，我就告诉你吧，你有仙骨，所以才能见到我，只是你现在骨髓不满，血液不暖，气息少，智慧浅，筋急肉败，所以服药行气都不起作用。想要长生，必须先治病十二年，才可以服用成仙的上等药物。仙道有升天踏云的，有游行五岳的，有食谷不死的，有尸解成仙的，关键在于服药，但是服药分上下等，所以成仙也有几个品级。不懂得房中术，单纯靠行气和导引而不服用上等神药，那也是不能成仙的。上等的药物，有九转还丹和太乙金液，服下之后，就能立刻登天，不待日月。其次有云母、雄黄之类的，能让人乘云驾龙，也能使人役使鬼神，变化长生。至于草木之类的药物，只能治病补虚，使人长生不老、白发返黑，断绝谷物饮食、补益人的精气，并不能让人不死，高等的可以活数百年，下等的只是保全自身本来就秉受的寿命罢了，不足以长久依赖。’我于是磕头说：‘今天受教了，这真是天意啊。’神仙说：‘要想长生，必须先去除身体内的三尸，三尸去除，意志就会坚定，嗜欲就除去了。’于是把神方五篇传授给我说：‘人身体内隐藏的三尸常常在每月的望、晦、朔三天上天，陈述人的罪过，司命就会夺了人的寿数，让人少活。人身体中的神想要让人活，但三尸想要让人死。人死了神就会涣散，返归无形；三尸会成为鬼，别人祭奠的时候献上饮食，鬼就会得到享受和吃食，所以三尸的利益在于让人快点死掉。每当人梦见和恶人斗争的时候，这就是身体里的神在和三尸做战斗啊。’我于是听从神仙指示，炼药服下，才成为了神仙。”

王珍又说自己多次看见刘根把符贴在地上，召唤什么人，然后就看见符被拿走了，但看不见拿符的那个人；又经常听见刘根追问什么，有人回答，但看不见回答的人的形状；有时候听到鞭杖打人的声音，就看到地上有血。但他也不知道这其中到底是怎么回事。

刘根教授给王珍守一、行气、存神、三纲六纪、谢过上古（名）等方法，不知道王珍后来得到仙名了没有。反正刘根后来进入鸡头山里成仙离去了。

卷玖

壶公

壶公者，不知其姓名。今世所有《召军符召鬼神治病》[1]《王府符》[2]凡二十余卷，皆出于壶公，故总名为《壶公符》[3]。

汝南[4]费长房为市掾[5]时，忽见公从远方来，入市卖药，人莫识之。其卖药口不二价，治百病皆愈，语买药者曰："服此药必吐出某物，某日当愈。"皆如其言。得钱日收数万，而随施与市道贫乏饥冻者，所留者甚少。常悬一空壶于坐上，日入之后，公辄转足跳入壶中，人莫知所在。唯长房于楼上见之，知其非常人也。长房乃日日自扫除公座前地，及供馔物，公受而不谢，如此积久。

长房不懈，亦不敢有所求，公知长房笃信，语长房曰："至暮无人时更来。"

长房如其言而往，公语长房曰："卿见我跳入壶中时，卿便随我跳，自当得入。"

长房承公言，为试展足，不觉已入。既入之后，不复见壶，但见楼观五色，重门阁道[6]，见公左右侍者数十人。

公语长房曰："我仙人也，忝天曹[7]职，所统供事不勤，以此见谪，暂还人间耳。卿可教，故得见我。"

长房不坐，顿首自陈："肉人无知，积劫厚[8]，幸谬见哀愍，犹如剖棺布气，生枯起朽，但见臭秽顽弊，不任驱使。若见怜念，百生之厚幸也。”

公曰：“审尔大佳，勿语人也。”公后诣长房于楼上曰：“我有少酒，汝相共饮之。酒在楼下。”

长房遣人取之，不能举，益至数十人，莫能得上。长房白公，公乃自下，以一指提上，与长房共饮之。酒器不过如蚌大[9]，饮之，至旦不尽。

公告长房曰：“我某日当去，卿能去否？”

长房曰：“思去之心，不可复言。惟欲令亲属不觉不知，当作何计？”

公曰：“易耳。”乃取一青竹杖与长房，戒之曰：“卿以竹归家，使称病，后日即以此竹杖置卧处，嘿然[10]便来。”

长房如公所言，而家人见此竹是长房死了，哭泣殡之。长房随公去，恍惚不知何所之。公独留之于群虎中，虎磨牙张口，欲噬长房，长房不惧。明日，又内长房石室中，头上有大石，方数丈，茅绳悬之，诸蛇并往啮绳欲断，而长房自若。

公往撰之曰：“子可教矣。”乃命啖溷[11]，溷臭恶非常，中有虫长寸许，长房色难[12]之，公乃叹，谢遣之曰：“子不得仙也！今以子为地上主者，可寿数百余岁。”为传封符一卷，付之曰：“带此可举诸鬼神。常称使者，可以治病消灾。”长房忧不能到家，公以竹杖与之曰：“但骑此到家耳。”长房辞去，骑杖忽然如睡，已到家，家人谓之鬼，具述前事，乃发视棺，中惟一竹杖，乃信之。长房以所骑竹杖投葛陂[13]中，视之，乃青龙耳。长房自谓去家一日，推之已一年矣。

长房乃行符收鬼治病，无不愈者。每与人同坐共语，而目瞋诃遣，人问其故，曰：“怒鬼魅之犯法耳。”

汝南郡中常有鬼怪，岁辄数来，来时导从威仪如太守，入府打鼓，周行内外，匝乃还去，甚以为患。

后长房诣府君，而正值此鬼来到府门前，府君驰入，独留长房。鬼知之，不敢前，欲去。长房厉声呼使捉前来，鬼乃下车，把版[14]伏庭中，叩头乞得自改。

长房呵曰："汝死老鬼，不念温良，无故导从，唐突官府，君知当死否？"急复令还就人形，以一札符付之，令送与葛陂君。鬼叩头流涕，持札去。使以追视之，以札立陂边，以颈绕札而死[15]。

东海君来旱[16]，长房后到东海，见其民请雨，谓之曰："东海君有罪[17]，君前系于葛陂，今当赦之，令其作雨。"于是即有大雨。长房曾与人共行，见一书生，黄巾被裘，无鞍骑马，下而叩头。长房曰："促还他马，赦汝罪。"人问之，长房曰："此狸[18]耳，盗社公[19]马也。"又尝与客坐，使至市市鲊[20]，顷刻而还。或一日之间，人见在千里之外者数处。

‖注释‖ 1《召军符召鬼神治病》：《真诰》卷一四《稽神枢第四》云，"其（壶公）行玉斧、军火符。"《抱朴子内篇·遐览》载有"《军火召治符》《玉斧符》十卷"，"《召军符召鬼神治病》"应作"《军火召治符》"。 2《王府符》：应作"《玉斧符》"。 3《壶公符》：《抱朴子内篇·遐览》载有"《壶公符》二十卷"。 4 汝南：今河南平舆西。 5 市掾（yuàn）：市，做买卖的地方。掾，原为佐助的意思，后为副官佐或官署属员的通称。市掾，指管理市场的官员。 6 楼观五色，重门阁道："广汉魏丛书"本作"楼观重门阁道"。这里指楼宇规模宏伟，门窗、通道甚多。 7 天曹：道家所称天上的官署。 8 积劫厚："广汉魏丛书"本作"积罪却厚"。胡守为《神仙传校释》认为这里脱掉"罪"字，"劫"为"却"的讹误。 9 如蚌大："广汉魏丛书"本作"酒器如拳许大"。《后汉书》卷八二下《费长房传》作"视器如一升许"。 10 嘿（mò）然：嘿，同"默"，不说话，不出声。嘿然，沉默无言的样子。 11 噉（dàn）溷（hùn）：噉，同"啖"，吃。溷，污秽物，粪便。 12 色难：作为难色，为难的表情。 13 葛陂：古湖泊名。在今河南新蔡北。 14 把版：版，朝笏，即手板。古代官吏上朝时用的笏。把版，用手拿手板。 15 以颈绕札而死："广汉魏丛书"本作"以头绕树而死"。 16 东海君来旱："广汉魏丛书"本作"房后到东海，东海大旱三年"。东海君，东海掌管施云布雨的神。 17 东海君有罪："广汉魏丛书"本作"东海神君来淫葛陂夫人，吾系之"。 18 狸：即"貉"，哺乳动物，形状与猫相似。亦称"狸子""狸猫""山猫""豹猫"。 19 社公：土地神。 20 鲊（zhǎ）：用腌、糟等方法加工的鱼类食品。

<解说> 壶公，又名玄壶子、悬壶翁、济世壶公，是东汉时期的卖药人。北魏郦道元《水经注·汝水》："昔费长房为市吏，见王壶公悬壶于市，长房从之，因而自远，同入此壶，隐沦仙路。"这里说壶公是"王壶公"，似乎壶公姓王。唐代王悬河《三洞珠囊》："壶公谢元，历阳人。卖药于市，不二价，治病皆愈。"说壶公名叫"谢元"。北宋张君房《云笈七签》卷二八引《云台治中录》："施存，鲁人。夫子弟子，学大丹道……常悬一壶如五升器大，变化为天地，中有日月，如世间，夜宿其内，自号'壶天'，人谓曰'壶公'。"说壶公名叫"施存"。壶公究竟叫什么名字，现已不可考。传说壶公常常挂着一个壶在市场里卖药，到了晚上就跳到壶里去。因为壶公医术高超，救治了很多病人，所以后来历代医者学成开业、为人治病，常常称为"悬壶"，人们称颂医生治病救人常用"悬壶济世"。

据《神仙传》记载，壶公，也不知道叫什么名字。现在保存下来的《召军符召鬼神治病》《王府符》共二十多卷，都出自壶公，所以又叫《壶公符》。壶公摆摊卖药的故事和费长房学道的故事交叉在一起，主要讲了费长房是如何跟随壶公学道的。

一、壶公集市卖药，长房殷勤侍奉

河南汝南有个费长房，当时做集市的管理员，有一天忽然看见壶公从远方而来，进入集市里卖药，大家都不认识他。他卖药口不二价，服了他的药各种疾病都能痊愈，他告诉买药的人说："吃下这个药会吐出某物，你的病某一天就会痊愈。"后来壶公的话果然应验了。壶公靠着卖药每天能挣数万钱，但他收了钱之后，紧接着就施舍给集市上贫乏饥冻的人，自己留下的非常少。他常常悬挂一个空壶在座位上，太阳落山之后，就转身跳进壶里，人们都不知道他去了哪里。只有费长房在楼上看见了他，知道他不是寻常人，想要跟着他学习道术。费长房于是每天亲自打扫壶公座位旁边的空地，供给壶公饮食，壶公通通接受，但并不跟费长房道谢，就这么过了很长时间。费长房每天殷勤侍奉壶公，坚持不懈，始终不敢有什么请求，终于感动了壶公，壶公觉得费长房是一个可信的人，于是告诉费长房："到了傍晚没人的时候你再来。"

二、长房进入壶内，壶公带走长房

到了傍晚，费长房遵照壶公的话去找他，壶公对长房说："你看见我跳进壶里的时候，你就跟着我跳，自然能够进到里面。"费长房听从壶公的话，刚迈开步子，不知不觉就已经进入壶里了。进到里面之后，只看见高楼大厦五彩耀目，重重叠叠都是门窗和阁道，古朴宏伟，仙气飘飘，侍奉在壶公左右的人有几十个。壶公告诉长房："我是仙人，本来在天上有职位的，但因为做事的时候不够勤快，所以被贬谪了，暂时在人间居住。你是可以教导的人，所以能见到我。"长房磕头自我介绍："我是个无知的凡人，积累的罪恶较多，非常幸运，能得到您的怜悯。您对我的恩德就好像剖开棺材给我布气，使我的枯骨生肉，使朽烂的东西复苏一样。只是我臭秽顽劣，愚钝不堪，就怕不堪供您驱使。如果能得到您的怜念，这将是我百世的福德幸运啊！"壶公说："我答应教授你，但你要保守秘密，不要告诉其他人！"

壶公在楼上款待费长房说："我有一点酒，想和你一起喝。酒就在楼下。"费长房让人去取，可是酒器太重了，大家都举不起来，增加到几十个人一起用力抬，还是抬不上去。费长房告诉壶公，壶公只得自己下来，只用一根指头就提上去了。装酒的酒器不超过蚌壳大小，但壶公和费长房喝到天亮也没有喝完。壶公对费长房说："我将在某天离去，你愿意跟我走吗？"费长房说："我想要跟您离去的急切心情，就不需要再陈述了吧。只是我不想让我的家里人知道我跟您走了，这该怎么办呢？"壶公说："这很容易。"于是就取来一根青竹杖给费长房，告诫他说："你拿着竹杖回家，就说自己病了，到了后天，就把这根竹杖放在歇卧的地方，你自己悄悄地来。"费长房照壶公说的那样做了，第二天，竹杖就变成了费长房的尸体，家人看到以为费长房死了，就哭着葬了他。

三、壶公三试长房，长房学道地仙

费长房跟着壶公离去，恍惚间不知道到了哪里。壶公为了考验费长房，先是把他单独一个人放在一群老虎中，老虎张口磨牙，想要咬费长房，费长房一点也不害怕。第二天，又把费长房放在一个石室里，头上悬着一块大石头，只用一根草绳吊着，还有很多蛇缠绕在绳子上想要咬断绳子，费长房坦然自若。前两次考验，费长房都顺利通过。于是壶公就让费长房吃下大粪，大粪散发着恶臭，里面还有一寸多长的蛆虫爬来爬去，费长房不怕老虎和毒蛇，但看到这些小虫子却为难了，脸色很难看，不愿意吃下去。壶公于是叹气说："你不能成为神仙了！我只能让你成为地上的主宰，能长寿到几百岁。"于是赐给费长房一卷封好的符，说："你拿着这个就可以役使众鬼神了，平常召唤和驱使它们，可以消灾治病。"费长房担心没办法回家，壶公把竹杖给他说："只要你骑着这个就可以回家了。"费长房于是告辞离去，骑着竹杖昏昏欲睡，到了家后，家里人都以为他是鬼魂。费长房解释之前的事情，大家打开棺材一看，发现棺材里只有一根竹杖，才相信了他。费长房把所骑的竹杖扔到山坡，看的时候，才发现是一条青龙！费长房以为离开家里只有一天，但实际推算起来已经一年了。

四、壶公灵符发威，长房驱鬼治病

费长房于是用壶公给的符书收摄鬼魂、治疗疾病，所治之病没有不痊愈的。他跟别人坐着聊天的时候，经常瞪着眼睛呵斥怒骂，让什么东西走开，别人问他缘故，他说："我看到有鬼魅在人前捣鬼呢。"

汝南郡常常有鬼怪，每年来好几次，来的时候向导、随从乌拉拉地跟着很多人，排场很大，就好像太守入府一样，鬼怪们打着鼓行遍内外街道才离去，人们都很害怕。费长房有一次拜访太守，恰好碰见一个鬼来到太守府门前，府君跑进里面，只留下长房，鬼知道长房厉害，想要逃跑。费长房就厉声呼唤使者把鬼捉来，鬼于是下车，趴在庭院里，磕头求费长房放过自己。费长房呵斥道："你这个死去的老鬼，不想着做好事，无缘无故排场这么大唐突官府，你知道你应该死吗？"于是立刻命令鬼恢复成人形，把一札符给了鬼，让他带给葛陂君。鬼流着泪磕头，拿着札离开了。费长房让使者追去看他，发现他把札立在陂边，把脖子绕在札上死了。

有一次东海君犯法，当地遭遇了大旱。费长房到东海，看见当地民众正在求雨，费长房对求雨的人说："东海君有罪，先前被我系在葛陂，现在也应该赦免他，让他施云布雨。"于是立刻就下起了大雨。

还有一次，费长房和别人一起外出，看见一个书生，戴着黄头巾披着狐裘，骑着没有装鞍的马。那个书生一看见长房，立马下来磕头，费长房说："快快还了马，我就赦免你的罪过。"别人问他怎么回事，费长房说："这是一只狸猫，偷了土地公的马。"

费长房又曾和客人一起坐着，家人让他到集市里买鲊鱼，他片刻就买回来了。有时候一天之内，有人在千里之外的好几处地方都能看见他。大概费长房不仅会捉鬼，还学会了神行术和分身术！

南朝宋范晔《后汉书·方术列传·费长房传》有记："费长房者，汝南人也。曾为市掾。市中有老翁卖药，悬一壶于肆头，及市累，辄跳入壶中。市人莫之见，唯长房于楼上睹之，异焉，因往再拜奉酒脯。翁知长房之意其神也。谓之曰：'子可明日来。'长房旦日复诣翁，翁乃与俱入壶中。唯见玉堂严丽，旨酒有肴盈衍其中，共饮毕而出。"《神仙传》没有交代费长房的结局，但《后汉书》里说费长房的结局是："后失其符，为众鬼所杀。"

尹轨

尹轨者，字公度，太原[1]人也。博学五经[2]，尤明天文理气、河洛谶纬[3]，无不精微。晚乃奉道，常服黄精[4]，日三合，年数百岁，而颜色美少。常闻其远祖尹喜[5]，以周康王、昭王[6]之时居草楼，遇老君[7]与说经，其后周穆王[8]再修楼观，以待有道之士。公度遂居楼观[9]焉。自云："喜数来与相见，授以道要。"由是能坐在立亡、变化之事。苏并州家先祖频奉事之，累世子孙见之，颜状常如五十岁人。游行人间，或入山，一年半年复见。无妻息。其说天下盛衰治乱之期、安危吉凶所在，未尝不效。

晋永康元年[10]十二月，道[11]洛阳城西一家求寄宿，主人以祭蜡[12]不欲令宿。良久，公度语其姓名，主人乃开门迎公度，与前设酒食，又以数斛[13]谷与公度所乘青骡。公度竟不饮啖，骡亦不食谷。明旦去，谓主人曰："君是不急难人耳，先虽不欲受我宿，后更有勤意吾及骡，虽不食君所设，意望相酬耳。令赐君神药一丸，带以随身。明年当有兵[14]，死者满地，此药可以全君体命。"明年洛中，果有赵王伦之乱[15]，死者数万。举家有从军者，皆不还，在家又为劫杀皆尽，惟余得药一人耳。

公度腰中带漆竹管数十枚，中皆有药，入口即活。天下大疫，有得药如枣者，涂其门，则一家不病，病者立愈。又弟子黄理，居陆浑山[16]中，患虎为暴。公度使断大木为柱，去家四方各一里外埋一柱，公度即以印印之[17]，虎即绝迹。又有怪鸟止其屋上，以语公度，公度为书一奏符，著鸟鸣处，至夕，鸟伏死符下，遂绝。

有人遭大丧当年，而贫穷不及[18]。公度见而嗟之，孝子说其孤苦，公度怆然曰："君能得数斤铅[19]否？"孝子曰："可得耳。"乃具铅数十斤，公度将入山中小屋，下炉火中销铅，以神药如枣大，投沸铅中，搅之，皆成银，以与之曰："吾念汝贫困，不能营葬，故以相与，慎勿言也。"复又有一人，本士族子弟，遇公事簿书不明，当陪[20]负官钱百万，出卖田宅车牛，不售[21]，而见收系。公度语所识富人曰："可暂以百万钱借我，欲以救之，后二十日顿相还[22]也。"富人即以钱百万与公度。公度以与遭事者，乃语曰："君致锡[23]百两。"其人即买锡与之，公度于炉中洋[24]锡，以神药一方寸匕[25]投沸锡中，变成黄金，金即秤卖，得钱百万还钱主。公度后到南阳太和山[26]升仙去矣。

‖注释‖ 1太原：秦始皇统一中国后，分天下为三十六郡，设置太原郡，郡治晋阳（在今山西省太原市晋源区）。汉代全国设十三州，并州刺吏部设治晋阳，这也是太原称并州之始，太原简称"并"来源于此。 2五经：指《诗》《书》《礼》《易》《春秋》五部经典。 3天文理气、河洛谶纬：理气，"广汉魏丛书"本作"星气"。天文、星气均指通过观测日、月、星辰等天体运行来预测吉凶。河洛，指《河图》和《洛书》，《河图》《洛书》是中国古代流传下来的两幅神秘图案，蕴含了深奥的宇宙星象之理，是阴阳五行术数之源。谶是秦汉间儒家编造的预示吉凶的隐语，纬是汉代附会儒家经义衍生出来的一类书。谶纬，是流行于汉代的借助隐语、异象预测吉凶的学说。 4黄精：《证类本草》，"（黄精）味甘，平，无毒。主补中益气，除风湿，安五脏。久服轻身延年，不饥。 5尹喜：汉代刘向《列仙传》称，"关令尹喜者，周大夫也。善内学，常服精华，隐德修行，时人莫知。老子西游，喜先见其气，知有真人当过，物色而遮之，果得老子。老子亦知其奇，为著书授之。后与老子俱游流沙，化胡，服苣胜实，莫知其所终。尹喜亦自著书九篇，号曰《关令子》。”　6 周康王、昭王：周康王姬钊，姬姓，名钊，周武王姬发之孙，周成王姬诵之子，西周第三位君主。据《夏商周年表》，其在位时间为公元前 1020 年至前 996 年，但存在争议 。周昭王（？—前 977 ），姬姓，名瑕。周康王姬钊之子，周朝第四任君主。在位时间为公元前 996 至前 977 年。　7 老君：太上老君，即老子。　8 周穆王：周穆王（？—前 922），姬姓，名满，又称“穆天子”，周昭王之子，西周第五位君主。在位时间为公元前 977 至前 922？年。　9 楼观：《初学记》卷二三《道释部》“道士第三”引《楼观本纪》曰，“周穆王尚神仙，因尹真人草制楼观，遂召幽逸之人，置为道士。”　10 晋永康元年：西晋皇帝晋惠帝司马衷的第四个年号，公元 300 至 301 年。永康元年是公元 300 年。　11 道：路过。　12 祭蜡：古代每年农历十二月，天子或诸侯为颂扬神农、后稷等百神之劳功而举行的祭礼。亦为古代岁末农民休息之节日。　13 斛：中国旧量器名，亦是容量单位，一斛本为十斗，后来改为五斗。　14 兵：指兵灾。　15 赵王伦之乱：西晋元康九年（299），贾后废太子，次年杀之，赵王司马伦等从其封国起兵入宫杀贾后。永宁元年（301），司马伦又废帝自立，遂引发八王为争夺皇位的大混战，中原残破，称“赵王伦之乱”或“八王之乱”。　16 陆浑山：即方山，在今河南省洛阳市嵩县东北。　17 去家四方各一里外埋一柱，公度即以印印之：“广汉魏丛书”本作“去家五里，四方各埋一柱，公度即印封之”。“以印印之”当为“以印封之”。　18 有人遭大丧当年，而贫穷不及：“广汉魏丛书”本作“有人遭丧当葬，而贫，汲汲无以办”。　19 铅：铅是柔软和延展性强的弱金属，有毒，也是重金属。铅原本的颜色为青白色，在空气中表面很快被一层暗灰色的氧化物覆盖。　20 陪：当作“赔”，赔偿。　21 不售：指不足以偿还债务。　22 顿相还：《太平御览》卷八一二引《神仙传》作“后三十日倍当相还”。　23 锡：一种金属元素，银白色，质软，富延展性。　24 洋：《太平御览》卷八一二引《神仙传》作“销”，熔炼的意思。　25 一方寸匕：匕，即汤匙。一方寸，为一寸的平方。一方寸匕，指一寸见方大小的汤匙。　26 南阳太和山：指位于河南省洛阳市嵩县的太和山，海拔 1575.6 米，俗名摘星楼，南北朝以前属南阳郡辖，史称南阳太和山。一说武当山古名太和山，在今湖北省十堰市丹江口市。

<解说> 尹轨，字公度，山西太原人。他的先祖尹喜是道教历史上有名的人物。尹喜，据刘向《列仙传》记载，是周朝的大夫，他有一定的道术。老子往西游历的时候，时任大散关令尹的尹喜，预先占卜，知道不久当有真人从这里经过，于是日夜等待，终于等到了老子。尹喜请求老子留下只言片语指教，老子为他写下《道德经》。后来尹喜跟随老子一起到了流沙之西，不复出现。尹喜也留下一本书叫《关尹子》，道教内部叫《无上妙道文始真经》。

话说尹轨博学五经，精通天文、理气、《河图》、《洛书》、谶纬之术。晚年他开始精修道术，常常服用黄精，每天三次，年纪到了几百岁，容貌还不老。据说他的先祖尹喜，在周康王、昭王的时候住在草楼，见到太上老君和他说经。后来周穆王再修楼观，用来接待有道的人，尹轨于是住在楼上。他说自己的先祖尹喜多次来和他相见，传授给他道法要诀。尹轨因此学会了瞬间隐身和各种变化的法术。苏并州一家的先祖曾经侍奉他，苏家累世的子孙都见过尹轨，他面貌长年像五十多岁的人。他在人间游历行走，有时候进入山里，一年半年才出来。他没有妻儿，赤条条来去无牵挂。他还会占卜，说起天下盛衰治乱、安危吉凶情况，都很灵验。

晋代的时候，尹轨游历人间，几度救济贫苦，如帮助寄宿主人躲过兵患，用竹管内的药治疗疾疫病人，帮助弟子祛除虎患和怪鸟，帮助穷人偿还巨额债务，等等。

一、帮助寄宿主人躲过兵患

晋永康元年（300）十二月，尹轨经过洛阳城西一家请求寄宿，主人因为祭蜡的缘故不想留他，两人僵持了很长时间，尹轨说了自己的姓名，主人才开门接纳了尹轨，给他准备了酒食，又拿出谷子喂尹轨骑的青骡子。尹轨不吃饭，骡子也不吃谷。第二天早上离开的时候，尹轨对主人说：“你先前不愿意接纳我住宿，但后来又殷勤照顾我和骡子。虽然我们没有吃你准备的东西，也想要报答你。现在我给你一丸神药，你随身携带着，明年将会有兵祸，到时候会死伤遍地，你拿着这个药可以保全性命。”第二年洛阳果然发生了赵王伦之乱，死了好几万人。家中从军的都没有回来，在家的又被劫杀殆尽，只剩下得到神药的主人一人。

二、用竹管内的药治疗疾疫病人

尹轨腰间常常带着几十枚漆竹管，里面装着药，放进人的嘴里人就能活命。有一次，天下发生了瘟疫，有得到尹轨给的像枣子一样的药物的，涂抹在门上，那么这家人都不会得病，即使得病了也会很快痊愈。

三、帮助弟子祛除虎患和怪鸟

尹轨有一个弟子叫黄理，住在陆浑山里，担心老虎暴虐伤人。尹轨让他砍断大树做柱子，在距家一里的地方，东、西、南、北四个方向各埋下一根，然后尹轨施法封印，老虎就绝迹了。又有奇怪的鸟停在黄理的屋子上，他告诉尹轨，尹轨给他写了一个符书，放在鸟叫的地方，到了傍晚，鸟便伏诛，死在符书下面，也绝迹了。

四、帮助穷人偿还巨额债务

有一次，有人遭遇丧事，但家里贫穷，无力治丧。尹轨见了就很可怜他，问道："你能弄来几斤铅吗？"孝子说："能的。"于是准备了几十斤铅。尹轨拿着铅进到山里小屋，将铅投入炉火中销炼，又把一个枣子大的神药投到煮沸的铅里，搅拌，铅就都变成了银。尹轨给了孝子说："我念你贫困，不能经营丧事，所以给了你这个，你可千万不要对别人说啊。"

又有一个人，本来是士族子弟，因为公事簿书账目做得不清楚，被判赔偿官家数百万钱，他把田地、宅子、车和牛全都卖了，还是偿还不了债务，于是被收押了。尹轨很可怜他，便跟认识的富人说："暂时借一百万钱给我，我想救他，二十天之后会还给您的。"富人就把一百万钱给了尹轨，尹轨把钱给了遭事的人让他还给官家。尹轨对这个人说："你给我买一百两锡来。"这个人就买了锡给尹轨，尹轨在炉子中炼锡，把一点神药投到滚沸的锡里，锡就变成了黄金，尹轨把黄金拿去称卖了，得到百万钱还给了富人。

后来尹轨到南阳太和山仙去了。关于尹轨从太和山仙去的说法，"广汉魏丛书"本《神仙传》作"后到太和山中仙去也"，而《四库全书》本作"尹轨后到南阳太和山升仙去矣"。这就引发了争议。有人认为尹轨是到湖北十堰的武当山（古名太和山）仙去，所以武当山留有尹轨成"太和真人"的传说；有人认为尹轨是在河南境内的太和山中仙去。但综合后世的记载，尹轨在南阳太和山仙去的说法较可信。南北朝医学家、道教思想家陶弘景（456—536）在《真诰》中说："尹轨与同学者及弟子家中数十人，皆得仙道。晚共相将入南阳太和山中，多好石子故也。"《太平御览》也记载尹轨于晋惠帝光熙元年（306）在南阳太和山仙去。

介象

介象者，字元则，会稽[1]人也。学通五经，博览百家之言，能属文，阴修道法[2]，入东岳[3]受气禁之术[4]，能茅上燃火煮鸡，鸡热而茅不焦，能令一里内不炊不蒸，鸡犬三日不鸣不吠，能令一市人皆坐不能起，能隐形变化为草木鸟兽。

闻《九丹之经》[5]，周游数千里求之。不值明师，乃入山精思，冀遇神仙。疲极卧石上，有一虎往舔象，象睡寤见虎，乃谓之曰："天使汝来侍卫我者，汝宜停；若山神使汝来试我，汝疾去。"虎乃去。

象入山，见谷中有石子，紫色光彩，大如鸡子，不可称数，乃取两枚而游。谷深，不得度[6]，乃还，于山中见一美女，年十五六许，颜色非常，衣服五彩，盖仙人也。象叩头乞长生之方，女曰："汝急送手中物还故处，乃来，吾故于此待汝。"象即以石送于谷中而还，见女子在旧处，象复叩头。女曰："汝血养[7]之气未尽，断谷三年更来。吾止此。"象归，断谷三年，乃复往，见此女故在前处，乃以丹方一日授象[8]，告曰："得此便仙，勿他为也。"

象未得合作此药。常住弟子骆延雅舍，帷下平床中，有书生数人，共论书、传事[9]云云，不判[10]，象傍闻之，不能忍，乃为决解[11]之。书生知象非凡人，密表奏象于其主[12]，象知之欲去，曰："恐官事拘束我耳。"延雅固留。吴王诏征象到武昌[13]，甚敬重之，称为介君。为象起第宅，以御帐给之，赐遗前后累千金。从象学隐形之术，试还后宫及出入殿门，莫有见者。又令象变化，种瓜菜百果，皆立生。与先主共论鲙鱼何者最上，象曰："鲻鱼为上。"[14]先主曰："此鱼乃在海中，安可得乎？"象曰："可得耳。"但令人于殿中庭方埳者水满之[15]，象即索钓饵起钓之，垂纶于埳中，不食顷，得鲻鱼。先主惊喜，问象曰："可食否？"象曰："故为陛下取作鲙，安不可食[16]。"乃使厨人切之。先主问曰："蜀使不来，得姜作鲙至美，此间姜不及也。何由得乎？"象曰："易得耳。愿差一人，并以钱五千文付之，象书一符，以著竹杖中，令其闭目骑杖，杖止便买姜。买姜毕，复闭目。"此人如言骑杖，须臾已到成都，不知何处，问人，言是蜀中也，乃买姜。于时，吴使张温[17]在蜀，从人恰与买姜人相见，于是甚惊，作书寄家。此人买姜还，厨中鲙始就矣[18]。

象又能读诸符文如读书，无误谬者。或不信之，取诸杂符，除其标注以示象，象皆一一别之。又有一人种黍于山中，尝患猕猴食之，闻象有道，从乞辟猴法。象告："无他，汝明日往看黍，若见猴群下，大嗥[19]语之曰：'吾已告介君，介君教汝莫食黍。'"此人仓卒直言象欺弄之。明日往，见群猴欲下树，试告象言语，猴即各还树，绝迹矣。

象在吴，连求去，先主不许。象言某月日病，先主使左右以梨一奁[20]赐象，象食之，须臾便死。先主殡埋之。以日中死，其日餔时[21]已至建邺[22]，以所赐梨付苑内[23]种之。吏后以表闻先主，发视其棺中，唯一奏版符[24]耳。先主思象，使以所住屋为庙，时时躬往祭之。常有白鹄[25]来集座上，良久乃去。

后弟子见象在盖竹山[26]中，颜色更少焉。

‖注释‖ 1会稽：今浙江绍兴。 2阴修道法：“广汉魏丛书”本作“后学道”，文意较通顺。“阴”为“后”的讹误。 3东岳：东岳指泰山。但“广汉魏丛书”本作“东山”，东山在会稽，介象是会稽人，入东山受气禁之术，似乎更合常理。“岳”疑是“山”之讹误。 4气禁之术：一种以行气为基础的咒术。据《抱朴子内篇·至理》，行气具有禁鬼神虎豹、续骨连筋、止流水、禁炊、禁犬吠等多种功效。 5《九丹之经》：指《九丹金液仙经》。 6不得度：“广汉魏丛书”本作“不能前”。 7血养：“广汉魏丛书”本作“血食”，血食指荤腥之食，这里指身上浊气重。 8乃以丹方一日授象：“广汉魏丛书”本作“乃以《还丹经》一首投象”，首，意为篇、幅。这里的“日”为“首”字之讹误。 9书、传事：“广汉魏丛书”本作“论《左传》义”。 10不判：争论不休，没有定论。 11决解：判定，解决难题。 12其主：“广汉魏丛书”本作“吴主”，指三国吴主孙权。下文的“吴王”“先主”，均指孙权。 13武昌：在今湖北鄂州，公元221年孙权曾迁都于此。 14共论鲙（kuài）鱼何者最上……鲻（zī）鱼为上：鲙鱼，指经切割加工过的鱼，生鱼片。鲻鱼，别称乌鱼，俗名青头仔、信鱼、正乌，为中上层鱼类，性活泼，常跳跃，喜栖息于河口及港湾内，并能进入淡水。这里指鲻鱼适合用来做生鱼片。 15于殿中庭方埳者水满之：埳，同“坎”，指低洼的地方、坑。方埳，掘土作坑。者水满之，《太平广记》卷四六六“介象”条引《神仙传》作“汲水”。《仙苑编珠》卷上“介君竹杖左慈木屐”引《神仙传》作“著水”。这里“者”为“著”的讹误。 16安不可食：“广汉魏丛书”本作“安敢取不可食之物”，意义更明。 17吴使张温：张温（193—230），三国吴名臣，《三国志》卷五七有传。 18厨中鲙始就矣：“广汉魏丛书”本作“厨下切鲙适了”，语义较明。 19大嗥：嗥，吼叫。《太平御览》卷九一〇《猴》引《神仙传》作“大唤语之云：‘已白介君’”。 20奁（lián）：古代放梳妆品的盒子，有的也用于盛食物。 21日铺（bū）时：铺，同“晡”。日交申时而食。这里指申时。 22建邺：在今江苏南京，曾为三国吴都城。 23苑内：“广汉魏丛书”本作“苑吏”。“内”为“吏”之讹误。 24唯一奏版符：“广汉魏丛书”本作“惟一符耳”，《太平御览》卷九一六《鹤》引《神仙传》作“有一奏符”。“版”为衍文。 25白鹄：白天鹅。 26盖竹山：在今浙江临海南，一名竹叶山。

<解说> 介象，字元则，吴国会稽人。他是三国时期吴国著名的方士，《神仙传》记载他会气禁术、隐身术、坐致行厨，尤其擅长识读符文。《神仙传》这一篇讲介象曾经为吴主孙权钓出远在万里之外的鲻鱼，又让人去千里之外的四川买姜，片刻返回。这些情节在晋代干宝《搜神记》和南朝宋范晔《后汉书》里属于左慈所做的事情。

一、介象会气禁术

介象从小学习、通晓五经，博览百家言论，擅长写文章，后来修炼道法，进入东岳泰山接受气禁之术，能点燃茅草烧火煮鸡肉，鸡肉煮熟了茅草却没有烧焦；能让一里以内的人不炊不蒸；能让鸡犬三天不鸣不吠；能让整个集市里的人都坐着不能动。介象还擅长隐形，能把自己变成草木鸟兽。

二、介象从仙女那里接受丹方

介象听说有一部《九丹之经》很神奇，就走遍千里寻求，但一直没有遇到名师，于是进山里研究思考道术，希望能够遇见神仙。有一次，介象走路累了，就躺在石头上，忽然有一只老虎来舔介象，介象就对老虎说："如果是上天派你来保护我的，那么你就停下别走；如果是山神让你来试探我的，那么你快快离去。"老虎于是就离开了。

有一次，介象在山里行走，偶然看见一个山谷里有很多石头，发出紫色的光，大小像鸡蛋一样，数量多得数不清，于是介象拿了两枚带着。可是这个山谷很深，走不过去，介象就返回来。忽然在山里遇见一个美女，年纪大约十五六岁，美丽非常，衣服是五彩的颜色，介象心想这一定是个仙人，于是磕头乞求长生的法门。仙女说："你快把手里的东西送还原处，然后再来，我在这里等着你。"介象就把石头送回谷中再回来，看见仙女还在原处，介象又磕头。仙女说："你体内的浊气没有除尽，断谷三年之后再来吧。我在这里等着你。"介象回家，断谷三年，又回去见仙女，仙女还在之前的地方，于是把一个丹方传授给介象，告诉他说："得到这个就可以成仙了，不要再做其他事了。"

三、介象教吴王法术

介象得到了丹方，但还没有炼制药物。他住在一个叫骆延雅的人家里，有一次几个书生聚集在骆延雅家里，共同讨论经书和传解上的理论，遇到有争议的地方，吵吵闹闹，没有定论。介象在旁边听见，难以忍受，于是为他们讲解清楚、做了判定。书生们听了介象的言论，知道介象不是凡人，就秘密报告给吴国国君孙权。介象知道之后想要离开，说："恐怕官府事务会拘束我。"骆延雅坚持请求他留下。吴主孙权下令把介象接到武昌，非常看重他，称介象为介君，还为介象修建了豪华的房子，把自己的御帐赐给他，前后赏赐达到千金。吴主跟着介象学习隐形术，学会之后，尝试着施展隐形术，回到后宫和进出宫殿门，没有人能看见他。

吴主又让介象施展法术种瓜果蔬菜，立刻就能长成。有一次，介象和吴主讨论鲙鱼哪种最好，介象说："鲻鱼味道最佳。"先主说："可是这种鱼生活在海里，怎么能得到呢？"介象说："这我能办到。"于是让人在殿内挖了一个土坑装满水，介象向吴王求取钓钩和鱼饵来钓鱼，不到一顿饭的时间，就钓到了鲻鱼。吴主又说："可惜蜀地的使者不来，要是能得到蜀地的姜给鱼调味，那就美极了！这里的姜是远远比不上的。你有办法得到吗？"介象说："这太容易了。希望陛下派一个人，给他五千文钱。"介象写了一个符，放在竹杖里面，让这个人闭着眼睛骑竹杖，竹杖停了就买姜，买完姜再闭上眼睛就行了。这个人就像介象说的那样，骑着竹杖不一会儿就到了，问了别人都说是蜀中，于是就买了姜。当时，吴国使者张温在蜀地，他的随从恰好和买姜的人碰见了，非常惊讶，写信回家说起这件事情，大家这才知道买姜的人是真的到了蜀地。这个人买了姜回来，厨房的鲻鱼才刚刚切好。

四、介象擅读符书

介象能读懂非常复杂难懂的符文，并且没有错谬。有人不相信，就专门拿来一些杂符，去掉标注给介象看，结果介象能一一分别。

葛洪《抱朴子内篇·遐览》记有："抱朴子曰：'郑君言符出于老君，皆天文也。老君能通于神明，符皆神明所授。今人用之少验者，由于出来历久，传写之多误故也。又信心不笃，施用之亦不行。又譬之于书字，则符误者，不但无益，将能有害也。书字人知之，犹尚写之多误。故谚曰，书三写，鱼成鲁，虚成虎，此之谓也。七与士，但以倨勾长短之间为异耳。然今符上字不可读，误不可觉，故莫知其不定也。……昔吴世有介象者，能读符文，知误之与否。有人试取治百病杂符及诸厌劾符，去其签题以示象，皆一一据名之。其有误者，便为人定之。自是以来，莫有能知者也。'"

意思是符箓传自太上老君，太上老君通于神明，因此符箓应是神明所授。现在的符箓之所以很少灵验，是因为符箓传写艰难且错误颇多，使用符箓时信心不诚也是符箓不灵的原因之一。吴国有个介象就善于读符，能认出符箓，并知道书写是否有误，有书写错误的，便为人改正。自介象之后，就没有人能知道了。

五、介象为人驱猴

有一个人在山里种黄米，害怕猕猴偷吃，听说介象有道法，就向介象乞求驱除猕猴的方法。介象告诉他说："没有别的，你明天去看黍的时候，如果看见猴群下来，就大声喊、告诉它们说：'我已经告诉介象了，介象叫你们不要吃我的黍。'"这个人听介象这么说，起初还不相信。结果第二天到黍地，群猴想要下树，他试着将介象的话告诉猴子，猴子就各个回到树上，不见了。

六、介象尸解而去

介象在吴国多次请求离开，但吴主孙权一直不允许，介象就说自己某月某日会生病。吴主让左右侍从把一奁梨子给了介象，介象吃了之后，不一会儿就死了，吴主只得把他埋了。介象是中午死的，等到下午申时已经到了建邺，他把吴主赐给他的梨交给掌管苑囿的小吏种植。小吏上书告诉吴主这件事，吴主命人打开棺材一看，发现里面只有一个奏符罢了。介象走了之后，吴主很想念他，于是把他原来住的屋子改建成了一座庙，还常常亲自去祭祀。人们经常能看到有白天鹅飞来庙里，聚集在座位上，停留很长时间才离开。

后来有弟子看见介象在盖竹山里，看起来比之前更加年轻了。

卷拾

董奉

董奉者，字君异，侯官县[1]人也。昔吴先主[2]时，有年少作本县长，见君异年三十余，不知有道也，罢去五十余年，复为他职，行经侯官，诸故吏人皆往见故长。君异亦往，颜色如昔，了不异故[3]，长宿识之，问曰："君无有道也？昔在县时，年纪如君辈[4]，今吾已皓白，而君犹少也。"君异曰："偶尔耳。"

杜燮为交州刺史[5]，得毒病死，已三日。君异时在南方[6]，乃往，以三丸药内死人口中，令人举死人头摇而消之，食顷，燮开目，动手足，颜色渐还。半日中能起坐，遂活。

后四日，乃能语，云死时奄然[7]如梦，见有数十乌衣人来收之，将载露车[8]上去，入大赤门，径以付狱。狱各一户，户才容一人，以燮内一户中，乃以土从外封之，不复见外。恍惚间闻有一人言太乙[9]遣使者来召杜燮，急开出之！闻人以锸[10]掘其所居，良久，引出之。见外有车马，赤盖，三人共坐车上，一人持节呼燮上车，将还至门而觉。燮既活，乃为君异起高楼于中庭。君异不饮食，唯啖脯枣，多少饮酒[11]，一日三为君异设之。君异辄来就燮处饮食，下楼时忽如飞鸟，便来到座，不觉其下，上楼亦尔。如此一年，从燮求去，燮涕泣留之，不许。燮问曰："君欲何所之？当具大船也。"君异曰："不用船，宜得一棺器耳。"燮即为具之，至明日日中时，君异死，燮使人殡埋之。七日，人有从容昌[12]来，见君异，因谢杜侯，好自爱重。燮乃开视君异棺中，但见一帛，一面画作人形，一面丹书符[13]。

君异后还庐山[14]下居，有一人少便病癞[15]，垂死，自载诣君异，叩头乞哀。君异使此人坐一户中，以五重布巾韬[16]病者目，使勿动摇，乃敕家人莫近。病人云，闻有一物来舐之，痛不可堪，无处不匝。度此物舌当一尺许，其气息大小如牛，竟不知是何物，良久乃去。君异乃往解病人之巾，以水与饮[17]，遣去："不久当愈，且勿当风。"十数日间，病者身体通赤，无皮，甚痛，得水浴，即不复痛。二十余日，即皮生疮愈，身如凝脂。

后常大旱，百谷燋[18]枯，县令丁士彦谓纲纪[19]曰："董君有道，必能致雨。"乃自赍酒脯见君异，说大旱之意。君异曰："雨易得耳。"因仰视其屋曰："贫家屋皆见天，不可以得雨，如何？"县令解其意，因曰："先生但为祈雨，当为架好屋。"于是明日，士彦自将吏人，乃运竹为起屋，屋成，当泥涂，作人掘土取壤，欲取水作泥。君异曰："不烦运水，日暮自当雨也。"其夜大雨，高下皆足。

又君异居山间，为人治病，不取钱物，使人重病愈者，使栽杏五株，轻者一株。如此数年，计得十万余株，郁然成林。而山中百虫群兽，游戏杏下，竟不生草，有如耘治也。于是杏子大熟。君异于杏林下作箪仓[20]，语时人曰："欲买杏者，不须来报，径自取之。得将谷一器置仓中，即自往取一器杏云。"每有一谷少而取杏多者[21]，即有三四头虎噬逐之，此人怖惧而走，杏即倾覆，虎乃还去，到家量杏，一如谷少。又有人空往偷杏，虎逐之到其家，乃啮之至死，家人知是偷杏，遂送杏还，叩头谢过，死者即活。自是已后，买杏者皆于林中自平量之，不敢有欺者。君异以其所得粮谷，赈救贫穷，供给行旅，岁消三千斛，尚余甚多。

县令亲故家有女，为精邪所魅，百不能治，以语君异："若能得女愈，当以侍巾栉[22]。"君异即为君敕诸魅。有大白鼍，长丈六尺，陆行诣病者门，君异使人斩之，女病即愈，遂以女妻之。久无儿息。君异每出行，妻不能独住，乃乞一女养之。女年十岁，君异一旦耸身入云中去，妇及养女犹守其宅，卖杏取给，有欺之者，虎逐之如故。养女长大，纳婿同居，其婿凶徒也，常取诸祠庙之神衣物，庙下神下巫语[23]云："某甲恃是仙人女婿，夺吾衣物，吾不在此，但羞人耳，当为仙人故，无用为问。"

君异在民间仅百年[24]，乃升天，其颜色如年三十时人也。

‖注释‖ 1 侯官县：在今福建福州。 2 吴先主：指三国吴主孙权（182—252），黄龙元年（229）正式称帝，在位24年。 3 颜色如昔，了不异故："广汉魏丛书"本作"诸故吏人皆老，而奉颜貌一如往日"。 4 年纪如君辈："广汉魏丛书"本作"吾昔见君如此，吾今已皓首，而君转少，何也"。 5 杜燮为交州刺史：杜燮，《太平御览》卷七二四《医四》引《神仙传》作"士燮"。士燮（137—226），苍梧（今广西梧州）人，东汉末为交趾太守，后据州为交州刺史。《三国志》卷四九有《士燮传》。交州，相当于今广东、广西大部分及越南北部。 6 在南方："广汉魏丛书"本作"在彼"，即在那个地方。 7 奄然：忽然。 8 露车：《资治通鉴》卷五九东汉灵帝中平六年胡三省注，"露车者，上无巾盖，四旁无帷裳，盖民家以载物者耳。"露车为没有帷帐的车，古代常用以载棺柩。 9 太乙：即太一，道教传说中的神。 10 锸（chā）：铁锹，掘土的工具。 11 君异不饮食，唯啖脯枣，多少饮酒："广汉魏丛书"本作"不食他物，唯啖脯枣，饮少酒"。 12 容昌：疑是"南昌"之讹误。 13 丹书符："广汉魏丛书"本作"一面丹书作符"。即用红笔写的符。 14 庐山：

在今江西南昌。 15 病癞：即麻风病。 16 韬（tāo）：遮盖。 17 以水与饮：《三洞珠囊》卷一《救导品》引《神仙传》作“以水与浴之，遣去，告云：‘如是愈矣，且勿当风。’”“饮”是“浴”的讹误。 18 燋（jiāo）：通“焦”。干枯。 19 纲纪：《资治通鉴》卷八四晋惠帝永宁元年胡三省注，“郡纲纪，功曹之属；县纲纪，主簿、录事史之属。” 20 箪仓：“广汉魏丛书”本作“于林中作一草仓”，草仓，用茅草盖的仓库。《太平御览》卷九六八《杏》引《神仙传》云：“奉于林中所在作箪食一器，宣语买杏者不复须来报，但自取之，一器谷便得一器杏。”箪，古代盛饭的圆竹器。箪食一器，指制作了如箪的盛物器皿。这里的“箪仓”，疑似是“草仓”和“箪”混合，文字有讹误。 21 每有一谷少而取杏多者：《真仙通鉴》卷一六《董奉》作“每有以谷少，而取杏多者”。这里“一”疑为“以”的讹误。 22 侍巾栉：巾，手巾之类；栉，梳篦之类。古代以服侍夫君饮食起居为妻妾本分，故用作为人妻妾的谦辞。 23 庙下神下巫语：《真仙通鉴》卷一六《董奉》作“庙中神下巫语云”。“庙下”为“庙中”之讹误。 24 君异在民间仅百年：《真仙通鉴》卷一六《董奉》作“君异在民间住百年，乃升天”。“仅”为“住”的讹误。

<解说> 董奉是汉末魏晋时期人，又名董平，字君异，侯官县（今福建省福州市）人。董奉从小就开始学医，信奉道教。年轻的时候，他曾任侯官县小吏，不久归隐，一面练功，一面行医。董奉医术高明，治病不要病人的钱物，只让痊愈的人在山里栽种杏树，得重病痊愈的栽杏五株，得轻病痊愈的栽杏一株。几年之后，杏树就上万株了，郁然成林。春天杏子成熟的时候，董奉就在树下建了一个草仓储存杏子。需要杏子的人，可以用谷子自行交换。他再用得来的谷子赈济贫民，供给过路的旅客。

董奉医术高明、医德高尚，他治病救人、乐善好施的故事，被人们传为佳话，千古流传。人们把他和当时谯郡的华佗、南阳的张仲景并称为“建安三神医”。后世呼中医为“杏林”，更以“杏林春暖”“誉满杏林”等称誉医术高明、医德高尚的医家。据称现在江西九江董奉原本行医的地方仍有杏林。吴天纪四年（280），董奉逝世。董奉死后，人们在庐山上建有董奉馆；在福建长乐有一座山被称为董奉山；在福州的茶亭街河上村有一座明代的救生堂，也是为纪念董奉而修建的。

《神仙传》记载了董奉的几个故事，分别是“长生不老被原来的县长认出”“救活交州刺史杜燮”“治好病癞的人”“为县令丁士彦祈雨”“治病救人栽种杏林”“救下女子娶她为妻”。

一、长生不老被故县长认出

董奉是侯官县人。在吴先主孙权还在位的时候，有个年轻人做侯官县县长，当时他看见董奉的时候，董奉大约三十多岁，县长并不知道董奉有道术。他不当侯官县县长后，过了五十多年，有一次路过侯官县，各位过去曾在他手底下干活的人，都纷纷跑去见昔日的长官，董奉也去了。故县长看见董奉的面貌还跟五十多年前一模一样，一点也没有变化，惊讶地问他：“你是不是有道术，要不然怎么这么多年过去，容貌一点也没有变化呢？”董奉没有承认，只说这是凑巧罢了。

二、救活交州刺史杜燮

当时，有一个叫杜燮（应为“士燮”）的人做交州刺史，得病死了已经三天。董奉当时在那个地方，于是赶过去把三丸药放进杜燮口中，让人抬起杜燮的头摇动消化药丸。过了一顿饭的工夫，杜燮就张开了双眼，活动手脚，脸色慢慢活转过来。过了半天的时间，他就能起来坐着，活过来了。

后来过了四天，杜燮才能说话，于是就跟大家讲述死时的经历。他说死的时候恍恍惚惚就像做梦一样，看见有几十个黑衣人，把他押到一辆车上，驾着车进了一个大红色的门，直接将他带到监狱。监狱是由一户一户组成的，每户才容纳一个人，他们把他放进一户里，用泥土从外面封上，于是他就看不见外面的东西了。迷迷糊糊中他听到有一个人说：“太乙真人派遣使者来召唤杜燮，快打开门放他出来！”然后听见有人用铁锸挖掘他所在的那一户，过了很长时间，差人才把他带出来。杜燮看见门外有一辆马车，车盖是红色的，有三个人一起坐在车上，其中一个人拿着符节召唤他上车。快回到家门口的时候，他才恢复了知觉。

杜燮活过来之后，就为董奉在庭院里修筑高楼。董奉不吃饭，只吃枣脯，每天喝一点小酒，杜燮就一天三回为董奉准备这些东西。董奉下楼来吃东西的时候就像飞鸟一样，突然就来到座位上，大家都察觉不到他是怎么下来的，上楼的时候也是这样。就这样过了一年，董奉向杜燮请求离开，杜燮哭着挽留，董奉不答应他。杜燮问董奉：“你要到哪里去呢？我要为你准备一艘大船。”董奉说：“不用船，只要一个棺材足矣。”杜燮于是为他准备好棺材，到了第二天中午，董奉就死了，杜燮让人葬了董奉。七天之后，有人从容昌（疑为“南昌”）来，说是看到了董奉，董奉让他回来向杜燮转达谢意，让杜燮好自珍重。杜燮打开董奉的棺材，只看见一片帛布，一面画着人形，另一面是用朱笔画的符。

三、治好病癞的人

董奉后来回到庐山下居住。有一个年轻人得了癞病，快要死的时候，坐车去董奉那里，磕头求董奉治病。董奉让这个人坐在一个房间里，用五重布巾蒙住他的双眼，让他不要动，也告诫家里人不要靠近。后来病人回忆说，他感觉到有一个动物来舔舐他的疮口，他疼痛难忍。那个动物把他全身舔了一遍，动物的舌头有一尺多长，气息像牛一样，也不知道到底是什么东西，过了很长时间它才离开。董奉于是解开病人的布巾，给他准备好水让他沐浴，说他不久就会痊愈，只是注意不要受风。过后十几天的时间内，病人身体通红，没有皮肤，非常疼痛，但用水沐浴就不疼了。二十多天后，年轻人的皮肤就长出来了，疤痕也痊愈了，通体好像凝脂一样光滑。

四、为县令丁士彦祈雨

后来县里遭遇大旱，庄稼都枯萎了。县令丁士彦对下属说：“董奉有道术，一定能求得雨。”于是县令亲自带着酒脯去见董奉，说大旱的事情。“雨是很容易求得的”，董奉仰头看看自己的屋子说，“可是我家里很穷，在屋里坐着都能看见天空了，不能让下雨啊，这该怎么办好呢？！”县令马上明白了他的意思，说：“先生您只管为我求雨，我负责为您架好房屋。”于是第二天，丁士彦就带着小吏，为董奉搬运竹子架屋子，房屋架成后，需要泥涂抹，要水来制作泥。董奉说：“不用麻烦运水了，傍晚的时候天就会下雨。”到了晚上，果然下起了大雨。

五、治病救人栽种杏林

董奉住在山里，给人治病从不收钱财，假使是重病痊愈的，就让他栽种杏树五棵；病轻的，栽种一棵。就这样过了几年，杏树有了十万多株，郁郁葱葱，形成一片森林。山里各种毒虫猛兽在树下嬉戏玩耍，树底下从来不长草，就好像被专门锄草打理过一样。杏子成熟之后，董奉在杏树下修了一个粮仓，对当地人说：“想要买杏子的，不需要来报告我，自己直接去摘吧。把子放在粮仓里，然后自己去摘一器杏子。”有时候来买杏子的人见没人看管，动起了歪心思，想要占点便宜，比如拿一点点谷子来，却带走很多杏子；甚至有人空着手来，拿了杏子就走。但是董奉自然有帮他看管杏园的“裁判”和“保镖”，保证公平交易，童叟无欺。每次有人拿来的谷子少于取走的杏子的，三四头老虎就追着他咬，这个人害怕地逃跑，杏子都掉出来了，老虎这才作罢，等这个人回到家称量杏子的时候，剩下的杏子与带去的谷子恰好重量相等。又有人空手去偷杏子的，老虎就追到他家里，把他咬死，家里人就知道这是偷杏的缘故，于是把杏子送回来，磕头谢过，这个被咬死的人就活过来了。从此之后，买杏子的人都在林中自己称量，再也不敢有欺瞒的事情。董奉把他得到的谷子都用来救济穷苦百姓，供给过路的人，每年要用三千斛谷子，但还是能剩下很多。斛，是古代的容积单位，是民间对“石”的俗称，一斛等于一石，在唐朝以前，一石等于十斗，一斗米重十二点五斤，十斗也就是一斛重一百二十五斤。三千斛米就相当于三十七万五千斤米。

六、救下女子娶她为妻

县令亲戚家有个女孩被精魅迷惑，家里人用了各种方法都不能救她，于是就对董奉说：“如果你能让我家女儿痊愈，我们就让她伺候你一辈子。”董奉施展法术为女孩治病，敕令鬼魅。人们忽然看见有一条白色鳄鱼，大约长一丈六尺，在病人门边爬行。董奉让人斩了这条白鳄鱼，女孩就痊愈了，于是家里人把女孩嫁给了董奉。两人结婚之后很长时间没有儿女。董奉外出的时候，担心妻子一个人在家会很孤独，就从外面抱了一个女儿养着。女儿长到十岁的时候，董奉在某天一耸身跳进云里去了，留下妻子和女儿守着宅子，卖杏过活，有敢欺负她们孤儿寡母的，老虎还像以前一样追上去咬他。养女长大之后，纳了一个女婿上门住在一起，这女婿却是一个凶徒，经常偷拿祠庙里供奉给神祇的衣服。庙里的神气得降下巫语说：“你仗着是仙人的女婿，竟敢抢夺我的衣服，我虽然不在这里长住，但也觉得非常丢脸。只不过看在仙人董奉的面子上，暂时不追究你的罪责罢了！”

董奉在人间待了一百年，在升天的时候，他的容貌仍像是三十多岁的人。

李根

李根，字子源，许昌[1]人也。有赵贾者，闻其父祖言传世见根也。贾为儿时便随事根，至贾年八十四，而根年少不老。

昔在寿春[2]吴太文[3]家，太文从之学道，得作金银法，立成[4]。根能变化，入水火中。坐致行厨[5]能供二十人，皆精细之馔，四方奇异之物，非当地所有也。忽告太文云："王陵[6]当败，寿春当陷兵中，不复居，可急从去。"众乃使人收根[7]，欲杀之。根时乃方欲书疏[8]，奄[9]闻外有千余人围其家求根，语太文父[10]曰："怱怱[11]，但语'吾不知，官自求搜之，昨已去矣'。"太文出户还顾，窥根，失所在，左右书器物皆不复见。于是官兵入索，囷食衣箧[12]之中，无出不遍，不得根。及良久，太文出，见根固在向坐，俨然如故。根语太文曰："王太尉[13]当族诛，卿弟泄语，十日中当卒死。"皆果如言。

弟子家有以女给根者，此女知书，根出行，窥视根素书一卷，读之，得根自说其学道经疏云："以汉元封[14]中学道于某甲。"时年，计根已七百余年[15]也。又太文说根两目瞳子皆方，按仙经说，八百岁人瞳子方也。根告诸弟子言："我不得神丹大道之诀，唯得地仙方耳，寿毕天地，然不为下土之士也[16]。"

‖注释‖ 1 许昌：今河南许昌东。 2 寿春：今安徽淮南寿县。 3 吴太文：《抱朴子内篇·黄白》作“吴大文”。 4 得作金银法，立成：《抱朴子内篇·黄白》作“成都内史吴大文，博达多知，亦自说昔事道士李根，见根煎铅锡，以少许药如大豆者投鼎中，以铁匙搅之，冷即成银。大文得其秘方，但欲自作，百日斋便为之，而留连在官，竟不能得，恒叹息，言人间不足处也”。 5 坐致行厨：使酒食饭茶凭空而致。是古代传说的一种变化术。 6 王陵：“广汉魏丛书”本作“王凌”。王凌（172—251），字彦云，太原郡祁县（今山西省祁县）人，三国时期曹魏将领，东汉司徒王允的侄子。魏齐王曹芳嘉平元年（249），担任太尉。嘉平三年（251），不满太傅司马懿专擅朝政，联合兖州刺史令狐愚谋立楚王曹彪为帝，事泄自尽，时年八十岁，夷灭三族。 7 众乃使人收根：“广汉魏丛书”本作“太文窃以语弟，弟无意泄之，王凌闻之，以为妖言惑众，乃使人收根”，语义较为完整。 8 疏：条陈，陈述事情的文字。 9 奄：忽然。 10 太文父：“父”字应为衍文。 11 忽忽：“广汉魏丛书”本作“勿勿”。意为别担心，不要紧。 12 囷食衣箧：囷食，储存谷物的仓。衣箧，装衣服的箱子。 13 王太尉：指王凌。 14 汉元封：元封，汉武帝年号，为公元前 110 至前 105 年。 15 计根已七百余年：汉元封年间（前 110—前 105）至嘉平年间（249—254），只有三百多年。七百多岁恐是夸张说法。 16 唯得地仙方耳，寿毕天地，然不为下土之士也：《抱朴子内篇·论仙》：“按仙经云，上士举形升虚，谓之天仙。中士游于名山，谓之地仙。下士先死后蜕，谓之尸解仙。”《抱朴子内篇·黄白》：“朱砂为金，服之升仙者，上士也；茹芝导引，咽气长生者，中士也；餐食草木，千岁以还者，下士也。”

<解说> 李根，字子源，是河南许昌人。有一个叫赵贾的人，听他的父祖辈说世世代代都见到过李根。赵贾小的时候就跟着李根侍奉他，一直到赵贾八十四岁，李根仍然不老。

李根住在寿春吴太文家，太文跟着他学习道术，学会了制作金银的方法。李根会变化之术，能出入水火中。还能凭空招来精美的食物，供给二十人，这些食物都是远方的奇珍异馔，不是当地所有的。

忽然有一天，李根告诉吴太文说：“王陵（应作王凌）的事情会失败，寿春城会陷落在兵祸中，这里不能再待了，我们应该赶紧离开。”所谓“王陵当败，寿春当陷兵中”，指的是曹魏时期，司马懿包藏祸心，打算谋权篡位，身为太尉的王凌不满司马懿诛杀曹爽，拥立懦弱无能的曹芳，专擅朝政，于是联合兖州刺史令狐愚，打算立楚王曹彪为帝。但事情遭到泄露，司马懿率先派大军进攻寿春，王凌知道自己打不过司马懿的军队，为使寿春百姓免遭战乱之苦，主动受缚投降。最后，参与政变者均被司马懿诛杀三族。

李根不仅会隐形变化，还能预知吉凶，他预知王凌政变将会失败，于是告诉吴太文，让他跟自己一起躲避兵祸，但这个话被吴太文的弟弟泄露了出去。

王凌听说这个事情后，立刻让人抓捕李根，想要杀了他。李根当时正在写信，突然听到外面似乎有一千多人围着吴太文家想要抓自己。李根告诉吴太文说：“不要害怕，你就说我昨天已经离开了，你也不知道我去了哪里，让官兵们自己进来搜吧。”吴太文走出房间回头看时，李根已经不见了，李根身旁的书籍器皿之类的东西都不见了。于是官兵进屋里搜查，把粮仓、衣柜等都搜遍了，就是找不到李根。官兵走了之后，过了很长时间，吴太文跑到李根的房间，发现李根还坐在原来的地方没有移动。原来李根会隐身术，刚才施展法术骗过了官兵。李根告诉吴太文说：“王太尉所犯的罪应当族灭，你弟弟泄露了我的话，十天之内就会死掉。”后来事情的发展果然像李根说的那样。

李根有个弟子，其家把女儿嫁给了李根。这个女孩识字，有一次李根外出，她偷看李根的一卷素书，仔细阅读之后，发现李根在书里讲述了他学道的经过，说是在汉代元封年间学习道术于某甲，便计算李根的岁数，发现他已经有七百多岁了。而且吴太文说李根两眼的瞳孔都是方形的，按照仙经所说，八百岁的人瞳孔是方形的，李根正好符合。李根告诉弟子说：“我没有得到神丹大道的秘诀，不能飞升成上仙。我只得到成为地仙的方子，我的寿命跟天地一样长久，而不会成为寿命只有几百岁的下士。”

《抱朴子内篇·黄白》记载：“成都内史吴大文，博达多知，亦自说昔事道士李根，见根煎铅锡，以少许药如大豆者投鼎中，以铁匙搅之，冷即成银。大文得其秘方，但欲自作，百日斋便为之，而留连在官，竟不能得，恒叹息，言人间不足处也。”《抱朴子》中的“吴大文”，应该就是《神仙传》所说的“吴太文”，但《神仙传》里说“太文从之学道，得作金银法，立成”，《抱朴子》却说“竟不能得”，一个说成功了，一个说没有成功，两书记载不同。

李意期

李意期者，蜀郡[1]人也。传世识之，云是汉文帝[2]时人也，无妻息[3]。人有欲远行速至者，意期以符与之，并以丹书其人两足[4]，则千里皆不尽日而还。人有说四方郡国宫观市井者，座中或未见，重问说者，意期即为撮土作之，所作郡国形象皆是，但盈寸耳，须臾消灭。或游行，不知所之，一年许复还于蜀中。乞食所得，以与贫乏者。于成都角中作一土窟而居其中[5]，冬夏单衣，发长剪去之，但使长五寸许。啜少酒，脯及枣果或食，百日不出窟[6]，则无所食也。

刘玄德欲东伐吴，报关羽之怨[7]，使人迎意期。意期到，玄德敬礼之，问其伐吴。意期不答而求纸笔，玄德与之。意期画作兵马器仗十数纸，便一一以手裂坏之，曰："咄咄！"又画一大人，掘地埋之，乃径还去。玄德不悦，而出军，果大败。十余万众，才数百人得还，器仗军资，一时荡尽[8]。玄德忿耻，发病而卒于永安宫[9]。乃追念其所作大人而埋之，正是玄德之死象也。

意期少言语，人有所问，略不对答。蜀人有忧患，往问吉凶，自有常侯，但占意期颜色，若欢悦，则百事吉；惨戚，则百事恶。邓艾[10]未到蜀百余日，忽失意期所在。后入琅琊山[11]中，不复出也。

‖注释‖ 1蜀郡：《说郛》卷五八下引《神仙传》云，“李意期蜀都人。”即四川成都人。 2汉文帝：汉文帝刘恒（前202—前157），公元前180年至前157年在位。 3无妻息：息，本义是滋生、繁殖，这里指子女。无妻息，指没有妻子儿女。 4并以丹书其人两足：“广汉魏丛书”本作“并丹书两腋下”。 5于成都角中作一土窟而居其中：“广汉魏丛书”本作“城都”。《太平御览》卷六六三《地仙》引《神仙传》曰：“于蜀城角穴土居之。” 6百日不出窟：《太平御览》卷五五《窟》引《神仙传》作“或百日、二百日、三百日不出窟”。 7刘玄德欲东伐吴，报关羽之怨：刘玄德指三国蜀主刘备（161—223）。汉献帝建安二十四年（219），关羽（？—220）攻打魏国的樊城（今湖北襄樊），吴国乘虚袭击其后防公安（今湖北荆州），关羽兵败，被杀。 8器仗军资，一时荡尽：魏文帝曹丕黄初三年（222），刘备率兵攻打吴国，战于夷陵（今湖北宜昌），为吴国将领陆逊所败，死者万数，其舟船器械水步军资一时略尽。 9永安宫：在今重庆奉节白帝山。 10邓艾：魏元帝曹奂景元四年（263），魏国分兵攻打蜀国，邓艾（197—264）领军自阴平（今甘肃文县）通过七百里无人之境，突袭成都，蜀国后主刘禅（207—271）出降，蜀国灭亡。 11琅（láng）琊（yá）山：在今山东诸城。一说在今安徽省滁州市西南，西晋伐吴，琅琊王司马胄曾率兵驻此，因名。

<解说> 李意，字意期，四川人。历世的人都认识他，说他是汉文帝时候的人，没有妻子儿女。李意期能让别人日行千里，会使幻术变出宫殿市井的景象。他住在成都市边角的一个土穴里，不论冬夏都只穿一件单衣。他从来不留长发，每次头发长长了就要剪掉，只留五寸左右。他会断谷术，住在土穴里的时候，只吃一点果脯就能维持一百多天。

关于李意期，最出名的事情就是他预测到刘备伐吴的失败。《神仙传》这里记载了此事；西晋陈寿《三国志·蜀书·蜀先主传》裴松之注引用了葛洪《神仙传》的内容；元末明初小说《三国演义》也记载了这一故事，经过敷衍，更加生动。

话说刘备想要讨伐东吴，给好兄弟关羽报仇，他先让人把李意期接来算算卦，看这一仗能不能打赢。李意期到了之后，刘备恭恭敬敬地礼待他，问他讨伐吴国会怎么样。李意期一算就知道结果了，只是嘴上不敢直说，于是跟刘备要纸笔。刘备给他之后，李意期画了十多张纸的兵马和武器，然后一张一张地用手撕裂，嘴里说：“咄咄！”又画了一个大大的人，在地上挖了一个洞，把它埋了，于是径直离去。刘备很不高兴，但还是出兵了。蜀国大军最终果然大败亏输，十多万人出征，只有几百人归还，兵器仪仗等各种物资都被敌人扫荡干净。刘备又气愤、又羞耻、又伤心，发病死在了永安宫。于是大家回想起李意期画了一个大大的人被埋了，正暗示着刘备的死！

李意期很少说话，人们询问他事情，他一概不回答，大概是怕泄露天机吧。蜀地的百姓有什么担忧的事情，去问他吉凶，不是听李意期说话，而是看李意期的脸色。如果脸色好看，高高兴兴的，那么百事吉祥；如果脸色难看，那么就会百事不顺。邓艾到达四川一百天前，李意期忽然就不知道到哪里去了。李意期后来进入琅琊山中，再也没有出来。

王兴

王兴者，阳城[1]人也。常居一谷中，本凡民，不知书，无学道意也。昔汉武帝元封二年[2]上嵩山[3]，登大愚石室，起道宫，使董奉君、东方朔[4]等，斋洁[5]思神。至夜，忽见仙人长二丈余，耳下垂至肩，武帝礼而问之，仙人曰："吾九疑仙人[6]也，闻中岳有石上菖蒲[7]，一寸九节，服之可以长生，故来采之。"言讫，忽然不见。武帝顾谓侍臣曰："彼非欲学道服食者，必是中岳之神，以此教朕耳。"乃采菖蒲服之，且二年。而武帝性好热食[8]，服菖蒲每热者，辄烦闷不快，乃止。时从官多皆服之，然莫能持久。唯王兴闻仙人使武帝常服菖蒲，乃采服之，不息，遂得长生。魏武帝[9]时犹在。其邻里老小皆云传世见之，视兴常如五十许人，其强健，日行三百里，后不知所之。

‖注释‖ 1 阳城：在今河南登封东南。 2 元封二年：元封（前110—前105），是汉武帝的第六个年号，共六年。元封二年是公元前109年。 3 嵩山：在今河南登封北，为"中岳"。 4 董奉君、东方朔：董奉君，《真仙通鉴》卷七《王兴》条作"董仲君"，见《神仙传·董仲君》。"广汉魏丛书"本作"董仲舒"，董仲舒（前179—前104），汉武帝臣子，提出"天人感应""罢黜百家、独尊儒术"等学说。东方朔（约前161—前93?），字曼倩，西汉时期著名文学家。汉武帝时任常侍郎中、太中大夫等职。性格诙谐，言词敏捷，滑稽多智，常在汉武帝前谈笑取乐，曾言政治得失，汉武帝始终视为俳优之言，不予采用。 5 斋洁：同“斋戒”，古人祭祀之前，必沐浴更衣，不喝酒，不吃荤，不与妻妾同寝，以示虔诚庄敬，称为斋戒。 6 吾九疑仙人：九疑，在今湖南宁远。《真仙通鉴》卷七《王兴》条作“九疑山人”。 7 菖蒲：多年生草本植物，生在水边，地下有淡红色根茎，叶子形状像剑，肉穗花序。根茎可做香料，中医用作健胃剂，外用可以治牙痛、齿龈出血等。遍布中国各地，民间常在端午节将菖蒲叶和艾结扎成束，插在门上辟邪。菖蒲是中国传统文化中可防疫驱邪的灵草。 8 武帝性好热食：这里说武帝性好热食，但却服菖蒲每热者，辄烦闷不快，令人不解，或许有讹误之处。“广汉魏丛书”本作“经二年，帝觉闷不快，遂止”。 9 魏武帝：指曹操（155—220），东汉末年挟天子以令诸侯。

<解说> 清代陈士铎《本草新编》说：“石菖蒲，必须石上生者良，否则无功。然止可为佐使，而不可为君药。开心窍必须佐以人参；通气必须君以苍术；遗尿欲止，非加参、芪不能取效；胎动欲安，非多加白术不能成功；除烦闷，治善忘，非以人参为君，亦不能两有奇验也。”意思是，石菖蒲必须要长在石头上的才好，否则徒劳无功。但用石菖蒲治病，只能作为辅助，不可以做主药。比如开心窍要加入人参；通气血要以苍术为主药；治疗尿不尽，要加入党参、黄芪才行；要安胎保胎，需要多加白术；去除烦闷，治疗善忘，则要以人参为主药。也就是说石菖蒲有多种治疗功效，但必须掌握使用方法，和其他的药物相互配合，才能取得想要的效果。《神仙传》这篇讲民间有一个叫王兴的人，坚持服用石菖蒲不辍，最终身体强健、长生不老的故事。

王兴，阳城人，平常住在一个山谷里。他本来只是平凡的山民，大字不识一个，更没有什么学道的想法。汉武帝元封二年（前 109）上嵩山，登上大愚石室，修建道宫，让董奉君、东方朔等人，斋戒沐浴思索神仙之道。到了夜晚，汉武帝忽然看见有仙人下来，高二丈多，耳朵下垂到肩膀的位置。汉武帝恭敬地问他是什么人，仙人说：“我是九疑山的仙人，听说中岳嵩山石头上有菖蒲，一寸有九节，服用之后可以长生，所以来采摘。”说完就不见了，武帝对侍臣说：“他不是想要学道服食的人，一定就是中岳嵩山里面的神仙，他是用这个方法来教我啊。”于是采摘菖蒲服用，服用了将近两年。汉武帝喜好热的食物，服用菖蒲之后，每次吃热的食物就感到烦闷不快，于是就停止服用

菖蒲了。当时随行的官员都服用菖蒲，但都不能长久。只有王兴听说仙人让汉武帝常常服食菖蒲，于是自己也采来服用，坚持不懈之下，终于得到了长生。到了魏武帝的时候王兴还健在。他的邻居老小说世世代代都见过王兴，他就像五十多岁的人，身体强健非常，一天之内能行三百多里，后来就不知道他到哪里去了。

黄敬

黄敬，字伯严，武陵[1]人也。少读诵经书，仕州为部从事[2]。后弃世，学道于霍山[3]，八十余年，复入中岳，专行服气断谷，为吞吐之事。胎息内视[4]，召六甲玉女[5]，吞阴阳符[6]。又思赤星在洞房前，转大，如火周身[7]。至二百岁，转还少壮。

道士王紫阳数往见，从求要言，敬告紫阳曰："吾不修服药之道，但守自然，盖地仙[8]耳，何足诘问。闻新野阴君[9]神丹升天之法，此真大道之极也，子可从之。人能除遣嗜欲如我者，亦可以学我所为也。"紫阳固请不止，敬告紫阳曰："大关之中有辅星，想而见之翕习成。赤童在焉持朱庭，指而摇之炼身形，消遣三尸[10]除死名。审能守之可长生，失之不久沦窈冥。"紫阳受之，得长生之道也。

‖注释‖ 1武陵：郡名，在今湖南常德一带。 2部从事：官名，汉置，"部郡从事"的省称，又名"州从事"，即州刺史的从事。每郡国一人，掌督促文书，察举非法，皆州自辟除。 3霍山：葛洪《抱朴子内篇·金丹》，"今中国名山不可得至，江东名山之可得住者，有霍山，在晋安。"晋安，是古地名。今福建东部与南部古置晋安郡，治侯官（今福州），隋废。 4胎息内视：胎息，《抱朴子内篇·释滞》，"得胎息者，能不以口鼻嘘吸，如在胞胎之中。"就是说不用口和鼻子呼吸，如在孕胎之中，即是胎息。内视，内视是一种静修的方法，即要观心照己，静养元气。唐代孙思邈《千金方》云："常当习黄帝内视法，存想思念，令见五脏如悬磬。五色了了分明，勿辍也。”内视的练法，既可内视脏腑的形态色泽，如心像莲花、脾气色黄等，也可内视机体的功能活动，如腹式呼吸时腹部的上下起伏，内气沿经络循行的状况等。 5六甲玉女：六甲，或许指道教武神名。“六丁六甲”源于先秦记载的六十甲子，在方术中常用于军事，在道教中与四值功曹、二十八宿等同为常见的护法神将，经常在禳灾中作为武神被道士召请，厉行风雷，制伏鬼神。六丁为丁卯、丁巳、丁未、丁酉、丁亥、丁丑，是为阴神玉女。六甲为甲子、甲戌、甲申、甲午、甲辰、甲寅，是为阳神玉男。据说六丁六甲为天帝役使，能“行风雷，制鬼神”。道士可用符箓召请之。玉女，神话传说中的仙女。 6吞阴阳符：《真诰》中有“六甲阴阳符”，具体不详。 7又思赤星在洞房前，转大，如火周身：赤星，即火星。洞房，《抱朴子内篇·地真》讲：“故仙经曰，子欲长生，守一当明；思一至饥，一与之粮；思一至渴，一与之浆。一有姓字服色，男长九分，女长六分，或在脐下二寸四分下丹田中，或在心下绛宫金阙中丹田也，或在人两眉间，却行一寸为明堂，二寸为洞房，三寸为上丹田也。此乃是道家所重，世世歃血口传其姓名耳。”《云笈七签》卷三三《摄养枕中方》“自慎”引《想尔》云：“道人疾，闭目内视，使心生火，以火烧身，烧身令尽，存之，使精神如仿佛，疾即愈。” 8地仙：道教认为住在人间的仙人。 9新野阴君：指阴长生。见《神仙传·阴长生》。 10三尸：道教术语，指道教的三尸神。尸者，神主之意。道教认为人体有上中下三个丹田，各有一神驻跸其内，统称“三尸”，也叫三虫、三彭、三尸神、三毒。上尸好华饰，中尸好滋味，下尸好淫欲。早期道教认为斩“三尸”，恬淡无欲，神静性明，积众善，乃成仙。

＜解说＞《神仙传》这一篇记载的黄敬的修炼方法和道教上清派的存思炼神法相似，这种方法是由道教上清派魏华存传下来的。魏华存是魏晋时期的一个女道士，据说她是道教上清派的创始人，由于她多年坚持不懈地修炼道法，终于感动了天神，天神下凡赐给她《上清真经》《黄庭内景经》等经书。魏华存带着经书南下避难，后来又将经书传给其他人。上清派渐渐兴起，后来传至南朝梁陶弘景，他在茅山修道四十多年，建道观，收弟子，将上清派发扬光大。上清派打破了道家符箓禁咒和烧炼金丹的传统修炼方法，变成专炼人体的精、气、神，以炼神为主的存想静功。《黄庭内景经》就是记录这种修炼方法的经书，《黄庭内景经》主要以七言诗的形式描述人体脏腑功能，以三丹田和黄庭宫为枢纽，存思黄庭，炼养丹田，积精累气，以求得长生。

黄敬，字伯严，武陵人。他年少时诵读经书，在州里做刺史的属官。后来他摒弃世俗，在福建霍山学道八十多年，后又到河南嵩山，专门修习服气、断谷的道术。他尤其擅长胎息内视，通过对身体内部的观想意守，修炼内丹，获得长生。

道士王紫阳前去拜访他，想要跟随他学习要道，他告诉王紫阳说："我不修服食仙药的大道，只是守住自然罢了，我只是地仙，哪里值得你询问呢。我听说新野阴君有神丹升天的法门，这才是大道的极致，你可以去问他啊。人如果能像我一样去除嗜欲，才可以学习我的修行方法。" 所谓"新野阴君"就是《神仙传》卷五提到的河南新野"阴长生"，他从马鸣生那里接受了《太清神丹经》，后炼制丹药成了仙。葛洪《抱朴子内篇·金丹》讲："近代汉末新野阴君，合此太清丹得仙。其人本儒生，有才思，善著诗及丹经赞并序，述初学道随师本末，列已所知识之得仙者四十余人，甚分明也。作此太清丹，小为难合于九鼎，然是白日升天之上法也。合之当先作华池赤盐艮雪玄白飞符三五神水，乃可起火耳。"说阴长生是服用太清丹成的仙。

王紫阳坚持求教，黄敬告诉王紫阳说："大关之中有辅星，想而见之翕习成。赤童在焉持朱庭，指而摇之炼身形，消遣三尸除死名。审能守之可长生，失之不久沦窈冥。"王紫阳接受教导，得到了长生的法门。所谓"大关之中有辅星"，指的是守一内照法的关键处。"大关"，指修炼进入到某个关键阶段。"辅星"，中国古称北斗七星为北斗神君，俗谚有"南斗注生，北斗注死"，认为北斗神君掌握人的生死大权。又相传北斗本有九星，其中两颗星深藏于斗中，是玉皇大帝元神所在，不易被人看见。若有人看见，即能延年增寿，"辅星"似暗喻北斗中的这两颗暗星。"赤童在焉持朱庭"，意思是整个修炼的过程需要心神来主导。"赤童"，是赤城童子的简称，指心之神。"朱庭"，应指人的心脏。"消遣三尸除死名"，修道者只有去除身体内的三尸，才能获得长生。"审能守之可长生，失之不久沦窈冥"，只有坚持这种修炼方法才能获得长生，否则的话，就修炼不成，免不了死去。"窈冥"指的是阴间，"沦窈冥"指死去。

鲁女生

鲁女生者，长乐[1]人也。服胡麻[2]饵术[3]，绝谷八十余年。甚少壮，一日行三百余里，走逐麞[4]鹿。乡里传世见之。二百余年，入华山中去。时故人与女生别后五十年，入华山庙，逢女生乘白鹿，从后有玉女[5]数十人也。

‖注释‖ 1 长乐：在今河北衡水冀州区一带。 2 胡麻：即芝麻。相传汉张骞得其种于西域，故名。《神农本草经》卷一："胡麻，一名巨胜。"《抱朴子内篇·仙药》："巨胜一名胡麻，饵服之不老，耐风湿，补衰老也。" 3 饵术：服食苍术。苍术，菊科，属于多年生草本植物。传说久服可以成仙。饵术指服药养身，修仙学道。一说"术"为白术。 4 麞（zhāng）：同"獐"，又称土麝、香獐，被认为是最原始的鹿科动物，比麝略大。 5 玉女：神话传说中的仙女。

<解说> 鲁女生，别看他的名字叫"女生"，但他可是个男人。他大约是东汉、三国时期的人，南朝宋范晔《后汉书·华佗传》说他与名医华佗同时期，并说："鲁女生数说显宗（**东汉明帝，57—75 年在位**）时事，甚明了，议者疑其时人也。董卓乱后，莫知所在。"西晋张华《博物志》卷五记载曹操所集的方士十六人中，有鲁女生。

鲁女生是长乐人。他最开始靠服食胡麻和苍术等药物，断谷不食达八十多年，但容貌年轻，身体强壮，能日行三百里，奔跑起来能追上獐子和野鹿。后来他和朋友告别进入华山修炼。五十年后，有熟人在华山庙里又遇见了鲁女

生，看见他的时候，他正骑着白鹿，后面跟随着几十个侍奉的玉女。

据“广汉魏丛书”本《神仙传·鲁女生》记载：“鲁女生，长乐人。初饵胡麻及术，绝谷八十余年，益少壮，色如桃花，日能行三百里，走及獐鹿，传世见之。云三百余年后，采药嵩高山，见一女人，曰：‘我三天太上侍官也。’以《五岳真形》与之，并告其施行，女生道成。一旦，与知友故人别，云入华山去。后五十年，先相识者，逢女生华山庙前，乘白鹿，从玉女三十人，并令谢其乡里故人。”汉魏本《神仙传》多了鲁女生得遇仙缘的经过：鲁女生在嵩山采药，见到一个仙女，仙女传授给他《五岳真形图》，并告诉他修行的方法，鲁女生依法修行才得道成仙。

传说鲁女生和华佗的关系很好，还有关于他们的一段故事流传下来：

华山脚下玉泉院内有一座华佗墓，墓碑上刻着“汉神医华佗之墓”几个大字。华佗墓明明在河南，为何华山脚下也有华佗之墓呢？

这要归因于鲁女生。原来华佗和鲁女生是好朋友，鲁女生隐居在华山白鹿龛修道，华佗没事的时候就来华山看望鲁女生。华佗被曹操害死之后，鲁女生有一天夜里梦见华佗向自己哭诉。醒来后，鲁女生赶紧下山打探消息，才得知了华佗的死讯。鲁女生非常伤心，但也没有办法，只能在华山脚下为华佗建了一个衣冠冢，用来纪念亡友。于是华山脚下也有了华佗墓。

甘始

甘始者，太原人也。善行气，不饮食，又服天门冬[1]。行房中之事，依容成[2]、玄素[3]之法，更演益之，为一卷，用之甚有近效。治病不用针灸汤药。在人间三百余岁，乃入王屋山[4]仙去也。

‖注释‖ 1 天门冬：别名三百棒、武竹、丝冬、老虎尾巴根、天冬草、明天冬。百合科，多年生攀援草本。茎细长。叶退化，由线形叶状枝代替叶的作用。块根纺锤形，簇生，肉质。中医入药，有润肺止咳，养阴生津的功效。 2 容成：容成公是古代中国神话传说中的仙人，黄帝之臣子，是指导黄帝学习养生术的老师之一。 3 玄素：玄女和素女。传说她们以房中术授黄帝。见《云笈七签》卷一百《轩辕本纪》。《抱朴子内篇·微旨》："知玄素之术者，则曰唯房中之术，可以度世矣。" 4 王屋山：位于今河南省济源市、山西省晋城市阳城县、运城市垣曲县等市县间。据说山有三重，丘陵环抱，谷深洞幽，其状若王者之屋，故名。

<解说> 甘始是三国时期太原人。他擅长行气，修炼得断谷不食，只服天门冬。他学习容成公和玄女、素女的房中术，还在此基础上进行补充完善，写成一卷书，施行之后很有效果。他治病救人从来不用针灸和药物。在人间待了三百年之后，他到王屋山成仙去了。

据西晋张华《博物志》记载："魏王所集方士名：上党王真、陇西封君达、甘陵甘始、鲁女生、谯国华佗字元化、东郭延年、唐雲、冷寿光、河南卜

式、张貂、蓟子训、汝南费长房、鲜奴辜、魏国军吏河南麹圣卿、阳城郤俭字孟节、卢江左慈字符放。”甘始是曹操所集十六方士之一。

三国魏曹植在《辩道论》中称：“甘始者，老而有少容，自诸术士，咸共归之。然始辞繁寡实，颇有怪言。余尝辟左右，独与之谈，问其所行，温颜以诱之，美辞以导之，始语余：‘吾本师姓韩，字世雅。尝与师于南海作金，前后数四，投数万斤金于海。’又言：‘诸梁时，西域胡来，献香罽、腰带、割玉刀，时悔不取也。’又言：‘车师之西国，儿生，擘背出脾，欲其食少而努行也。’又言：‘取鲤鱼五寸一双，令其一著药，俱投沸膏中，有药者奋尾鼓鳃，游行沉浮，有若处渊，其一者已熟而可啖。’余时问：‘言率可试不？’言：‘是药去此逾万里，当出塞，始不自行，不能得也。’言不尽于此，颇难悉载，故粗举其巨怪者。始若遭秦始皇、汉武帝，则复为徐市、栾大之徒也。桀、纣殊世而齐恶，奸人异代而等伪，乃如此邪？”据曹植的《辩道论》记载，甘始是一个爱吹牛的道士，比如说自己和师父在南海炼金，前前后后炼了数万斤金，后来把它们都扔到大海里去了；比如说车师的西边有一个国家，小孩一生下来，大人就把他的背割开，把脾取出来，说是想要让小孩吃得少点，走得快点；再比如说拿来两条鲤鱼，其中一条给它吃点神药，另一条不喂药，吃了药的那条鱼就不怕沸水了，在沸水里游来游去，而不吃药的鱼则煮熟能吃了。曹植就问他：“那你现在能给我演示演示吗？”甘始赶紧说：“那个药在万里之外，而且必须得我亲自去取才行，可是我哪有时间去那么远的地方取药啊！”曹植认为甘始是个虚伪奸诈的小人，就像生在秦始皇、汉武帝年代的徐市（即徐福）、栾大一样，都是骗子！

不过这是曹植早期写的文章，那时他认为神仙一事实属虚妄。后期曹植的思想发生了变化，不再贬斥道教的求仙之事，所以他又写有《释疑论》《释愁文》，开始亲近道士，寻求解脱之道。葛洪《抱朴子内篇·论仙》引曹植《释疑论》：“令甘始以药含生鱼，而煮之于沸脂中，其无药者，熟而可食；其衔药者，游戏终日，如在水中也。……乃知天下之事，不可尽知，而以臆断之，不可任也。但恨不能绝声色，专心以学长生之道耳。”也就是说，曹植后来亲眼见到甘始拿药喂活鱼，验证了他之前说的事情。

封君达

封君达者，陇西[1]人也。服黄精[2]五十余年，又入鸟鼠山[3]，服炼水银，百余岁往来乡里，视之年如三十许人[4]。常乘青牛。闻人有疾病时死者[5]，便过与药治之，应手皆愈。不以姓字语人，世人识其乘青牛，故号为“青牛道士”。后二百余年，入玄丘山[6]仙去也。

‖注释‖ 1 陇西：郡名。在今甘肃陇西。 2 黄精：又名鸡头黄精、黄鸡菜、笔管菜、爪子参、老虎姜、鸡爪参。为黄精属植物，根茎横走，圆柱状，结节膨大。叶轮生，无柄。药用植物，具有补脾、润肺生津的作用。 3 鸟鼠山：位于今甘肃省渭源县西。《尚书·禹贡》载：“荆、岐既旅，终南、惇物，至于鸟鼠。”《孔传》说：“鸟鼠其为雄雌，同穴处此山，遂名山曰鸟鼠。渭水出焉。”“广汉魏丛书”本作“鸟兽山”。 4 服炼水银，百余岁往来乡里，视之年如三十许人：“广汉魏丛书”本作“入鸟兽山采药，又服术百余年，还乡里如二十许人”。 5 闻人有疾病时死者：《三洞珠囊》卷一《救导品》引《神仙传》作“闻有疾病待死者”。《云笈七签》卷七九《五岳真形图法并序》作“行闻有疾殆死者”。“时”应为“待”的讹误。 6 玄丘山：传说中的地名，泛指神仙居处。

<解说> 封君达，“广汉魏丛书”本作“封衡字君达”。封君达，陇西人，是甘肃古代十大名医之一。他生活在东汉末年、三国时代，与华佗、皇甫谧等齐名，有“西有封衡，东有华佗”之称。西晋张华《博物志·方士》载封君达是魏王曹操征召的十六方士之一。《博物志》卷五《方士》云：“皇甫

隆遇青牛道士，姓封名君达，其与养性法，即可仿用，大略云：‘体欲常少劳，无过虚。食去肥浓，节酸咸。减思虑，损喜怒。除驰逐，慎房室。春夏泄泻，秋冬闭藏。’”封衡服用黄精五十多年，后来又进入乌鼠山，炼制水银服下，获得了长生不老，一百多岁的时候返回家乡，模样还像三十多岁的人。他经常骑着一头青牛，到处去给人治病，他的医术十分高明，无论什么疑难杂症，只要经他治疗过，都很快痊愈了。人们不知道他叫什么名字，看他骑着一头青牛，于是就叫他“青牛道士”。二百多年后，他进入玄丘山仙去了。

“广汉魏丛书”本《神仙传·封衡》有：“封衡，字君达，陇西人也。幼学道，通老庄学，勤访真诀。初服黄连，五十年后，入鸟兽山采药，又服术百余年，还乡里如二十许人。闻有病死者，识与不识，便以腰间竹管药与之，或下针，应手立愈。爱啬精气不极，视大言，凡图籍传记，无不习诵。复遇鲁女生，授还丹诀及《五岳真形图》，遂周游天下。故山官水神，潜相迎伺，而凶鬼怪物，无不窜避。人或疑之，以矢刃刺，御皆不能害。常驾一青牛，人莫知其名，因号青牛道士。魏武帝问养性大略，师曰：‘体欲常劳，食欲常少，劳勿过极，少勿过虚；去肥浓，节酸咸；减思虑，损喜怒；除驰逐，慎房室，则几于道矣。圣人春夏养阳，秋冬养阴，以顺其根，以契造化之妙。’有二侍者，一负书笈，一携药笥。有《容成养气术》十二卷，《墨子隐形法》一篇，《灵宝卫生经》一卷。笥有炼成水银霜、黄连屑等。在人间仅二百余年，后入元丘山不见。”《四库全书》本说封衡服用的是黄精和水银，“广汉魏丛书”本说是黄连和白术。“广汉魏丛书”本比《四库全书》本多了很多内容，如讲封衡曾遇到鲁女生，鲁女生传授给封衡还丹诀和《五岳真形图》，封衡学会之后，各路山官水神都来迎接他，而各种妖魔鬼怪都躲他远远的。别人怀疑他的能力，竟然拿刀刺他，不过封衡有道术，可以防御。魏武帝曹操曾经问封衡养生的秘诀，封衡说，最主要的是奉养适度，不能太过劳累，也不要过分放纵欲望。封衡还有两个跟班，一个背着他常看的道书，一个拿着他常用的药。

南朝宋范晔《后汉书·方术传》记载：“甘始、东郭延年、封君达三人者，皆方士也。率能行容成御妇人术，或饮小便，或自倒悬，爱啬精气，不极视大言。甘始、元放、延年皆为操所录，问其术而行之。君达号‘青牛师’。凡此数人，皆百余岁及二百岁也。”可见封君达与甘始、东郭延年一样都是房中术的专家，他们都曾被曹操召去询问修炼的方术。

幻想中国丛书

《博物志》
《搜神记》
《神仙传》
《拾遗记》
《异苑》